U0467650

教出自己的精彩

高中语文名师教例研习

大夏书系·语文之道

汲安庆·著

华东师范大学出版社
·上海·

图书在版编目（CIP）数据

教出自己的精彩：高中语文名师教例研习/汲安庆著.
—上海：华东师范大学出版社，2023
ISBN 978-7-5760-3754-8

I.①教… II.①汲… III.①中学语文课—教案（教育）—高中 IV.① G633.302

中国国家版本馆 CIP 数据核字（2023）第 042928 号

大夏书系 | 语文之道

教出自己的精彩
——高中语文名师教例研习

著　　者	汲安庆
策划编辑	朱永通
责任编辑	薛菲菲
责任校对	杨　坤
封面设计	奇文云海·设计顾问

出版发行	华东师范大学出版社
社　　址	上海市中山北路 3663 号　邮编 200062
网　　址	www.ecnupress.com.cn
电　　话	021-60821666　行政传真 021-62572105
客服电话	021-62865537
邮购电话	021-62869887
地　　址	上海市中山北路 3663 号华东师范大学校内先锋路口
网　　店	http://hdsdcbs.tmall.com/

印 刷 者	北京密兴印刷有限公司
开　　本	700×1000　16 开
印　　张	19.5
字　　数	309 千字
版　　次	2023 年 4 月第一版
印　　次	2023 年 4 月第一次
印　　数	4 100
书　　号	ISBN 978-7-5760-3754-8
定　　价	65.00 元

出 版 人　王　焰

（如发现本版图书有印订质量问题，请寄回本社市场部调换或电话 021-62865537 联系）

目录

代序　精致：语文阅读教育的应然追求 / 001

第一辑　诗词类文本教例研习

"篇性"视角下的审美舒展
　　——李李《望海潮》教学实录研习 / 003

增润：古典诗歌教学何为
　　——李仁甫《春江花月夜》教学实录研习 / 014

追求精纯与冗余的统一
　　——董一菲《涉江采芙蓉》教学实录研习 / 028

第二辑 散文类文本教例研习

审美散文：教学内容的择定与开发
——李镇西《荷塘月色》教学实录研习 / 049

审美散文篇性开掘的几种视角
——朱昌元《江南的冬景》教学实录研习 / 062

语文解读与教学的有效转化
——曹勇军《赤壁赋》教学实录研习 / 078

整体感、美感与存在感
——张玉新《劝学》教学设计研习 / 097

第三辑 小说类文本教例研习

小说教学：必须把握的三对关系
——苏宁峰《十八岁出门远行》教学设计研习 / 113

小说人物形象分析的六个维度
——余党绪《三国演义》"刘备之虚伪"教学实录研习 / 127

文言小说教学：该审视哪些问题
——虞晔如《促织》教学设计研习 / 147

第四辑　传记类文本教例研习

传记教学：篇性揭秘的四个着力点
　　——肖培东《管仲列传》教学实录研习 / 163

基于文体的教学，如何生长
　　——蒋红卫《种树郭橐驼传》教学实录研习 / 179

第五辑　论说类文本教例研习

"说"：依类而教的四个思维向度
　　——郑朝晖《师说》教学设计研习 / 193

语文教学中思维之势的巧妙营构
　　——郑桂华《说"木叶"》教学实录研习 / 205

第六辑　其他类文本教例研习

思维磨砺：顺势、克势与造势
　　——夏智《陈情表》教学设计研习 / 223

群文阅读：从占有、会通走向存在
　　——景慧颖《伶官传序》教学实录研习 / 238

第七辑　写作教例研习

因势赋能，牧养言语生命
　　——周子房《慢镜头写长作文》教学实录研习 / 253

评价：在知情意统一中突出创新
　　——袁爱国《我的2018年度汉字》记叙文作文教学实录研习 / 268

后　记 / 291

致　谢 / 295

代序

精致：语文阅读教育的应然追求

品读语文名师教例，观摩各类语文赛课，无一例外地发现，迥出同侪者一定具有精致的品质：精致的设计、精致的生成、精致的评点……匠心别具而又浑然天成。这些精致绝不仅是外在教学形式上的精美流转、和谐共生，还有语文阅读教育规律的完美映现、个性化审美品质的诗意绽放。

如果从"内审美"[①]的视角审视阅读教育，更是离不开精致的统摄。语文阅读教育面对的主要是文本构筑的精神世界、知识的建构、能力的磨砺、素养的积淀，以及言语生命的牧养与表现，哪一样离得开内省、内照、内悟等一系列精致的内审美呢？

概言之，离开精致品质的淬沥，语文的体性捍卫、类性辨识、篇性开掘、言语性彰显（指向"言语生命"[②]的牧养，积极走向言语表现与创造）均无法落地生根。

[①] "内审美"由上海师范大学王建疆教授根据中国古代"坐忘""禅悦"等人生修养实践理论以及西方"内感官""第六感觉"理论提炼而出，强调撇开感官型审美，突出内省、内照、内构等方式所产生的纯粹"精神型审美"，注重道德境界与审美境界的完美统一。

[②] "言语生命"是福建师范大学潘新和教授"言语生命动力学"表现存在论中的一个核心概念，强调言语立命，做言语人，不断确证自我的精神生命。落实到语文教育实践中，要求关注言语知识、技能、动机、人格的综合养育，呵护个体的言语生命潜能、才情和天性、个性，顺应言语智慧的自生长，辅助言语生命的成长，引领言语上的自我实现，促成每一个言语生命的最大发展。

那么，语文阅读教育中该如何追求精致呢？

一、注意课眼、课脉、课气的统一

注意课眼、课脉、课气的统一，这是走向精致的必由之径。

一堂优质课，不管如何随机生成，其实都有课眼的无形统摄，这颇像市场经济中那只看不见的"手"——价值规律。文有文眼，课也有课眼。课眼是教育的切入点、聚焦点，舍之，再怎么精彩的课充其量只是碎片化的精彩，而非整体的精彩。学养不够，很可能还会使阅读教育走向魂飞魄散。

课眼可以从学生预习的问题中产生——兴趣点、困惑点、审美盲点，但必须与文眼紧密相连。比如，学习《孔乙己》，以学生感兴趣的高频词汇"笑"经纬课堂：到底是哪些人在笑？笑孔乙己什么？这些东西值得笑吗？从"笑"中你看出了什么？这便是将学生的兴趣点与文眼顺势结合。

聚焦"大约孔乙己的确死了"一句：为什么说"大约"死了？为什么又说"的确"死了？从中你看出了什么？如果给小说起个副标题，你会怎么起？这是将学生的困惑点与文眼紧密结合。

围绕"凌迟"展开：文本中对孔乙己的肖像描写出现了哪两次？从这两次肖像描写中，你读出了什么？如果将两幅隐在的肖像描写（书生意气的孔乙己、凄惨离世的孔乙己）还原出来，还能读出什么？鲜活生命力遭遇凌迟的惨烈事实，除了从两显两隐的肖像描写中可以见出，还能从哪些地方见出？这便是将学生的审美盲点与文眼进行了结合。

语文课程知识可以择定多个，但其间一定要建构内在的联系，这样才便于知识的结构化，而课眼的生成与统摄便起到了这样的促进作用。好课恰似精美的论文，课眼就是论文的核心范畴。其他探讨的问题则像子概念一样，与核心范畴总是保持深度的思想关联——尽管有时课眼不一定"现身"。

课脉是课眼的逻辑延伸，这是结构化的进一步保证。课脉可以在课眼的统摄之下与文本意脉重合，也可以对之重构。传统语文教育，不管是采用赫尔巴特的"四段教学法"，还是某名师的"六步教学法"，抑或"后红领巾教学模式"，看似科学性十足，却令语文阅读教育支离破碎、美感沦丧，个中原因与缺少课脉贯穿有很大的关系。试想，按"导入新课—作者及作品简介—写作背景—题解—文本分析（别里科夫身上有几种套子？为什么教的古代希腊文也是雨鞋雨伞?别里科夫整天战战兢兢,他怕的是什么?全城的人为什么又怕这个胆小如鼠、弱不禁风的人?)—课后作业"[1],与按照"套己—套人—套死—入套或出套"或"物质的套子—精神的套子—制度的套子—套子的辩证审视"的课脉展开教育实践,谁的精致感更强,重构的力度更大,更逼近言语创造的匠心呢?

课脉可以是一种显性的结构化存在,也可以是一种隐性的背景化存在。它对学生的思维不是强力的拘限,而是基于会通的更高层次的引领、拓展与解放。语文阅读教育中,有无课脉的存在,整体感、生命感、美感的质量都是不一样的。优秀的语文教师深谙此道,因此课堂上即使各个层面的语文知识纷至沓来,也能使之各得其所、波澜起伏而又纲举目张。

当然,课眼的统摄,课脉的贯穿,也离不开精彩细节的支撑。好课并非谢灵运的诗歌——有好句无好章,而是整体、局部皆美的和谐乐章,苏州园林般的处处皆图画。有整体的美,又能各美其美。

课眼、课脉、细节浑然统一,必然带来"课气"的旺盛与畅达。为什么?夏丏尊先生在谈文气时做出了很精彩的阐释:(1)"一词句统率许多词句";(2)"在一串文句中叠用相同的词句,于必要时善为变化";(3)"多用接续词,把文句尽可能地上下关联"。[2]其实,课眼就是统率所有教学知识的"一词句";课脉使环节与环节、知识与知识之间产生严密的关联,绝对起到了"接续词"的作用——思想的接续、情感的接续更是水到渠成;教学中不断点击课眼、课脉,在某种程度上也会发挥"叠用"的功能。

现实教学中,激情导入后的字词检测、先入为主的灌输或暗示、缺少内在关联的板块式教学之所以给人课气不畅达之感,正是因为缺少课眼的统摄、课脉的贯穿,或者干脆切断了课脉。

二、以篇性的审美开掘为教学核心

追求语文阅读教育的精致化,围绕篇性开掘,不失为一种明智的做法。
篇性指文本中彰显的作者独特的言语表现个性和智慧,亦即歌德强调的

---

[1] 摘自大理市2018年高中语文教师教学技能大赛选手的教学设计。
[2] 夏丏尊,叶圣陶.文章讲话[M].北京:中华书局,2007:75-78.

"秘密"，王国维强调的"秘妙"，鲁迅强调的"极要紧处"。抓住篇性巧妙施教，往往可以收到执一御万、触类旁通的艺术效果。染色工人可以辨识一百多种不同的蓝色，语文教师为什么不能辨识文本之间的篇性呢？同是借意象抒情，无法识别李清照和李煜的抒情艺术上的微殊；讲柳宗元的寓言，无法辨析区别其寓言与先秦诸子寓言，还有西方 Fable 的差异，是算不得教学的深入和精致的。

对文本篇性的审美开掘，民国时期的语文大家们做得风生水起——

胡适认为教学严贡生临死前的段落，教员应该使学生懂得这种文章的好处究竟在什么地方，现在有没有这样的人；思考若是做小说的"过甚其辞"，为什么我们看了觉得有趣？此外如一切布局、描写、用意、人物，都可以作讨论的内容，或者再加以批评。①

何仲英在谈到《水浒传》中"武松打虎"一部分时强调：全篇意思既然明白，段落也十分清楚，然后就要问怎样吃下十八碗酒？怎样拿梢棒做个线索？是组织上应当研究的；然后再问"原来那大虫拿人……""原来打急了……""原来使尽了力气……"那几句话，为什么要用"原来"字眼？②

方苞在《左忠毅公逸事》一文中写到了左公对史可法所讲的一句话："不速去，无俟奸人构陷，吾今即扑杀汝！"夏丏尊先生这样解读："中间插入一句'无俟奸人构陷'很不顺口。作者在这上面似乎曾大费过苦心，故意叫它不贯穿，藉以表出当时愤怒急迫的神情。"③

……

由于学养薄弱，加上应试之风愈演愈烈，当下很多语文教师对篇性开掘做得很不自觉。教材说明、专家解读要么在形式的共性上泛泛而谈，要么撇开形式秘妙大谈主题意蕴，一线教师更是疏于追问文本形式表现上独特的"这一个"是什么。不过，一些优秀教师已经认识到篇性开掘的重要性，并开始了可贵的探索，主要表现在：

（1）聚焦有意味的瞬间。比如，明明同游者有吴武陵、龚古、宗玄、崔

---

① 饶杰腾.近现代中学语文教育的发展［M］.广州：广东教育出版社，2008：45-46.
② 同①：46.
③ 夏丏尊，叶圣陶.文章讲话［M］.北京：中华书局，2007：53.

氏二小生,为什么柳宗元还说"寂寥无人"?别里科夫胆小如鼠,弱不禁风,为什么还令全校、全城的人怕他?范进中举后,意识丧失,为什么奔跑、叫喊的地方竟然是寺庙、集市?直逼人物灵魂深处的秘妙,一窥复杂、丰富的内心情致以及社会语境的天光云影。

(2)注意互文性的观照。如在"六王毕,四海一,蜀山兀,阿房出"中见出铁锤敲打般斩钉截铁的节奏,如同贝多芬的命运交响,一开始就交代了阿房宫建造的历史背景是建立在无数劳动人民的苦难之上的,定下了悲愤的基调。

(3)自觉进行艺术的还原。为什么称项脊轩开始是"室",继而是"轩",后来又是"室"?为什么老妪讲先妣问寒问暖的往事,余"泣",到回忆大母期待、瞻顾大母遗迹,却是"长号不自禁"?

(4)追问矛盾,进行熟悉与陌生的相乘。"老虎的故事比驴的故事生动全面,那课题怎么是黔之驴,不是黔之虎呢?"作者说的是"至则无可用",不是说驴没有用,这怎么理解?

这些聚焦篇性审美,带动类性辨识、体性捍卫,使语文课程目标、单元教学目标、文本教学目标得到最集约、最自然、最高效落实的教育追求,正是美国学者加涅意识到的"智慧技能的结构"。它代表了"最大学习效率的途径"[1],且在审美的维度上做出了更高的超越。

因为篇性审美既紧扣了作者言语创造的独特智慧,又能精准触及学生的愤悱处、浅知处,乃至无知、错知处,还能巧妙打通语文课程知识间的深层联系,所以更能体现阅读教育的精致性。

三、基于生命融合的多维度会通

精致绝非螺蛳壳里做道场,就文本教文本,就知识教知识,就语文教语文,它也注意以语文为原点,向生活、自然、社会、历史等领域做思接千载、视通万里的多方会通。精致的是内在结构,而审美的深度、广度、高度等方面一点儿也不逊色。

---

[1] [美]R·M·加涅,W·W·韦杰,K·C·戈勒斯,等.教学设计原理[M].王小明,庞维国,陈保华,等译.上海:华东师范大学出版社,2007:72.

说到会通，这是中外先哲都很看重的一种阅读或写作智慧。刘勰在《文心雕龙·物色》中说："古来辞人，异代接武，莫不参伍以相变，因革以为功，物色尽而情有余者，晓会通也。"美国社会心理学家弗洛姆提出过两种学习方式：一为占有式（to have），将所读所闻，悉数记住；二为存在式（to be），彻底消化，学以致用，实现存在的目的。两相比较，他更欣赏"to be"，而这种学习方式正需要会通的力量。《普通高中语文课程标准（2017年版）》中的"沟通""开放""有序"等词突出的也是会通的思想。

因此，灵活地化用这一智慧，对语文阅读教育精致之境的创构无疑是大有裨益的。

语文审美中的会通，主要表现在四个方面。

一是古今会通。即追求历史视野与现实视野的有效融通。有历史的视野，我们的审美才不会拘于一隅；有现实的视野，我们的审美才不会限于虚无。语文课中的审美之所以狭隘、死板、碎片化，被其他学科的教师视为无专业性，与古今会通意识的丧失恐怕脱不了干系。试想，学习冰心的《谈生命》，与陶渊明、李白、苏轼、宗璞等人诗文中的生命观会通，审美视野开阔，深度对话郁勃，不断邂逅言语表现的全新风景，我们的语文阅读教育还会出现上述的尴尬吗？

二是中西会通。即追求跨域、跨文化的比较、打通。"和实生物，同则不继"（《国语·郑语》），审美也应将中西作家言语创造上的独特之处加以比较，这样的教育更能充满思辨的张力、审美的活力。有教师比较别里科夫之死与严贡生之死的漫画化写法，区别徐志摩《再别康桥》与休斯《黑人谈河流》的抒情节奏，这便是审美中很好的中西会通。比得巧妙、细腻，精致感自然会产生。

三是内外会通。即追求文本与文本、文本与生活的充分融通。缺少文本之间的会通，文本与外面世界的会通，语文审美想饱满、灵动、深刻，几乎是不可能的。夏丏尊提倡的"滚雪球"式阅读，朱自清说的阅读报刊上的时文与仿写，当下美国学者强调的"学生词汇量的增长与强化需要在不同文本中重复和加强"，法国《高等教育指导法》中提出的"多科性结构"……这些阅读"复利效应""延伸效应"的追求，都道出了审美内与外的辩证。讲"关雎男"的善良、纯洁、痴情，讲《再别康桥》中"水草"的诗意、圣洁、深情，或许显得有些隔膜、遥远，但如果和生活中游戏爱情或用爱情谋取私利的人的种种劣迹比照，审美的内外世界会一下子鲜活起来。

四是我他会通。即追求自我生命与他人生命的融通。从本质上说，前三种会通都是为我他会通服务的，或者说是受我他会通统摄的。语文审美中若缺失了我他会通，所讲的一切内容都是外在于学生主体生命的冷漠存在。反之，则会化为学生言语生命的珍贵给养。梁启超讲《箜篌引》，在白发狂夫中见到了自我；蒋勋讲《红楼梦》，将大观园视为青春的乐园，将宝玉视为佛的存在；一些优秀教师在《祝福》中看到祥林嫂的希望被屠戮，其间都是我他的生命会通。

做到上述四个维度的生命融合与会通，语文审美"质而实绮，癯而实腴""仰之弥高，钻之弥坚"的精致境界还会远吗？

四、让表现与存在成为教学的灵魂

语文阅读教育的精致审美不仅要聚焦文本的篇性，更要关注言语动机、言语潜能、言语情趣、言语人格等，最终指向言语生命的高蹈。没有这一指向，语文阅读教育永远只能停留在"占有"的层面而无法走向"存在"的境界。

何以如此？因为立言最能确证人的精神生命。人本质上就是精神动物、符号动物、言语动物。《春秋穀梁传》早就指出："人之所以为人者，言也。人而不能言，何以为人？"法国语言学家海然热在《语言人：论语言学对人文科学的贡献》中也说："语言能力决定性地完成了一个新物种的区分。"这表明：人因为有了语言、言语、写作，才能更好地塑造理性、个性、文化，将人与其他动物的种差鲜明地区别出来。从这个角度说，着眼言语生命培育与激发的语文教育无疑是顺"心"之天，以致其性。

让表现与存在成为语文教学的灵魂，师生各自的精神生命出场，创造能力强旺，教学相长的愿景便会自然生发，这在无形中也完成了自我与他人的区别、旧我与新我的区别。这种精神生命在每节课上都拔节的气象，正是语文阅读教育的永恒魅力。

那么，如何精致地指向言语生命的高蹈呢？

首先，应该确立解读就是解"写"的阅读教育原则。不能为读而读，读懂即止，所有的理解、阐释、明悟应该指向作者的言说秘妙，并最终为自我的言语表现与存在蓄势。唯其如此，对作者言语表现力的高下、优劣、新旧，才会有更纤敏的把握，对其言语创造的匠心才会有更深入的洞悉。解读不应面面俱到，而应围绕篇性的开掘有机进行，做到尺幅千里、灵动自然——这方面，王君老师教学《湖心亭看雪》时围绕痴行、痴景、痴心中的矛盾描写展开，堪称范例。解写更非只是在卒"教"时，象征性地布置个写作任务——这当然也指向言语生命的牧养，但写作必须是对所学形式秘妙的强化或拓展，与阅读教育中的审美水乳交融。

其次，必须关注整体言语生命意识的培育。解写并非文章学、写作学知识的机械灌输，而是引领学生深入文本，围绕言语智慧、言语人格、言语动机、言语情趣、言语境界等，与作者、教材编者，乃至自我所展开的深度、立体、系统的审美对话。虽然后四者不是主要的语文课程知识，但是在内审美的过程中必须触及，必须渗透，这样方可言真正的教育。儒家的教统重修身，认为"有德者必有言"，赫尔巴特、杜威等人更是将道德视为"教育的最高和最终的目的"，还有上文提到的指向身心并养的内审美理论，莫不是重视整体人、大写人的培养。言语表现最终要从辞章之文上升到学问之文、道之文的境界，所以更应关注言语人格、言语动机、言语情趣这些软实力的化育。只关注技巧的习得、如何应试，阅读教育境界的低下是必然的。

基于此，语文阅读教育必须谋求读以致用、读以致美、读以致在的统一：致用其表，致美其里，致在其魂。即以言语表现（说与写）的方式深化理解，获取知识，读以致用，进而通过读写一体，让自己的内心如孔颜乐处、心斋、坐忘般充盈、强大、美好起来，并积极、愉悦地走向言语创造，不断邂逅最优秀的自我。

第一辑 诗词类文本教例研习

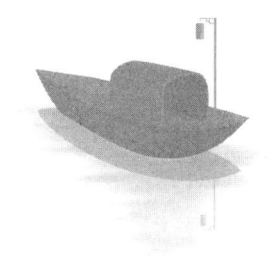

"篇性"视角下的审美舒展

——李李《望海潮》教学实录研习

教者简介 >>>

李李,华东师范大学教育硕士,安徽宿城一中语文高级教师。曾荣膺宿州市骨干教师、学科带头人、全国科研优秀教师等称号。在《中学语文教学》《语文教学通讯》《福建教育》《中学语文》等刊物发表文章多篇。热爱文学,热爱语文教育,一直致力于用爱与智慧为学生赢取诗意栖居的今日和明天。

一、宿州市歌引杭州

(播放宿州市候选市歌《大美宿州》,学生兴奋而专注。)

师:这是咱们市的候选市歌《大美宿州》,于2014年12月26日对外发布。今天,我们得以欣赏咏唱自己家乡的歌曲,感觉怎样?

生:很带劲儿,很给力!

师:是啊,欢快昂扬的歌曲,总能催人奋进。这是一首现代城市之歌,从地理、历史、文化等方面讴歌了宿州市的魅力,令每一位宿州人感到骄傲、自豪,并产生无限的希望和力量。

千年前,也有一首城市之歌,更是名动天下,被人们竞相传唱。它的名字叫《望海潮》,歌咏的城市是杭州,杭州古时又称"钱塘"。今天,我们就来学习这首脍炙人口的词作,领略一下杭州这座江南名城的动人魅力以及作者对它的无限热情。

研习

用宿州市候选市歌《大美宿州》引出学习对象《望海潮》，并以当代气息很浓郁的"市歌"一词将二者连通，适时点出杭州的别名，以及词作的大概内容，这是兴趣的唤醒、情感的唤醒，亲切而自然。但综观教学全程，两"市歌"之异的比较并未开展，错过了一次深化理解、再掀审美高潮的契机。

二、诗词印象话杭州

师：哪位同学愿意用你的诵读带领大家走进《望海潮》，走进北宋的杭州城？

（一生毛遂自荐朗读。）

师：有个字音需要纠正，是不是？"户盈罗绮"的"绮"是三声（qǐ），指带有花纹的丝织品，"罗绮"指丝绸衣服。不过，瑕不掩瑜，你字正腔圆、饱含感情的诵读为我们再现了千年前的杭州容貌。请大家再自由诵读一遍《望海潮》，在自己的声音里进一步感受古杭州的神采。

（学生自由诵读。）

师：谁能用《望海潮》中的某个词语概括一下古杭州给你留下的印象？

生：我找到的有"繁华"和"形胜"。

师：（板书：繁华、形胜）能进一步解释一下吗？

生：词一开始就说"钱塘自古繁华"，紧接着具体写出了"市列珠玑，户盈罗绮"的繁华景象，我觉得"繁华"是杭州给我留下的第一印象。"形胜"的意思是风景美丽，你看"烟柳画桥""云树绕堤沙""三秋桂子，十里荷花"都如画般美丽，杭州容貌不能用"形胜"来概括吗？

师：反问得如此有力，当然可以啦！（学生笑）

生：柳永笔下的杭州给我留下的印象是"好景"。还有比用"好"或者"坏"来评价一个地方，能给人留下更深印象的吗？"好景，好景，真乃好风景啊！"（该生摇头晃脑的深情陶醉惹来一片欢快的笑声。）

生：我从词里还找到了"豪奢"和"清嘉"，这两个词最能概括古杭州留给我的印象。"竞豪奢"的意思是竞相攀比，这种很土豪的行为无疑把古杭州市民很有钱的一面深深地印在了我的脑海里。还喜欢"清嘉"这个词，它看起来就很秀气，意思是清秀美好。江南风景就是清秀美好的啊。我觉得"好景"与"形胜"虽然也是在说杭州美，但这两个词太概括、太抽象了点儿吧！

生：（有点不自信）和他们感受得不太一样，我找到的词是"嬉嬉"。

师：（鼓励地点点头）说下去，把你的理由讲给大家听一听。

生："嬉嬉"让我想到的是"无比开心"的神情。"嬉嬉钓叟莲娃"，多么和美的生活图景啊！我想老少皆乐应该是人们对幸福生活的最大追求吧！所以，古杭州人幸福开心的生活状态给我留下了深深的印象。

师：你的解读让老师不禁想起了《桃花源记》中的类似情景——"黄发垂髫，并怡然自乐"。是啊，"少有所养，老有所依"从来都是任何时代的共同愿景。"嬉嬉"这个词的捕捉，不仅显现了你的敏感细腻，而且让老师觉得你很有家国情怀。

（学生鼓掌。）

师：（指着板书）一篇《望海潮》给我们留下了如此缤纷的印象，但如果只允许选择一个词语来概括我们的印象，你会保留哪一个呢？

生：我会保留"繁华"。"繁华"本身就含有自然景美与生活富庶的意思。

师：哦？为什么呢？

生：老师，看到"繁华"，我就在想"繁"有繁多、繁荣、繁盛之义，而"华"呢，很容易使人联想到"花"，"花"又是美丽的。所以，"繁华"既包含了富庶奢华，也寓有美好、美丽之义。这样，"豪奢""形胜""清嘉""好景"就都被囊括其中了。我也觉得"繁华"的概括性最强。可是，"嬉嬉"怎么解释，我就不知道了。

生：（迫不及待）不"繁华"，哪有幸福、满足的生活呢？"繁华"是生活快乐、满足的前提与基础。

师：大家分析得真好！如此看来，北宋的"杭州印象"真可以用"繁华"一词来体现了。

一个"繁华"便可概括的古杭州城，在《望海潮》里作者柳永却使用了106个字进行铺叙、点染。那么，他是如何铺叙、点染杭州"繁华"的呢？

（学生沉默。）

师：老师的问题里出现了两个大家不太熟悉的词——铺叙、点染，我们先来了解一下这两个词的意思吧。

多媒体呈现：

铺叙，就是充分展开叙述，使描写的事物穷形尽相，需要多方位、多角度展开，要使用多种艺术手法。

点染，本是一种绘画手法，借用到诗词鉴赏上，"点"是点明主旨的精练语言，"染"就是塑造形象的铺陈性语言。

研习

用寻觅词眼的方式使学生的体验、思考紧贴文本，结晶而出，以达到分享、融合和提高的学习目的，颇有戴维·伯姆所憧憬的对话愿景："我们坐到一起来互相交流，进而创造出一个共同的意义；我们既参与其中，又分享彼此，这就是共享的含义。"[①]从朗读感知大意，到选词概括印象、辨析敲定词眼，再到探讨如何点染，发问诱发活动，活动推动发问，学生的审美体验和认知不断深入，言语生命进步的跫音清晰可闻。"嬉嬉"一词并不具备概括全篇的力量——概括度太低，只是古杭州繁华的表征之一而非本质。本以为教者会当场指正，可她按下不表，只将之与陶渊明笔下的"黄发垂髫，并怡然自乐"的境界联系起来，并认为发言者"敏感细腻"，具有"家国情怀"，在其后的敲定最贴切词语环节，才让学生自己悟出。这种教学的缓处理似乎更能激发学生的学习热情。

三、涵泳诗韵品杭州

师：明白意思之后，请大家再细细品读全词，看柳永是怎样具体铺叙古杭州的"繁华"的。注意圈画批注！

（学生品读、圈画。）

[①] ［英］戴维·伯姆.论对话［M］.北京：教育科学出版社，2004：33.

师：交流之前，老师再提点儿霸道的要求：请用"意象＋动词＋繁华"的形式来交流你的品读成果，比如"珠玑罗绮竞繁华"。（有学生嘀咕）怎么？不公平是吧？提了要求，一个最简单的又被老师拿来当例子了。不过，我相信大家的能力，只要用心品一品，肯定能绽放出属于你自己的智慧之花。

生："烟柳画桥饰繁华""参差十万显繁华"。

师：是"装饰"的"饰"吗？（学生点头）这个"饰"字用得真不错，有了"烟柳画桥"的"装饰点缀"，"繁华"似乎显得更有意味了。（面对全体同学）你们记下了吗？"烟柳画桥饰繁华""参差十万显繁华"，这样的即席概括是否激发了你的一点儿灵感呢？

生："箫鼓烟霞赏繁华"，"欣赏"的"赏"；还有"桂子荷花嗅繁华"，"嗅觉"的"嗅"；还有一个"云树怒涛护繁华"，"保护"的"护"。

师：好一个"箫鼓烟霞"，浓缩了听觉上的喧腾热闹和视觉上的诗意朦胧！"桂子荷花嗅繁华"的"嗅"字让老师也闻到了繁华古杭州丝丝缕缕的清香。只是，"云树怒涛护繁华"是一种怎样的理解呢？能具体说给大家听听吗？

生：不知道理解得对不对。读上片，看到词人的视角由城内转到郊外而后又折回到城内，就在疑惑：为什么会作这种视觉转换呢？仅仅是意象的叠加吗？所以，想象中，我总觉得郊外钱塘江边如云般的堤树、滚卷的波涛就像护城河一样守护着繁华的古杭州，而古杭州也正是得益于这样的守护才怡然地繁华着。

师：你想象的画面美丽而温情，这哪里能用对与不对来评判呢？多有人情味的"云树怒涛护繁华"啊！

生：我想到的是"莲娃钓叟享繁华"和"千骑凤池夸繁华"。莲娃钓叟衣食无忧，自由快乐，所以能够尽情享受杭州的繁华；千骑、凤池身份不同，但对杭州的繁华都是夸赞不已的，所以，"千骑凤池夸繁华"。

师：是啊，虽然千骑之夸含有下级对上司的恭维与逢迎，凤池之夸则是主上对下僚的赏识与赞叹，但二者确实都夸赞了孙何治理古杭州的政绩。同学们的思想碰撞竟擦出如此绚丽的智慧火花，解读出这么多的繁华景象，让人情不自禁地感叹：钱塘如此"繁华"！而所有繁华的显露又都源于词人不遗余力地赞繁华,淋漓尽致地唱繁华!只是,柳永为何要如此赞颂古杭州的繁华富庶呢?

生:资料说这是柳永拜谒两浙转运使孙何的干谒诗,既然是求官,就要夸赞对方博得好感,而对于一方官员来说,最好的赞颂就是对他政绩的颂扬了。

师:是的,干谒就要赢得对方好感,有时不得不说巴结的话。可是,这首词让你觉得有巴结奉承的意味了吗?

生:没有。因为古杭州本来就是这样的。

师:是啊,古杭州本来就是这样的,自古就被称为"人间天堂"!正是由于前面有繁华景象的铺垫,后面的政绩赞扬才不会显得突兀,干谒就含而不露,水到渠成,最后一句对友人孙何表达了坦诚率真的祝愿反而显出柳永的率性真诚。让我们随着柳永率性真诚的吟唱再来一起颂咏繁华的古杭州吧。

(学生齐读。)

师:《望海潮》一问世便被人竞相传唱。虽然它只是歌咏了杭州的繁华,却也是北宋前期社会生活的真实反映,怪不得英国历史学家汤因比曾说过:"如果让我选择,我愿意生活在中国的宋朝。"借用汤因比的话,老师问你:如果是你,你愿意生活在柳永笔下的古杭州吗?为什么?

生:我当然愿意啊,因为古杭州如此富庶美丽,不仅处处赏心悦目,而且生活自由惬意。

师:可见,杭州号称"人间天堂",不仅仅是因为它的风景优美,也因为它的物阜民丰,政通人和。让我们再次有感情地朗读,在柳永的《望海潮》里流连,进一步想象一下它究竟是如何美丽、如何富庶,生活在那里又是怎样的自由与惬意!

研 习

让学生以"意象+动词+繁华"的形式,诗意地提炼、分享品鉴心得,开口小,活动精粹,可供发挥的空间非常大。更为重要的是,这一形式可以让学生顺利找到批文入情、优游涵泳的"把手",既可以使他们的审美鉴赏与言语表现都能从心所欲不逾矩，也可以极好地捍卫语文的体性，酿出语文的芬芳。讨论词人为何不遗余力地渲染繁华，干谒诗何以写得如此率性真诚，又反映了北宋前期的真实社会，尽管节奏偏快，探讨欠深入，有蜻蜓点水之感，但依然点到了形式秘妙的敏感部位，并涉及词人对实用写作动机的审美超越。问题设计非常大气，有深度，有高度。

四、画面联想赏杭州

师：自由诵读，想象画面，分享你最喜爱、最渴望置身其中的一幅图画。

生："市列珠玑，户盈罗绮，竞豪奢"把我带到了杭州的街市上，珍玉珠宝、绫罗绸缎令人眼花缭乱，啧啧惊叹。我仿佛正在某个旅游景点的商业街市上流连忘返。

师：同样喜爱珠宝首饰和漂亮服饰的女同学，你们动心了么？

生：我喜欢"云树绕堤沙，怒涛卷霜雪，天堑无涯"的画面。因为它呈现出钱塘江观潮的美景，境界阔大恢宏，蓊蓊郁郁的树如云般在江堤迤逦环绕，潮落时自是静美怡人，然而涨潮时便不这样了，怒涛的气势让人望而生寒，遥无际涯。尤其是"怒涛卷霜雪"一句，不仅呈现出"惊涛拍岸，卷起千堆雪"的视觉冲击力，而且给人以凉寒之感。"霜雪"二字既写出滚卷浪涛的雪白颜色，也透出排天而来的波涛给人的清寒触觉。

师：看来你是一个豪爽开朗的姑娘，观海便可意溢于海。热爱自然，愿意从山水中汲取自然精华的同学，应该也会喜爱这种壮美风景的，是吗？

生：我最喜欢、最渴望生活于其中的一幅画面是"重湖叠巘清嘉，有三秋桂子，十里荷花"，它营造出了湖光山色、四季花香的江南明丽景象。据说此景传唱，竟引得金人欣羡不已，生发投鞭南渡之志。

师：那么你是因为"江南明丽的景象"生发了向往之意，还是因为传说的故事而心生欣羡之情呢？

生：（想了一下）是因为它本身的美丽。"三秋桂子，十里荷花"能让我一年四季都欣赏到淡雅脱俗的桂花和出淤泥而不染的荷花，仿佛置身远离俗尘的仙境；"重湖叠巘清嘉"营造的水光山色也澄澈清明，如果生活在那里，会给人一种如在画中游、如在镜中行的感觉。

师：很美的想象，很浪漫的追求！同学们想象出的画面不仅美丽，而且大气，有一种难得的脱俗之气。所以，《望海潮》虽然只写了古杭州的美丽富庶，却普遍反映了百姓对和平安乐生活的向往与追求。能被人竞相传唱，不正说明它反映了人们的心声吗？请同学们再读一遍，读出向往欣羡之情。

（学生放声诵读。）

师：阜盛的都市场景、壮观的钱塘江潮、幸福的百姓生活，这一幅幅大气壮阔画面的呈现是否颠覆了一些同学，尤其是比较了解柳永的同学的认识呢？（不少学生纷纷认可）那么，这首词算不算柳永的代表作呢？你如何理解？

生：当然算啦！《望海潮》是柳永反映都市生活的代表作。它的语言通俗浅近，使用"柳氏"铺叙、点染的手法，歌咏千年前繁华的杭州城。只是词的境界阔大，情感昂扬，不太像印象中的婉约词。

师：是的，贴给柳永的标签是"婉约词人"。但我们要知道，"婉约豪放"之说始于明代，婉约乃婉转含蓄，有阴柔之美；豪放则阔大恢宏，有阳刚之气。柳永是婉约派代表，是说他的词作多以婉约为主，但这并不意味着柳永就不会或不能写豪放词。

同样，作为婉约派的另一代表李清照也曾写过《夏日绝句》《渔家傲·天接云涛连晓雾》这样豪情万丈的作品。那么，豪放派代表苏轼、辛弃疾是否也有过优秀的婉约作品呢？

生：（自由接对）有！苏轼的《卜算子·缺月挂疏桐》《江城子·十年生死两茫茫》，辛弃疾的《青玉案·元夕》。

师：这说明我们遇到词作，不能随便贴标签，要根据内容、意境与情感来判断，对吗？另外，叶嘉莹先生在《论柳永》一诗中曾说："总被后人称'腻柳'，岂知词境拓东坡？"大家明白这两句诗的含义吗？

生：是不是说柳永的词为苏东坡开拓了意境啊？

师：你的理解是到位的。由此可见，柳永不但写了豪放词，而且还给苏轼做了开拓性的示范。这样看来，《望海潮》的存在是意义非凡的。

最后，我们再来读一读这首意义非凡的词，读出它的昂扬激情，读出它的阔大意境，读出柳永的欣羡赞颂，读出我们的向往渴慕！

研习

　　分享最渴望置身其中的一幅图画，不只是重复对繁华、美丽意境的想象和沉醉，也为了指向对柳永词作豪放之风的体认，这是新一轮的形式审美的超越，也是教学中的第四次高潮。依然是在形式视角下进行的——豪放是豪放词的类性，但对于柳永则是其词作篇性的绚丽绽放，包括铺叙、点染手法的运用，形式上的从小令转向长调，题材上的从闺阁转向市井，从上层社会转向下层生活。后继豪放词进行的枚举，属于教学的"染"，叶嘉莹评柳永"词境拓东坡"的引入，属于"点"，教学中的点染与词作中的点染异形同构，上得轻盈而高妙。

总评

　　整个课堂教学堪称"篇性"视角下的审美舒展，荡气回肠，耐人寻味。

　　篇性，主要聚焦在柳词的点染手法（铺叙或铺排属于赋体手法，实际上就是"染"）、题材开拓（市井生活的引入）和豪放词风上。但是，这些篇性不是断片式的静态呈示，更非机械、强行地灌输，而是由词眼"繁华"切入，一一自然引出。落实到教学中，便是"寻觅、敲定词眼繁华—探讨如何铺叙、点染—体味对干谒诗的超越—感悟豪放词风的价值"等活动的一脉贯通、一气呵成。

　　有理性的引领、激活，但更多的是自由而开放的品悟与生成——寻觅词眼，学生在对"形胜""豪奢""清嘉""好景""嬉嬉"等词的玩绎中，基本上是独立敲定"繁华"的。引领集中体现在对教学意脉的把控上——不管形式如何散漫，讨论如何任情，对篇性的追踪始终没有放松。如让学生以"意象＋动词＋繁华"这一形式为津梁分享鉴赏的体验，表面上是通过缤纷的意象，感受北宋前期繁华的市井生活，实际上也是在体认词人独特的铺叙或点染手法。至于说让学生谈谈最渴望置身其中的一幅画面，询问学生"这一幅幅大气壮阔画面的呈现是否颠覆了一些同学……的认识"，更是如此。前者涉及了柳永慢词题材的大胆开辟，后者则直逼豪放词的创制之功，这些活动设计无不基于对篇性的体认。

可以说，在引导学生对词作篇性的感悟中，李李老师比较出色地做到了点染与启悟的统一、挖掘与拓展的统一、感性与理性的统一。

点染发生在学生的困惑或乏力时，所以总能不时启悟他们的思考，刷新他们的体验，使教学时时有新意，处处有风景。对铺叙、点染概念的及时阐释，对学生精彩发言的及时肯定或总结，对不要随便贴标签，而要根据内容、意境与情感进行判断的提倡，莫不如此。

好的语文教学能在学生一望而知时，指出其不知，或浅知、错知，这需要教师有深入挖掘的功夫；不能就文本教文本，而应注意不同文本的互文性阐释，文本与生活、历史的打通，这又需要拓展的功夫。挖掘与拓展是不同维度的挑战，却又相辅相成、彼此贯通。这方面，李李老师做得更为自觉。"词人不遗余力地赞繁华，淋漓尽致地唱繁华！""干谒就要赢得对方好感，有时不得不说巴结的话。可是，这首词让你觉得有巴结奉承的意味了吗？""虽然它只是歌咏了杭州的繁华，却也是北宋前期社会生活的真实反映，怪不得英国历史学家汤因比曾说过：'如果让我选择，我愿意生活在中国的宋朝。'"随着思维的层层推进，词人的创作动机，对干谒诗的审美超越，具象与概括融为一体的巨大表现力令学生越来越清晰可感了。

篇性是理性的、抽象的，要想让学生化得、悟得，必须借助具体、感性的教学活动。让学生按"意象＋动词＋繁华"的形式感受铺叙的特点；让学生说说最想置身的画面，感受柳词境界阔大、情感昂扬的豪放特点，无不是理性被感性化、感性走向理性的出色教学设计。这便带来了教学的审美舒展。情感融合（从候选市歌《大美宿州》的情感唤醒，到意象品悟的情感融入，再到阐释最美画面时的情感共鸣，一如风行水上）、智性拔节（不是袖手旁观的"非指导性教学"，而是热情主动地参与讨论，适时引领、激疑推进，从而使学生的思维一直处于生长状态）、风格领悟（从想象壮阔画面，到豪放词风的确认，再到豪放、婉约在柳永、李清照、苏轼等词人创作中同在的现象枚举，直至对柳永"词境拓东坡"价值的肯定，做得起伏有致，扣人心弦），一切都"行于所当行，止于不可不止"，给人带来了颇为浓郁的美感。

当然，智性引领也有不够深透之处。比如，学生将"云树"误解为"如云般的堤树",教者并未及时更正。学生发现了词人写作视角的转移——由城内转到郊外而后又折回到城内,感到疑惑:为什么会作这种视觉转换,仅仅是"意象的叠加"吗?教者也未迎惑而上。这种抓住人家、钱塘江、集市、西湖,进行"清明上河图"般的全景展示,并非意象的叠加,而是对繁华景象的纵情铺叙,最能体现"腻柳"特色和豪放之风。学生提到了豪奢的市井生活,教者在点染方面也未将之与当时北宋"甘其食,美其服"的精致化生活追求,还有汤因比对生活在宋朝的渴望彻底打通。而说到"点染",词作上下阕的首句就是"点"的最好呈现,教者亦未明确指出。不过,篇性视角下的审美观照已经在课堂教学中有了极其鲜明的体现,且被做得浓淡相宜,引人入胜。

　　语文教学该如何捍卫体性,上出语文味?李李老师《望海潮》的教学,做出了很好的表率。

增润：古典诗歌教学何为

——李仁甫《春江花月夜》教学实录研习

教者简介 >>>

李仁甫，国家"万人计划"教学名师，江苏省特级教师，教授级中学高级教师，江苏省首届教学名师，江苏省青少年现代写作学会常务理事，苏派作文教学研究中心副主任，南京师范大学、江苏师范大学硕士研究生导师，盐城师范学院兼职教授。荣获2018年国家级教学成果奖二等奖、2017年江苏省教学成果奖一等奖、2002年江苏省高中语文优质课一等奖等。发表教育教学论文500多篇，主持多项省级以上课题，著有《课堂的风景与语文的边界》《你的语文课也可以这样灵动》等。

一、检测学情，生成切入点[①]

（一）春天的什么时候？

师：请大家结合全诗（指向PPT），了解题目中五种事物所涉及的基本信息。第一个字是"春"，我的提问是：大致是春天的什么时候？

生：大概是晚春。

师：你的证据是？

[①] 教例中的大、小标题，均为笔者所加。为凸显教学意脉，笔者对一些有意重复所形成的良性冗余文字进行了删减。

生：可怜春半不还家。

师：她说是暮春，有没有同学补充？

生：我也认为是暮春。

师：原因呢？

生：江水流春去欲尽。

师：有没有不同看法？（一男生举手）

生：我觉得是初春之后，还没有到晚春。"滟滟随波千万里，江流宛转绕芳甸"，"芳甸"的意思是"开满花草的郊外"。开满花草，就意味着是在初春之后。我个人认为还没有到晚春。

师：这个注释里面有没有？

生：（齐声）有。

师：现在我们有两种观点了：一种说法是晚春、暮春，还有一种说法是早春往后，那大概是什么时候？诗里面有没有明确讲是春天的什么时候？

生：（众小声）没有。

师：没有吗？第一个同学用一个句子来证明观点，这个证据是真实的，证据是"可怜春半不还家"，什么时候？春天有三个月，"春半"，二分之一，那就是这个同学讲的早春往后，有没有到暮春啊？

生：（齐声）没有。

师：当然，主人公担心春欲尽，但是有没有尽啊？

生：（齐声）还没有。

（二）长江的哪一段？

师：好，第一个问题我们解决了。（指向PPT）第二个问题，题目中的"江"，大致是长江的哪一段？18号同学。

生：应该是中间那一段吧。

师：中段、中游，证据是什么呢？（学生沉默）好的，你请坐。她是说中游，凭感觉，谁来补充？

生：我觉得应该是下游。

师：下游。为什么？

生：因为诗中有一句"春江潮水连海平，海上明月共潮生"。

师：那就是大江连着什么？

生：海。

师："春江潮水连海平"，跟海洋相连的，太有才了！这是根据原文来判断的，这就是我们说的"读书有智慧"。能够从原文中看出这个信息，很好。你认同她的看法吗？

生：认同。

（三）花期大概何时？

师：那就不给你机会了，你马上还有机会的。第三个问题，题目中的"花"，花期大概如何？25号同学。

［两位同学认为是晚期。理由如下：（1）"月照花林皆似霰"，月光照到鲜花上就像开放了，开满了；（2）"昨夜闲潭梦落花"，说明花快要凋谢了。教者引导学生审视："梦落花"不代表真落了，这体现了主人公内心的焦虑。花期应该是茂盛期，鲜花盛开，春光美好。］

（四）一个月中的何时之月？

师：第四个问题，题目中的"月"，大致是一月中的何时之月？20号同学。

生：我觉得应该是晚春时候的月。

师：我问的是一个月中的何时之月？

生：哦，中旬。

师：证据是什么？（学生沉默）如果是中旬的，月亮应该是怎样的，诗中有什么地方写到？

生：皎皎空中孤月轮。

师："孤月轮"是怎么样的？如轮，车轮，所以它是满月吧？（学生齐点头）其实诗里还有一个重要地方能够判定，哪里可以看出来？

生："海上明月共潮生"，一满月就来潮了。

师：哦，潮水上涨了，月满之时。你解释得很好。

（五）经历的夜晚长不长？

师：再看最后一个问题，题目中的"夜"，大致经历了一个怎样的夜晚？经历的时间长不长？请40号同学回答。

生：挺长的。

师：怎么看出来的？

生：因为作者写"江水流春春欲尽，江潭落月复西斜"，然后月亮已经从月梢到月落。

师：哦，从月梢到月落，经过了一个漫长的夜晚。今夜有人难眠，今夜无眠，是不是？

（六）作者着力写的是什么？

师：春、江、花、月、夜，哪个是作者着力写的？

生：（齐声）月。

师：其实，除了"月"，还有个更重要的对象，是谁？

生：（众小声）人。

师：几个人？

生：（齐声）两个。

师：哪两个？

生：（齐声）游子、思妇。

师：通过讨论，我们对全诗有了整体把握，概括起来，写的是在春江花月之夜，一位多愁善感的游子和思妇的情感故事，对不对？（学生点头。）下面，我们一起把这首诗朗读一下，体味这一份情感。（学生齐读。）为大家点赞，因为你们朗读得太整齐了，而且音很准，特别是xié、xiá，"斜"放在最后读xiá，为什么呢？因为要押韵。你们读得很对，进一步证明你们预习得非常充分。这首诗，老师是非常喜欢的；前人呢，也表示了他们的欣赏之情。比如有人说张若虚"孤篇横绝，竟成大家"——张若虚一生就留下两首诗，这一首最长、最好；现代诗人闻一多也作了高度评价，这个大家手中材料有，我们一起念出来。

生：（齐声）诗中的诗，顶峰中的顶峰。

研习

信马由缰的闲聊中有着严谨的设计。了解五个意象的基本信息，既含蓄地了解了宫体诗的特点（用五个意象组合春天的画面，表现宫廷的意念和趣味），也为体悟张若虚对宫体诗的超越而蓄势。

超越一：以月为核心意象，组成一个意象群落，形成一个无远弗届的澄明、柔和、清寂之境——迥异于宫体诗《春江花月夜》的意象零散或交错。

超越二：以清丽、自然、整体的平民相思代替秾丽、矫情、碎片化的贵族趣味。

超越三：以情致的流动、深化代替原先宫体诗的视觉滑行、情感单一。

更为重要的是，这种柔性检测既可拉近师生的心理距离（教者是跨省借班上课），也可充分了解学情，生成教学的切入点，还可以渗透文本细读之法，进行美的积淀、思维的磨砺，真是一片化机。

不过，对月亮这一核心意象的确定缺少分析（如题目五字，环转交错，各自生趣，但只有月字在全诗中达"十五见"[①]，且天、空、霰、雾、楼、帘等意象都是衬托月的；月光清澈所衍生的空间辽远；月光与思念之情的异形同构等），后来的美句欣赏，以及对宫体诗的超越也没有对月亮意象的统摄力、表现力进行点染，所以课眼不够鲜明，整体教学的"魂"凝聚力不是很强。

缘于此，当学生从"月梢到月落"见出夜晚之长时，教者也没及时引领学生趁机梳理出"生→照→斜→落"的线索。

说本诗写了一个游子和思妇间的情感故事欠妥。本诗虽然有淡淡的叙事，但与淡淡的说理一样，都是为表达游子、思妇的相思之情服务的。

二、欣赏佳句，玩绎景、理、情

师："诗中的诗，顶峰上的顶峰。"这首诗确实写得很好，但美中还有更

[①] 陈伯海.唐诗汇评（上）[M].杭州：浙江教育出版社，1995：263.

美的，好中还有更好的，不妨借用闻一多的表述方式，"好句中的好句，顶峰中的顶峰"。下面，大家现场寻找"顶峰级"的句子。可以是一句，也可以是多句，并且说明理由。

生：我画出的句子是"鸿雁长飞光不度，鱼龙潜跃水成文"。鸿雁不停地飞翔，而不能飞出无边的月光；月照江面，鱼龙在水中跳跃，激起阵阵波纹。它写出月光的清澈，写出鸿雁不能为思妇传递信息。这里用了侧面描写。

师：用了一个词语，很专业的，"侧面描写"。这里有没有直接写思妇的情感啊？

生：没有。

师：没有直接写，但这位同学能够感受到背后有情的存在。什么情呢？（师生共答）思妇思念游子的情感。这种情感通过侧面描写显得非常真切。我们继续交流，希望大家找到这样的句子，能够很自信地举起自己的手，高高地举起，希望更多的手能举起来。有没有其他同学愿意交流呢？（两位学生举手）这样吧，给坐在后面的同学先说。

生：我觉得"海上明月共潮生"是顶峰级的句子。春江的潮水像海一样辽阔，水面上一轮明月冉冉升起。这里交代了诗歌的意象，显得非常壮阔。

师：他用了"意象"一词，还用了一个词"壮阔"。有没有"壮阔"的感觉？你来读一下，是不是壮阔的感觉？（学生有感情地朗读。）除了壮阔，还有什么感觉吗？

生：大气磅礴。

师：这个跟壮阔还是相关的。还有什么感觉？能不能再挖掘挖掘？（学生沉默）其他同学能不能补充一下？（一女生举手）

生：我觉得这一句写出了明月与潮水的活泼的生命。

师："活泼"是怎么看出来的？

生：一个"生"字，体现出那种生机勃勃的感觉。

师：假如没用这个字而用其他的字，有没有这种感觉？比如从低处升到高处，太阳升起来，通常用升起来的"升"字。张若虚有没有用这个"升"字？

生：（齐声）没有。

师：这个"生"，什么写法？

生：（齐声）拟人。

师：用了拟人手法，写出潮水的活泼。除了潮水的活泼，还有什么活泼啊？

生：（齐声）月亮。

师：潮水和月亮共生，共同嬉戏，显现出活泼的生命力。这个"生"字用得好。我们读书还要善于联想，在其他的文本里面，有没有出现过用"生"字来表现这种活泼的生命力？

生：海日生残夜，江春入旧年。

师：这个诗是哪个朝代的？

生：唐代。

师：唐代还有一位诗人，写日写月，也用了"生"字。什么句子？

生：（齐声）日照香炉生紫烟。

师：对。还有写月亮的，张九龄的句子。

生：（齐声）海上生明月，天涯共此时。

师：诗人写诗，经常把上升的"升"改成生命的"生"，写出了事物蓬勃的生机。

生：我觉得"可怜楼上月徘徊，应照离人妆镜台"也很美。"徘徊"两字，一是写出了浮云的游动，二是借着月光，表现出对思妇的怜悯之情。

师："徘徊"用了什么修辞？

生：拟人。

师：从思妇的角度，月亮徘徊来徘徊去，你感觉月亮为什么不停地徘徊来徘徊去？

生：思妇也在楼上徘徊。

师：今夜无眠吧？可以感觉到一个人内心的寂静。月光徘徊，然后对这个月光是什么态度啊，下一句怎么写的？（师生齐读）"玉户帘中卷不去，捣衣砧上拂还来。"她对月光采取了什么样的措施？

生：（众小声）卷，拂。

师：要把月光卷走，要把月光拂去。为什么要把月光卷走，把月亮拂走？

生：因为有月光的话，思妇会更加思念游子。她觉得如果月光不在的话，可能游子就会回来了。

师：她"迁怒"于月光——哼，都怪你，惹我生气，惹我思念，我要把你消灭，把你赶走！她生气、怨恨，其实怪不怪月光？

生：不怪。

师：其实怪游子，也怪她自己吧。明明是自己本身就忧伤而怪罪月光，这是一种反常心理吧？古人把这种现象叫作"无理而妙"。就像我们头发白了，到头来不怪自己的基因不好，不怪自己劳累过度，而怪镜子，把镜子砸碎，对不对？明明是自己心情不好，看到地上的落叶，就说：就是你，惹我生气。这位同学解读得很好。

（师生一起赏析下面的诗句。）

1. "江天一色无纤尘，皎皎空中孤月轮。"

皎皎的月光，让人觉得有一种淡淡的温暖，但后面的"孤月轮"说明：哪怕是那么明亮的月光，那么美丽的月亮，他都会感到孤独。所以，这两句话就是整个诗连接上半部分与下半部分的一个转折。

教者趁势让该生朗读了"转折"前的八句诗，并让学生尝试用几个词概括这八句诗中春江、潮水、明月、花、林、芳甸、流霜、白沙所构成的画面的特点，或者说创设了什么氛围，先前概括的词如"壮阔""大气""充满深情""明媚"等除外。一学生概括出"清明"，教者特地点出：明不是像大城市的霓虹灯的明亮，清是清水的清，是很幽寂的、清明的一种景象。

见学生没有新见，教者和学生开始讨论写景中的表现手法。除了先前所说的拟人，还有比喻，如"月照花林皆似霰"；有侧面描写，如"空里流霜不觉飞，汀上白沙看不见"，没有写月亮，可是月亮的特点呈现出来了。

紧接着，又讨论了景物描写的作用。有学生小声说出"借景抒情"，教者不满足于此，引领学生进一步体味：借的是什么景，抒的是什么情？学生顿悟是乐景反衬游子、思妇的离情、悲伤、忧伤或者说"哀情"。教者就此点睛：鉴赏诗歌往往要回答写了哪些景，用了什么手法，其作用是什么，对情感的表达是什么作用。

2. "青枫浦上不胜愁，何处相思明月楼。"

"引用"用得好，"青枫浦上"暗用了楚辞《招魂》里的诗句，"明月楼"暗用了曹植的《七哀诗》。

3."江畔何人初见月，江月何年初照人。人生代代无穷已，江月年年望相似。"

这里，教者与学生对话中有三处点拨：

（1）这是四句诗，不是两句。诗歌鉴赏跟白话文不一样，诗歌鉴赏不认字数多少，停顿一次就是一句，哪怕用的是逗号、顿号。

（2）学生说四句诗运用了对偶，蕴含了人类循环、事物不变的哲理。教者建议学生具体地分析一下，于是发现了"个体"生命的短暂与"整体"（代代）生命永恒的矛盾。"整体"一词是教者启悟学生由"代代"一词中悟得。

（3）启悟：这种对人生短暂和永恒关系的表达，《赤壁赋》中也涉及了，能说出哪些句子表达了吗？一学生很流利地背诵起来："逝者如斯，而未尝往也；盈虚者如彼，而卒莫消长也。盖将自其变者而观之，则天地曾不能以一瞬；自其不变者而观之，则物与我皆无尽也。"

师：背得很好。我在网上查了一下你们的校徽，校徽上有棵榕树，榕树上面还有一个白色的鸽子，旁边解说这象征着自由飞翔的生命。今天，你们穿的校服，也是白色的，我想起了白色的鸽子，你们在这课堂上飞翔，自由地飞翔，我今天看到了这种精神。《赤壁赋》中还有"哀吾生之须臾，羡长江之无穷"（众生跟随教师一起朗读这两句），苏轼是这么看待"短暂"和"无穷"的。张若虚在这里写了人生短暂、宇宙的无穷，使人生感到非常渺小，感到忧伤，但是他说"人生代代无穷已"，这种对人生的看法又充满了一种什么精神？

生：（齐声）乐观。

师：对，乐观、欣慰，用一个成语说，叫"哀而不伤"。这是张若虚对其他作家人生看法的一种超越。这是诗中的一个亮点，这里的句子确实是"顶峰中的顶峰"！

研 习

由闻一多的评论"诗中的诗，顶峰中的顶峰"引入佳句赏析，新鲜扑面、浑然天成。佳句赏析虽然是学生的随机生成，显得野性十足，但因为有"漂亮的景""独特的理""真实的情"内在统摄，还有学法的贯穿——鉴赏诗歌通常要回答写了哪些景，用了什么手法，其作用是什么，对情感的表达是什么作用，所以整个教学看似"不择地而出"，却又纲举目张。

六处赏析基本围绕修辞、结构、表现手法展开，且能钻探诗中独特的理与情，注意多方会通，不仅守住了语文的体性，上出了诗歌的类性，开掘了文本的篇性，而且还在文本与文本的打通、感性与理性的互动、熟悉与陌生的相乘中自然生成美感，十分可贵。

不过，本诗类性和篇性的审美开掘，依然有很大的空间。比如月光的澄明对其他意象的统摄，澄明衍生出来的空间上的无远弗届，月亮不断地徘徊、落下的漫长与游子思妇思念之情的悱恻、漫长同构，梦落花其实也折射了思妇青春容貌凋落的担心与焦虑，值得引导学生进一步开掘。

面对前后排学生同时举手发言，一般应前者为先——前者无法后顾，但能"独立"举手发言，勇气、自信可嘉，更值得扶持。将"青枫浦""明月楼"中的用典说成"引用"，这种轻率不该发生。

三、卒教显志，体悟超越点

师： 通过同学们的分享、交流、讨论，我们达成一个共识：诗中的景是很漂亮的，理是很独特的，情也是很真实、自然的。最后，老师想现场了解一下同学们这堂课的收获。"诗中的诗，顶峰上的顶峰"出自闻一多《宫体诗的自赎》一文。乍一看，同学们可能不了解，这首诗怎么会是宫体诗呢？再看前面的注释1，这首诗选自乐府《清商曲·吴声歌》旧题。旧题，说明这个题是不是他创作的？

生：（齐声）不是。

师： 宋齐梁陈，陈朝是南朝的最后一个朝代，陈国的国君创作的《春江花月夜》是宫体诗。宫体诗，往往写得比较奢靡，赏花弄月，显得非常俗气；主人公呢，往往是小宝贝、小女人，显得很矫情。到了张若虚的笔下，同样写"春江花月夜"，他"赎清"了宫体诗的"罪过"。怎么"赎清"的？谁能结合前面大家一起探讨的内容来回答这个问题？宫体诗，只要我们像张若虚这样写，就能够突破宫体诗的框架而达到新的境界。谁来探究一下？

生： 这首诗描绘了一幅春江月夜的美丽图画，总结了一个更深沉、更辽阔、更宁静的境界。跟以往的宫体诗有一个差别，它摆脱了那种世俗和俗气。

师：很好。有没有其他同学补充？

生：宫体诗是指那些奢靡、俗气的诗，而张若虚换了一个角度来写，他把它转换成对景的描写和对情的表现，手法丰富多样。

师：是的，景、情都超越了宫体诗通常的写法。比如说"景"，他的景写得壮阔、大气，充满生机；比如说"理"，不仅仅是为人生短暂而悲哀，他把通常的悲哀超越到一种欣慰、欢乐的境界。"人生代代——"，我们一起读一下。

生：（齐声）人生代代无穷已，江月年年望相似。

师：再从"情"来看，比较真实，比较自然，矫不矫情啊？

生：（齐声）不。

师：从上述几个方面来看，张若虚绝对是"赎清"了宫体诗的"罪过"。今天这堂课，贺高的同学给我留下了很深的印象。谢谢同学们，下课！

研习

探讨《春江花月夜》如何实现对宫体诗的"救赎"，这是从文学史的高度审视文本的篇性，非常大气。让学生结合前面探讨的内容思考，而非生拉硬拽一些概念，进行缥缈的填充，更是接地气的做法，将生成思想很好地落到了实处。学生能从境界的大气、风格的不俗，以及景色描写、情感表现、手法丰富等方面总结，且新见不断，便是明证。

不过，景、理、情角度的总结也值得商榷。比如，将人生短暂的悲哀超越到一种欣慰的境界，并非本诗的超越之处——李白的《宴从弟桃李园序》、苏轼的《赤壁赋》其实都有这种特色。本诗的超越之处在于：不在人生苦短上衍生，而是由此转向了更为深眷的思念，这是迥异于宫体诗秾丽、矫揉的贵族情趣的。

总评

李仁甫老师是"生成语文"的倡导者，特别注重以学定教，智慧生成。他为贺州高级中学学生所上的《春江花月夜》，很好地体现了这一理念。

在我看来，他提倡的"生成"不仅指与预设相对的临时生成，还指语文课堂上主体间对话中的永恒生成；不仅指语文学习化知成智过程中的自由生成，还指学养积淀、走向言语表现的必然生成；不仅指或同化或顺应过程中的知识生成、能力生成、学养生成，还指学法生成、智慧生成，以及最高层次的言语个性生命的生成。在这样一种多元复合的生成中，教师顺势而化的"增润"（enrichments）能力和智慧便显得尤为重要，而这也是教学相长的一个重要前提。要想出色地增润，必须学会倾听、对话、建构，不停地自生长。

一、增润，最理想的教学生成

增润是通达学习（mastery learning）理论中的一个关键词，有基于学情的充实、提升之义等。通达学习理论由美国学者布劳姆提出。布劳姆认为，绝大部分（百分之九十五）学生，只要得到适切的教学，可以做到学业优秀，充满自信，因为学生的学习差异主要是环境因素引致。[1] 适切的教学自需一套行之有效的学习程序，对优秀的学生给予奖励和增润，对能力稍逊的学生提供纠正和补救指导。

其实，从本质上说，奖励、纠正、指导均属增润，都是为了使学生实现知识、能力、学养以及非智力因素的全面发展，而这也是生成的要义。增润讲究的是针对性丰富，基于学情的扶掖和点睛，与道家的化育思想，还有昆体良的"俯就学生能力"的教育思想（正如紧口瓶子不能一下子容纳大量流进的液体，却能为慢慢地甚至一滴一滴地灌进的液体所填满一样，我们也必须仔细考查学生的接受能力[2]）不谋而合。因此，增润堪称最理想的生成。

在李老师的这堂课上，对学生适切的鼓励、辅导、纠正、点化可谓无处不在，却又润心无声。比如，当学生从"春江潮水连海平，海上明月共潮生"中判断江处于下游，他盛赞学生"读书有智慧""能够从原文中看出这个信息"，甚至连校徽上的白鸽图案都能成为他鼓励、启悟的养料——体现学生自由飞翔的精神，堪称学法、灵魂的双重增润。

---

[1] 霍秉坤.教学方法与设计［M］.香港：商务印书馆，2004：171.
[2] 刘新科，栗洪武.中外教育名著选读［M］.北京：中国人民大学出版社，2008：326.

与学生对话，他常不怕麻烦地重复学生的结论，并能从中抽绎出最具生成性的元素，加以丰富、深化和提升。如对"海上明月共潮生"中的"生"字从修辞、意蕴、表现力等方面不断刷新学生的赏析，并和其他诗人的诗作会通；让学生结合先前的讨论，从文学史的高度再度审视张若虚对宫体诗的超越。这些及时雨般的增润，是很能促进学生审美体验与认知的拔节的。

二、古典诗歌教学，何处增润

那么，对于古典诗歌，特别是向盛唐成熟诗歌过渡的宫体诗，教学时该在何处增润呢？李老师是这么做的。

一是在诗歌的类性处增润。宫体诗的类性特征：内容上，反映宫廷生活，男女私情；风格上，秾丽华彩，伤于轻艳；用词上，注重声律，辞藻靡丽。李老师在进行知识铺垫时，说宫体诗写得比较奢靡，赏花弄月，非常俗气，主人公往往是小宝贝、小女人，显得很矫情，着眼的正是类性。但是，他也不忘宫体诗的优长——问学生五种意象中，哪个是作者着力的，其实涉及了宫体诗的形式统一问题；当学生欣赏"青枫浦上不胜愁，何处相思明月楼"中的用典、"江畔何人初见月，江月何年初照人"中的对偶时——宫体诗追求的形式特征，他肯定学生"讲得很好"，增润得了然无痕。

当然，李老师类性处的增润也有疏漏。学生认为"鸿雁长飞光不度，鱼龙潜跃水成文"是顶峰中的句子，用侧面写出了月光的清澈，写出了思妇的思念之情，他是给予赞赏的。殊不知，"鱼龙潜跃水成文"和身在楼台的女性的相思没有任何联系，是为了对仗而对仗，偏离诗歌意脉的败笔。

二是在诗歌的篇性处增润。比如，对"玉户帘中卷不去，捣衣砧上拂还来"中极化情感的赏析与打通，十分精彩；对张若虚超越宫体诗之处的点染和总结，十分自觉。对"人生代代无穷已，江月年年望相似"诗句中传递的哲理和哀而不伤情感的肯定，更是篇性视域下的审美观照——尽管这种定性有些偏颇。

三是在情思的新颖处增润。这一点，在对"江天一色无纤尘，皎皎空中孤月轮"等诗句的赏析中，尤为明晰。温暖、孤独、大气、明媚、清明，这些增润扣住了矛盾，因而诗人丰富、细腻、独特的内心世界水落石出。

三、古典诗歌教学，如何增润

古典诗歌教学，明晓了在何处增润，接下来就该考虑如何增润了。这方面，李老师的做法更饶启示。

一是增润在点子上。意象、节奏、修辞、表现手法的探秘，无一不是语文体性视角下的审美舒展、类性感悟，篇性开掘均做得极为自觉。即使是涉及游子、思妇的相思情感，个体生命短暂与整体生命永恒的关系思考，也努力朝独特性方面走。所以，无论是古典诗歌教学内容的确定，还是熟悉与陌生相乘的教学美感的把握，对言语内容与言语形式关系的处理，分寸感都把握得比较到位。

二是增润得是时候。在学生愤悱时增润——月亮为什么不停地徘徊来徘徊去？在学生错知时增润——"江畔何人初见月……江月年年望相似"不是两句，而是四句……在学生粗知时增润——明月和潮水活泼的生命是怎么看出来的？不用"生"字，是否还会有这种感觉？这个"生"字用了什么修辞手法？还有哪些诗人写日写月也用到了"生"字？在学生感知混沌时增润——学生自由赏析了五大意象、六处佳句后，他小结道："我们先概括了跟月亮有关的写景的诗句；中间呢，我们重点欣赏了哲理性的句子；下面写思妇对游子的思念……"（在教学实录中已删减）将原本模糊的意脉"月下之景—月下之思—月下之情"一下子拎出来了！相机而教，触处生春，加之关键处的点评，语言约而达、微而臧，教学的柳暗花明之感特别显豁。相较于某名师的"非指导性"教学（学生说写的是初春景色，不指点；学生说五种景物在头脑里成大杂烩了，也不指点），李老师的增润不知要严谨、智慧多少倍！

三是增润宜多角度。有历史的角度——探索张若虚对宫体诗的超越；有现实的角度——思妇"卷""拂"动作中的极化情感与头发白、砸镜子、对落叶生气中极化情感的会通；有空间的角度——与《赤壁赋》《望庐山瀑布》等篇章的群文阅读，开阔与渊深齐飞，精致与灵动一色，有浓郁的语文味。

或许是时间、内容、语境所限，对文本结尾句内蕴矛盾（归人乘月，是很美好的期待，"不知"却是无从期待）所形成的空白结构，李老师并未增润，这令我们对他的下一次教学充满了期待。

追求精纯与冗余的统一

——董一菲《涉江采芙蓉》教学实录研习

▍教者简介 >>>

董一菲，中学语文特级教师，黑龙江省首批正高级教师，执教于牡丹江市第二高级中学，"诗意语文"倡导者之一。东北三省"十佳"语文教师，全国首届"十佳"教改新星，牡丹江市"五一"劳动奖章获得者。首批国家级骨干教师，全国青年教师专业发展研究中心导师团导师，多家中学语文核心期刊封面人物，南京师范大学、吉林师范大学、哈尔滨师范大学、牡丹江师范学院兼职硕士研究生导师。著有《紫陌红尘拂面来》《董一菲讲语文》《仰望语文的星空》《雪落黄河静无声》《千江有水千江月》等。

一、揭题导入

师：孩子们，看黑板，《涉江采芙蓉》几个字？
出示幻灯片一：

涉江采芙蓉

生：（自信大方）五个字。
师：（会心一笑）这叫几言诗？
生：五言诗。
师：非常好，五言诗。我国是诗歌的王国，从诗经、楚辞、汉赋，一直到晚清的龚自珍，这样一个长长的诗歌的河流里，五言诗出场，是一个时代的标志；五言诗达到成熟，是一个朝代的终结。这个朝代应该是哪一个朝代呢？猜猜看。

（学生思考。）

师：四言诗是《诗经》的时代，五言诗在哪个时代绚烂风华？我再提示同学们，唐朝是七言诗的王国，往前推，孩子们！

生：（略显犹豫）汉朝。

师：（深情地望着学生）对。

师：孩子们，再来看题目——芙蓉是什么？可不可以说说它其他的名字？它也许叫——

（学生未回答，陷入思考。）

师：同学们，听说我们离白洋淀也很近，看到第一张幻灯片中的花了吗？

生：荷花。

师：还可能叫——在江南它是美的节日，是爱情的节日，是花的节日，江南可采什么？

生：江南可采莲。

师：对，芙蓉也叫莲。请同学们齐读诗题。（学生兴趣盎然地齐读）

出示幻灯片二：

芙蓉
莲
荷花

涉江采芙蓉，芙蓉也叫荷花、莲，它传达了某种情感、某种信息。诗人为什么不说涉江采"莲花"、涉江采"荷花"，偏偏要说涉江采"芙蓉"呢？

（学生静静地思考。）

师：孩子们接着看，在古诗词中，它无数次出现。依次传麦克，一人一句读下去。

出示幻灯片三：

叶上初阳干宿雨，水面清圆，一一风荷举。

三秋桂子，十里荷花。

山有扶苏，隰有荷华。

制芰荷以为衣兮，集芙蓉以为裳。

江南可采莲，莲叶何田田。

《芙蓉女儿诔》

采莲南塘秋，莲花过人头。低头弄莲子，莲子清如水。

（学生每人依次读一句，教师及时给予鼓励评价。）

生：山有扶苏……（因不认识"隰"字，停顿了。）

师：这个字读"xí"。"山有扶苏，隰有荷华"，山上有桑树，我们农耕的民族对桑、蚕都有一种深情。猜猜看，看偏旁，这个字会表示什么？汉字有表情，有温度，是表意的文字。方块字里有太多的文化，太多的情感。这个字下面有四个点，表示它——

生：与火有关。

师：非常好，再看它的偏旁。双耳旁表示什么？这是一种暗示，暗示它在大地的——

生：表示它在边上。

师：很好，大地的边缘，它表示"水岸"。孩子们回答得非常好，特别有想象力。

师：接下来是屈原的诗。

生：制芰荷以为衣兮，集芙蓉以为裳。

师：读得非常标准，为什么读"cháng"？上衣为衣，下衣为裳。

师：接着全班齐读下一句。

生：（齐读）江南可采莲，莲叶何田田。

师：再下面不是一句诗，而是一个诗题，它是一种文体。最后一个字读"lěi"，是祭祀的文章，是祭奠的文章，是怀古的文章，是悼念的文章，是宝玉写给晴雯的。全班一起齐读这个诗题。

（学生齐读《芙蓉女儿诔》。）

师：很好，最后一句我来读。（深情朗读）采莲南塘秋，莲花过人头。低头弄莲子，莲子清如水。

孩子们，有没有一种最基本的感动，有没有一种最基本的感发？曾经的芙蓉，它叫莲，那是一份爱；曾经的芙蓉，它叫荷花，曾经十里的荷花氤氲了江南。孩子们，再回到之前的那个问题：为什么不叫《涉江采莲花》，而叫《涉江采芙蓉》？这首诗它有可能传达着什么样的情感？

生（男）：（大方）我觉得莲花、荷花代表美好的事物，而这首诗不是特别美好。

（台下老师被学生的真诚回答触动，发出会心的微笑。）

师："不美好"是指形式不美好，还是情感不美好？

生：情感。

师：你认为情感不美好的概念有可能是指什么，是指品德不高尚吗？

生：（毫不犹豫）不是。

师：我懂了你的意思。他想说，也许这里面承载着的是一份悲情，语感非常强。

（学生会意地点头，表示认可。）

师：孩子们，名字是非常重要的。鲁迅先生在他的小说代表作《阿Q正传》里开篇用了大量笔墨解释他为什么叫阿Q，而不叫阿贵。为什么？因为名正言顺，这个名字里承载着那份沉郁，那种悲凉。任何一个名称都承载了一种情感，同一种事物的不同名称之间是有细微差别的。

研习

揭题，从"芙蓉"意象切入——诗人为什么不说涉江采"莲花"、采"荷花"，偏偏要说采"芙蓉"？既触及了文本的类性、篇性，也触及了深层的传统文化。下一环节的讨论，依然围绕"芙蓉"意象展开，使教学形散神聚，有内在的精致性。

基于文学史审视五言诗地位、文本篇性——后面环节，将《涉江采芙蓉》与《短歌行》《上邪》《洛神赋》比照，有此追求，更是对学生"鸟眼力"和"虫眼力"的无声培养，显得格局阔大，深度自具。

不过，无论审美发问，还是"文常"了解，皆由教者发动，教学的外铄色彩是明显的。让学生在"五言诗成熟于哪个朝代"之类的文常上消耗时光，更无必要——体知，应多在篇性开掘上着力，而非共识性的文常。

让学生仅凭诗题，便得出本首诗是"五言诗"的结论，完全导错了方向。

二、审视：芙蓉者何，所思者谁？

师：把书打开，谁来读一下《涉江采芙蓉》？

（一女生大胆且自信地举手朗读，感情到位，声音洪亮。）

师：大家看，芙蓉是什么？

出示幻灯片四：

芙蓉者何，所思者谁？

（师生通过对话，达成下述共识。）

1. 将"芙蓉"的草字头去掉，是"夫容"二字，意为"远在天边的丈夫的容貌"，这从"所思在远道"可以见出。

2. "远"并非一个确定的词，而是虚指。也许是在水一方的远，也许是天涯，也许是时空永远无法抵达的阻隔。

随后，教师穿插了四个问题：（1）这首诗出处是哪里？（2）《古诗十九首》有多少首？（3）《古诗十九首》有作者吗？（4）《古诗十九首》从本质上说是文人创作的还是民歌？

达成下述共识：

1. 这首诗出自《古诗十九首》。

2.《古诗十九首》有19首，就像莎士比亚的十四行诗，有14行。

3.《古诗十九首》的作者是佚名。"佚"，"单立人"加个走失的"失"，是"不明确"的意思。这些人不是大动荡、大黑暗时代的才高八斗的曹植，不是在血雨腥风当中上位的曹丕，不是一夜白了头只为妻子死亡的潘安，不是"洛阳纸贵"的左思，但却为这些人开创了写诗的先河。

4. 从本质上说，《古诗十九首》是文人创作的乐府诗。

然后回到原先的问题：芙蓉者何，所思者谁？

交流结论：芙蓉是珍贵的文化，江是指危险的环境。

师：非常棒，芙蓉是珍贵，是珍宝，还可能是——

生：我认为芙蓉是当时非常重要的人，是无人可替代的唯一。

师：是一种唯一，是天地间的一种大美。还可能是——

生：老师，我也认为芙蓉是很珍贵的东西，想送给珍贵的人。

师：好，孩子，这就足矣！我们再往下看。

出示幻灯片五：

《古诗十九首》创作于东汉末年大黑暗、大动荡、大转折时代：

盈盈一水间，脉脉不得语。——《迢迢牵牛星》

行行重行行，与君生别离。——《行行重行行》

人生天地间，忽如远行客。——《青青陵上柏》

思君令人老，轩车来何迟。——《冉冉孤生竹》

生年不满百，常怀千岁忧。——《生年不满百》

师：同学们，想要理解这首诗，必须回到那个时代。那个时代是一个怎样的时代？董老师用三个"大"来形容，孩子们读。

生：大黑暗、大动荡、大转折。

师：好一个"大黑暗、大动荡、大转折"的时代！在这样的时代群雄割据，在这样的时代三国纷争。同学们，这是政治，不是人生。人生是什么？人生是这样的："盈盈一水间，脉脉不得语。"同样是水的阻隔，"所谓伊人，在水一方"的阻隔与"盈盈一水间，脉脉不得语"是有区别的，是这样的吗？

生（女）：不是。

师：再继续想，孩子，可能我们的对话出现了问题，我们继续思考。

生（女）：我认为有区别。

师：区别在哪里？这个水是长江吗？是黄河吗？都不是，是什么？

生：银河。

师：这个水是银河，是天河。东汉所有的阻隔都化作了天河。第二句"行行重行行，与君生别离"，什么叫"行行重行行"啊？

生（男）：我觉得是艰难的路一条又一条。

师：人生如逆旅，我们不怕行走，但没有了光明，走得多绝望！"与君生别离"，何为生，生为何，"生"是什么意思？

生：（羞涩地）没有想好。

师：没关系，组个词帮助理解。

生：活着。

师：活着的时候就要别离。同学们，中国古典戏剧、小说都喜欢大团圆，都有一个明亮的结尾，但只有一部小说是真正的悲剧，这部小说叫《红楼梦》。《红楼梦》的结局极具无奈：苍茫大地，白雪纷飞，宝玉披红色大氅走向永远的永远，走向雪的世界，走向离别。这是结尾，这是悲剧，这是震撼。与君生别离，这都是《古诗十九首》，19首诗，同一首歌，唱出的是我们生命中最深沉的痛，唱出了最深层的无奈。"人不怕睡，人怕醒"，这是我们民族觉醒期的歌唱。正如宗白华先生所说："魏晋时代，向外发现了山水，向内发现了自己的深情。"我们为何而活着？涉江采芙蓉，兰泽多芳草。下一句"采之欲遗谁？"

生：所思在远道。

师："人生天地间，忽如远行客。"我们经常说我们是大地的主人，我们诗意地栖居，但是《古诗十九首》说：不，我们是天地的——

生：行客。

师：非常好，行客。"思君令人老，轩车来何迟。"这里说出了我们人生当中无穷无尽的令人绝望又希望、希望又失望的一种——

生："思君令人老，轩车来何迟"，是一种等待。

师：是啊，等待。我在岁月的深处等你，用我的一生。你的轩车什么时候来？也许是明天，也许今生今世永不再来。这就是《古诗十九首》，这就是东汉末年文人的诗，它替一个时代在思考，替人生在思考。我们再读。

生：生年不满百，常怀千岁忧。

师："生年不满百，常怀千岁忧。"翻开《世说新语》，那个时代和东汉末年非常接近，我们听到的是一片哭声，听到的是一片忧愁。还记得曹孟德的诗吗，《短歌行》开篇便是——

生：对酒当歌，人生几何！譬如朝露，去日苦多。

师：去日苦多，忧从中来，不可断绝。

研习

对"远"意蕴的阐释——不是"在水一方"的远，而是"盈盈一水间"的远，进而揭示人物绝望又希望、希望又失望的矛盾心绪，以及"一片哭声"的时代特点，着实是纤敏、深刻、独到的审美发现。结合具体诗句，感受时代的精神生态，更是令审美有了具体的生长体。

不过，对"远""离""思""望"的挖掘还不够，如采、遗等动作意象所揭示出来的乐到极处必生幻，愁到深处理错乱的痴情心理，同心之望、同心之思背后带有赌性的扭曲、残酷的坚守，让上述意象携带上更多的悲情色彩。挖掘到这样的深度，再与别的诗句会通，是否更能扎根文本，揭秘抒情主体独特的情感，还有时代的面影呢？

师生将"芙蓉"定位为珍贵的人、东西或下一环节教者自己总结的"美好"，也是因为没有深度把握抒情主体对心上人思念到极点，有期盼、有祝福、更有忧伤的复杂潜意识。这使意象、情感的体悟，整体上显得有些浅表、飘忽。

三、体会：《涉江采芙蓉》和《上邪》情感表达上的区别

师：好，我们再想一想，这首诗它要表达的是什么？"芙蓉"是美好，是一朵花。它要送给谁？也许是丈夫，也许是希望，也许是生命当中一切的美好，但是太遥远了。这种情感怎么才可以表达出来？"诗以言志"，诗歌要表达一种情感，如何表达是关键。《古诗十九首》被称为五言诗之冠冕。什么叫冠冕啊？

生：皇冠。

师：非常好！冠冕就是指最棒的表达。但是，老师没觉得它是最棒的表达，表达这样一种感情我们读起来很费解啊。为什么费解啊？我们再来看，我想让一名同学再读前四句，尝试着背下来。

（一男生熟练地背诵《涉江采芙蓉》前四句。）

师：为你骄傲，你是背着说的。刚才说《古诗十九首》是五言诗的冠冕，是说它是最棒的表达。可是我没在这里找到华丽的词藻，也没有找到震

撼的情感啊。不就是一朵花吗，这朵花还没有送出去。而且，这首诗在表达上通篇用的是什么呢？叙述、描写，还是抒情？

生：（自信）叙述。

师：同学们，一首诗居然全篇用叙事来表达，还被称为诗中的冠冕，我实在是不理解。我喜欢这首诗，它同样是汉代的作品。刚才我们在猜芙蓉是什么，送给谁，干什么。我喜欢下面这首诗，这首诗完全不用猜，这是爱的誓言。情书写得如此热辣，谁敢读？

（幻灯片六出示《上邪》内容，一男生举手。）

师：这位非常对不起了，但这是女孩子写给男孩子的情诗，不能让你读。

（台下老师笑声四起。一女生举手朗读，声音洪亮，抑扬顿挫。）

师：很好，声音和自信是女性独立的宣言书，读得非常棒。让我感动的是许多古音读得很棒。邪，天哪，邪读得棒。天雨雪，雨，名作动，破音读得棒。在表达感情的时候，多么热烈，多么真爽，要我说《上邪》才是情书之冠冕。同学们，你们认为呢？这两首诗在表达感情上有什么样的区别？说出一点即可，我可以做一下提示。

出示幻灯片七：

冷与热

浓与淡

动与静

盛装与素颜

生（女）：（用方言且自信）《涉江采芙蓉》情感表达比较含蓄，它表示的是相思之人难以相见的一种悲情；而《上邪》直抒胸臆，表达的是一位女子对男子的爱恋。

师：我听懂了，也就是说内容上不同——《涉江采芙蓉》有人生；《上邪》是狭窄的，只是爱情。

生（男）：我觉得《涉江采芙蓉》没有《上邪》情感表达得激烈。

师：在这位男孩子的审美当中，隐性存在着这样的认知，我们这个民族讲究温柔敦厚，不要那么热烈的，热烈的结果是太短暂了，不隽永，无法回味。好孩子，非常敏锐的审美能力。

生（女）：我认为《涉江采芙蓉》用叙事写得平淡，平淡地写出了一件事；但是《上邪》用的词语稍微华丽一点。

师：我听懂了，请坐。在这里，这位同学读出了什么呢？《上邪》是直抒胸臆的抒情，甚至连抒情都不是了，而是在喊。有这样一句话是诗评家说的，"我与你共享"。他说："汉朝以前的诗歌是长出来的，唐朝的诗歌是喊出来的，宋朝的诗歌是仿出来的。"同学们，你们认为哪一种状态最好呢？

生：长出来的状态最好。

师：非常好，可以做诗评家了，孩子们继续说一说。

生（男）：我认为他们的情感态度不同——《上邪》是一种火热的，而《涉江采芙蓉》是柔美的。

师：柔美的，火热的，是吧，和我们这个民族的传统是不同的。我们这个民族的传统是中庸之道，不道破，不多说一个字，一定要温柔蕴藉。大家看过中国武术，一个打拳的拳师绝不会把双拳都拿出，他要藏，要隐，要蓄势，这才是诗。把诗用蓄势的方式写出来，在中国古典诗歌当中唯有《古诗十九首》。

研习

本环节与下一环节的群文阅读，从内容、风格、语言、表现手法等方面相互烛照，为学生比较鉴赏揭示了一定的审美路径。虽然还谈不上深入、严密、系统、浑厚，但类性辨识很自觉，篇性开掘的意识亦初见端倪，依然给人以诗意飘逸、灵动开阔之感。特别是对话，教者努力让学生充分言说，顺势点化，"长出来的"特征很显豁。

没有走向深入、严密、系统、浑厚，与教者重感发、轻分析有关。

比如，冷与热、浓与淡、动与静、盛装与素颜，何以如此立论？立论的视角是什么？从这几方面立论，是否有同质化之嫌？教者似未从层次、整体、细节上加以审视，更未点染，这导致学生的回答几乎清一色地采用了另一套话语系统——

内容上，一表现难以相见的悲情，一表现刻骨的爱恋；

风格上，一含蓄，一直抒胸臆；

情感上，一柔美、内敛，一激烈、火热；

语言上，一平淡，一稍微有些华丽。

对学生的这些颇有审美价值的判断，教者也缺少分类、概括和深层的追问、点拨与内涵辨正。

激烈、火热、平淡，有些华丽，这样的结论是怎么得出来的？《涉江采芙蓉》语言真的"平淡"吗？火热对应的是冰冷，这首诗表达的情感冰冷何处见出？真的是一冰到底吗？如果有这些深度对话的介入，学生审美的层次感、开阔感、深度感，一定会更加浓郁。对涉、采、遗、望这些动作意象中体现的情感之热，还有"长路漫浩浩""忧伤以终老"中透露出来的绝望所形成的情感之冷，也会有更深切的体验。

分析的薄弱，从教者凌乱的措辞、前提中也能一窥消息。

谈"冠冕"，是在"五言诗"的前提下，可教者比照的《上邪》不是。冠冕，主要是就语言浅近自然、情意深眷绵长、风格平易淡远、用韵不假雕琢等方面而言的，并非从易解、华丽的辞藻、震撼的情感三方面来谈。教者欣赏的是"长出来"的抒情艺术，但欣赏《上邪》又极力赞叹其喊的力量，且引用有误——启功先生的原话是："唐以前的诗是长出来的，唐人诗是嚷出来的，宋人诗是想出来的，宋以后诗是仿出来的。"这种言语表达上的龃龉，必然导致思维难以集中火力，深度开掘。

另，太过看重顺势，忽略克势、收势，也会使有价值的探讨难以为继而走向飘忽。

四、赏析：《洛神赋》《上邪》《涉江采芙蓉》风格比较

师：我们再来看曹植的《洛神赋》。从小我们就知道《七步诗》的故事，有一个和曹植息息相关的成语，写他才气非常高的一个成语，有没有同学知道？

生：才高……才高八斗。

师：《洛神赋》中还有洛神的外貌描写，董老师仅仅从文中选取了洛神的几处外貌，孩子们敢读吗，能不能读？

出示幻灯片八：

其形也，翩若惊鸿，婉若游龙。
荣曜秋菊，华茂春松。
髣髴兮若轻云之蔽月，飘飖兮若流风之回雪。

（一男生自信、大方地朗读，台下掌声四起。）

师：真好，这是词语的盛宴。海明威说："巴黎是流动的盛宴。"曹植的这首赋就是如此。这和我们刚才读的诗是完全不同的风格。同学们，《古诗十九首》《洛神赋》《上邪》，你喜欢哪一个？可以随便喜欢的，世上有百媚千红，我只爱这一种，你爱哪一种？

生（女）：我更欣赏曹植的《洛神赋》，他把诗词的华丽体现得淋漓尽致。

生（男）：我也欣赏曹植的《洛神赋》，因为读起来带劲。

师：怪不得读得那么好，这是汉语的极致，将每一个汉字都打造得熠熠生辉。

生（女）：我更欣赏《涉江采芙蓉》。《涉江采芙蓉》的作者可能不是特别有名，但是感情真挚；语言虽然平实，但能打动人。

师：打动人的可能并不是词语的美，真情更重要，很会鉴赏。再问一个问题，还是看这首小诗，结尾的两句，全班齐读。逗号就表示是一句，听懂了吗？

生：（平淡地）同心而离居，忧伤以终老。

师：读得不好，读得太轻了。同学们，什么叫"同心而离居，忧伤以终老"？心是相同的，却天各一方，一生就这样过去了。有人说，《涉江采芙蓉》是最绝望的诗。王国维说："真正的好诗要表现一种绝望。"我问的是：绝望的诗是用绝望的方式表达的吗？是还是不是？

生：应该不是。

师：不动声色，静水深流，绝望之情只用淡淡的语言表达。同学们还记得辛弃疾的词吗？"少年不识愁滋味，爱上层楼。爱上层楼，为赋新词强说愁。而今识尽愁滋味，欲说还休。欲说还休，却道天凉好个秋。"不是芙蓉无处寄吗？爱人与希望在远方啊！那也没有关系，还是这样的表达，继续读。

生：（大声、认真）同心而离居，忧伤以终老。

师：《涉江采芙蓉》不是《上邪》，不是《洛神赋》，它是它自己，它是《古诗十九首》那份"云淡风轻"的人生不足与人生残缺，永远难以弥补的东西，请同学们齐背《涉江采芙蓉》。

（学生流利、大声地背诵。）

师：我希望前面有一个摄像机记录，因为孩子们都是背诵出来的。同学们，回去继续读《古诗十九首》，读李泽厚先生的《美的历程》，我们中国的诗歌走过了美的历程，每个阶段的美是不同的，《古诗十九首》以这样的美烙在我们民族的精神印迹里。

研习

教者或许想用平实、华丽、火热三词凸显《古诗十九首》《洛神赋》《上邪》风格上的差异，但是情感"火热"的特点没有点明。平实、华丽是从语言特色上谈的，火热指向的是情感，逻辑尚未统一。

认为"绝望之情只用淡淡的语言表达"，但是对王国维欣赏的"以血书写"的李后主词又该如何看待？教学中引入思维的博弈，是否更能推动学生的审美创造？

总评

与研究生研习本则教例，大家在肯定董一菲老师渊深学养、诗意语言、饱满情感、自觉的生本意识时，也有几位同学坦言：课脉不是很明朗，教学内容和语言均比较冗杂，使得力量并未用在刀刃上，影响了审美的深度掘进。

这触及了教学论中的一个重要话题：精纯和冗余。何谓精纯和冗余？精纯和冗余的教育价值何在？如何处理两者的关系，使其尽可能有机统一？这颇值得每一位语文教师认真思考。

一、精纯：知识建构的本然需求

为便于分析，以思维导图形式扼要重现董老师的教学思路（见下图）。

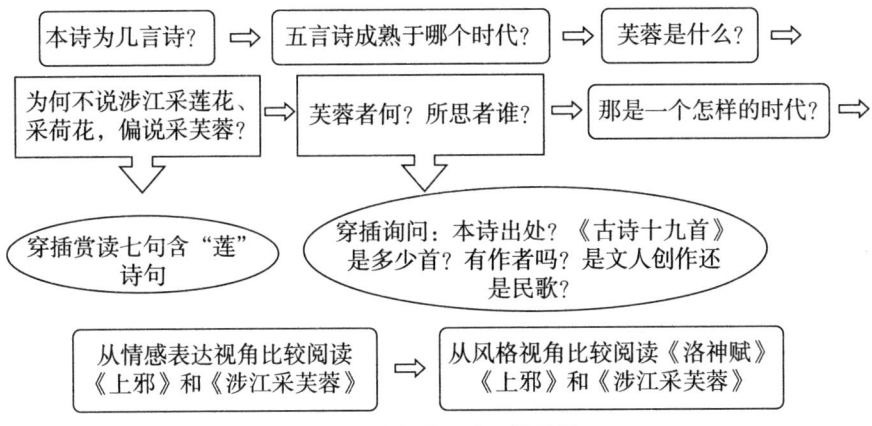

```
本诗为几言诗？ ⇨ 五言诗成熟于哪个时代？ ⇨ 芙蓉是什么？ ⇨

为何不说涉江采莲花、  ⇨ 芙蓉者何？所思者谁？ ⇨ 那是一个怎样的时代？ ⇨
采荷花，偏说采芙蓉？
        ⇩                    ⇩
穿插赏读七句含"莲"      穿插询问：本诗出处？《古诗十九首》
    诗句                 是多少首？有作者吗？是文人创作还
                              是民歌？

从情感表达视角比较阅读   ⇨ 从风格视角比较阅读《洛神赋》
《上邪》和《涉江采芙蓉》     《上邪》和《涉江采芙蓉》
```

董老师的教学思路思维导图

应该说，教例中还是体现了精纯特点的。我们说的精纯主要是指教学目标的精粹、教学内容的精要、教学过程的精致以及教学语言的精约。这是知识建构的本然需求，因为结构化的知识，更容易被记忆、理解、内化，也更容易被建构或创造。

董老师大体是以"芙蓉"为课眼，按"芙蓉是什么→为何不说采莲花，偏说采芙蓉→芙蓉者何？所思者谁？→芙蓉除了表现游子、思妇的刻骨思念，还表现了时代的什么特点→情感表现上与《上邪》有何不同→风格上与《洛神赋》《上邪》有何不同"。因为最后总结提到了《古诗十九首》之美，上述环节因之也隐在地上升到了意象之美、情思之美、语言风格之美的高度——这也可以说是三大教学目标，因此构成内在的思想和弦，精纯而饱满，开阔而灵动。简言之，在精纯的视域下，教学思路、教学目标、教学内容、教学语言，基本实现了统一。

但是，为什么还是给人课脉模糊、内容庞杂、语言冗余的印象呢？

首先，缺少言语的不断点击。课脉就是教学的意脉，要有思维不断深入的轨迹。要想轨迹明晰，除了内容要让学生深刻体知之外，环节与环节间的衔接处也要明晰地点出，形成教学中的一种"卯榫结构"。这种"卯榫结构"，通常是以承上启下的语言体现出来的。比如，本教例中第三、四环节的衔接语，完全可以这样表达："通过和《上邪》的比照阅读，我们具体感受了《涉江采芙蓉》情感表现上含蓄、柔美、内敛、自然的特点。那么，《涉江采芙蓉》在语言风格上又有着怎样的特质呢？我们不妨再引进一篇新的作品《洛神赋》，进行更开阔的比照。"此类衔接语不断点击，意脉便会清晰浮现。如果是结构相似、内容相近、语调亦大致相同的语句不断被点击，还会形成一唱三叹的旋律，使教学的精纯感更为显豁。这方面，于永正的《我的伯父鲁迅先生》教学实录、王崧舟的《长相思》教学实录、王夫成的《五人墓碑记》教学实录，堪称表率。

遗憾的是，董老师并无这种意识，她是这样开始第四环节的：

我们再来看曹植的《洛神赋》。从小我们就知道《七步诗》的故事，有一个和曹植息息相关的成语，写他才气非常高的一个成语，有没有同学知道？

为什么要来看《洛神赋》？为什么又要回忆"才高八斗"这个成语？因为缺少展示内在理路的言语交代，显得非常突兀。综观其他环节，也都缺少意脉的点击，这自然令人难以清晰把握。也许，董老师觉得她那样言说，更能使教学蕴藉浑然，可是教学语言毕竟不是文学语言。教学语言固然在某些地方需要留白，给学生以回味的空间，但总体上必须以精准、明晰为要。

其次，枝蔓的环节干扰了课脉的清晰呈现。上课伊始问学生《涉江采芙蓉》是几言诗？五言诗成熟于哪个朝代？在思考"芙蓉者何？所思者谁？"的问题时，突然补问的几个问题——本诗出处是哪里？《古诗十九首》有多少首？《古诗十九首》有作者吗？是文人创作还是民歌？其实，这些问题都是可以合并，在正式探讨显示课脉节点问题前的诊断学情环节中完成的，而且对这些文常类的内容，无须处处体知。赏读七句含"莲"诗句，更是有喧宾夺主之嫌，完全可以择要而问——"采莲"意象，古诗中多有表现，如"江南可采莲，莲叶何田田""采莲南塘秋，莲花过人头"，为什么本诗偏说"涉江采芙蓉"？其他无关"采莲"的句子，可以悉数略去。如此，精纯感还难凸显吗？

精纯感的弱化，与深度分析的虚位也有很大的关联。教例中，师生对话看似丰富，其实多是直觉、联想、判断的滑行，深度分析较少。"芙蓉"意象的表现艺术体现在哪些方面？仅仅是情感的"引子"吗？抒情主体情感含蓄的特点表现在哪里？如何实现共感和独感的统一？《涉江采芙蓉》语言平实，《洛神赋》语言华丽，分别表现在哪里？这些重点攻坚的问题，答案却有些单一、浅表，甚或语焉不详。比较《涉江采芙蓉》与《上邪》情感表现上的异同，董老师倒是提供了四种思维路径：冷与热，浓与淡，动与静，盛装与素颜。本以为能深入探究下去，结果却以学生回答的飘移不了了之。

这怎能不令人有模糊、冗杂之感呢？

二、冗余：优化教学的必要手段

研究生感到的"冗杂"与教学论中的"冗余"，内涵并不完全一样。

冗余（redundancy），即多余之义。信息论认为：信息在传输时，为避免遭受信道和噪音的干扰，人们往往求助于信息的重复和累加，以便对方能接受到明确的信息，这些重复和累加的部分往往成为冗余信息。传播学进一步指出：消息中的冗余越多，它所携带的信息量就越少。不过，有时增加冗余，可以增强传播系统的效力。可见，冗余是传递过程中的一种必然现象，适当的冗余可以保证信息明确、有力、高效地传递。落实到语文教育中，就要看教师语言的冗余，是否有利于学生对教学内容准确、形象、深刻地掌握。是，则为良性冗余；否，则为恶性冗余。学生说的冗杂，显然属于恶性冗余。

事实上，董老师的很多冗余是良性的、有机的，对优化教学起到了很好的促进作用。如对"远"意蕴的阐释，从空间之邈远，到希望之邈远，到社会之黑暗，对意象象征性的凸显，对共感和独感统一性的揭示——抒写自我情感的同时，也在表现一个时代的荒寒，还是颇为成功，给人以启发的。这与她对"远""生""希望""绝望""生年不满百，常怀千岁忧"等词句的不断重复或累加是分不开的。

在探讨"为什么不叫《涉江采莲花》，而叫《涉江采芙蓉》"这一问题时，教学冗余所发挥的效力也不错——

师：这首诗它有可能传达着什么样的情感？

生（男）：（大方）我觉得莲花、荷花代表美好的事物，而这首诗不是特别美好。

师:"不美好"是指形式不美好,还是情感不美好?

生:情感。

师:你认为情感不美好的概念有可能是指什么,是指品德不高尚吗?

生:(毫不犹豫)不是。

师:我懂了你的意思。他想说,也许这里面承载着的是一份悲情,语感非常强。

"美好"这个关键词被重复了五次,思维聚焦、深化、明晰的目的,在不知不觉中就实现了。

从董老师的言语实践中,我们不难发现:要想让教学冗余发挥良好的效能,在确保学科知识正确、精纯,思维前提、逻辑一致的前提下,必须紧紧瞄准学生思维的困难处、错误处或肤浅处生发,这样才能使教学有效性得到充分的保障。偏离这个原则,良性的教学冗余很可能瞬间转化为恶性冗余。董老师博喻式解释《芙蓉女儿诔》的"诔"字;不结合具体诗作,直接移植、发挥启功的读诗感悟;抹去前提,忽略文学史上"五言之冠冕"的定性标准,另起一套标准谈"冠冕",或缘于此。

三、追求精纯和冗余的有机统一

那么,语文教育中,如何追求精纯和冗余的有机统一呢?

一是注意精纯为主,冗余为辅。在精心确定教学的目标与内容之后,设计应努力追求课眼的统摄、课脉的贯穿、课气的流畅。如此,教学的精纯感才能充分彰显。当教学过于精纯而无趣,或学生对教学内容感到费解、误解、浅解时,则需要通过适当的冗余,滋养或激活学生的思维、体验、想象。而当冗余成为干扰课脉发展、知识建构的障碍时,则要通过增强思维和语言的精纯度,迅速予以调整。

通俗地说,良性的教学冗余就像散曲中的"衬字",可以弥补抒情表意的不足,增强节奏和旋律的美感,但不能喧宾夺主;就像古典小说中的"闲笔",看似节外生枝的琐屑记录,却能丰富情节的容量,增强叙述的情趣,延宕审美的时长,在文气上还能发挥"舒气杀势"的审美功能。一如金圣叹在《水浒传》第四十三回中评的那样："贪游名山者，须耐仄路；贪食熊蹯者，须耐慢火；贪看月华者，须耐深夜；贪见美人者，须耐梳头。"语文教学中的良性冗余颇类仄路、慢火、深夜、梳头，并非教学的赘笔，而是推进教学的润滑剂，是很能提升学生的思维质量、丰富他们的审美趣味的。董老师本则教例有课眼，有课脉，但是因为不够明晰，加之教学内容择定不够精粹，在文常体知上又耗去了不少时间，这自然不是良性的冗余。

二是注意相互渗透，不断生化。在特定条件下，尤其是学有障碍、教学有多种发展路径时，精纯和冗余的相互渗透、生化就变得极其富有活力，切不可枯守教学套路，扼杀多向生成的契机。落实到《涉江采芙蓉》的教学，仅就"芙蓉"意象的体悟，如果师生对话触及理性迷失——涉江采芙蓉，兰泽多芳草，毫不顾及潜在的危险，理性复归（采之欲遗谁，所思在远道）的心理过程，并与苏轼《记承天寺夜游》中"庭下如积水空明，水中藻、荇交横，盖竹柏影也"打通，与王昌龄的《闺怨》（闺中少妇不知愁）打通，按照董老师的现有课脉看，无疑属于冗余，但谁能否认这不是触及意象秘妙的更高层级的精纯？至于说体悟情感，使课脉向"思妇之思→游子之思→同心之思→时代之思"或"思妇忧伤→游子忧伤→同心忧伤→时代忧伤"演变时，其间的精纯和冗余生化，更是气象万千。语文教学真的不必一提精纯就喜上眉梢，一提冗余就心有不安。妥善处理二者的关系，使课堂有趣、高效，方为真正的教学之道。

这便需要把握第三个原则——着眼篇性，指向存在。也就是在篇性开掘，带动体性捍卫，类性辨识、言语性高蹈的过程中，动态地把握精纯和冗余的关系。涉及篇性开掘的，加大再多的冗余都值得，因为这更容易牧养学生的言语生命，使语文学习从占有走向存在。董老师不厌其烦地引导学生从情感表现视角比较赏析《涉江采芙蓉》和《上邪》，从语言风格视角比较赏析《涉江采芙蓉》和《洛神赋》，正是为了挖掘出《涉江采芙蓉》含蓄、内敛、有张力的抒情特点，还有静水深流般表达绝望之情的平淡语言风格。只不过，对绝望中又有微茫希望，因而宁愿忍受"一种相思，两处深愁"煎熬的赌性心理、异化心理，体味不够劲道罢了。

第二辑 散文类文本教例研习

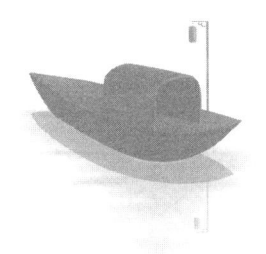

审美散文：教学内容的择定与开发

——李镇西《荷塘月色》教学实录研习

▌教者简介 >>>

李镇西，四川乐山人，苏州大学教育哲学博士，知名语文特级教师，曾获四川省成都市"优秀专家"称号、2000年"全国十杰中小学中青年教师"提名奖，代表作有《青春期悄悄话》《爱心与教育》等。

一、导入：轻拢慢捻，启悟学法

（一）启发学生语文学习要有单元意识

让学生合上课本，然后抛出两个问题：（1）教材第一单元有哪几篇课文？（2）第一个单元的学习重点是什么？引导学生关注单元学习重点：整体感知，揣摩语言。

（二）读法点睛：从无疑处发现问题

激疑：学习重点是整体感知，揣摩语言。那么，接下来就应该先解释什么叫"整体感知"，再解释"揣摩语言"，为什么书上却根本不讲什么叫"整体感知"，而直接就解释什么叫"揣摩语言"呢？

生答有三：一是"整体感知"谁都懂，无须解释；二是整体感知是目的，揣摩语言是手段；三是看起来没解释，实际上在解释"揣摩语言"时解释了，因为书上明确写了"联系中心意思""联系上下文"。

（三）总结

揣摩语言一定要联系语境。语境包括外部语境与内部语境。外部语境指社会背景、文化背景、人际关系等，而内部语境，就是指文章的中心思想、上下文的照应等。所谓阅读，主要是通过揣摩语言去整体感知文章的内涵，体会作者的思想感情，进而走进作者的心灵。

研习

教者的导入恰似慢火煲汤。从一个看似遥远的话题聊起，越聊越热，进而形成一个知识共同体、审美共同体，越来越浓地煲出语文的味道。

不过，信马由缰的闲聊中有着严密的语文教育考量：建构学生优质的阅读习惯，启悟学生灵动的阅读智慧，寻找、生成最佳的教学切入点……一切都在井然有序地进行着。

二、沁入："把自己放进去"朗读

1. 朗读指点。揣摩品味的第一步就是朗读，那种"把自己放进去"的朗读。请学生自由朗读一遍课文。注意：朗读《荷塘月色》的时候，你就是朱自清！

2. 朗读点评。抽一名男生朗读，师生评价，如读得太快，不像散步，像跑步。

3. 示范朗读。这篇文章的话语方式是自言自语，应该读出这种语气。教者边范读第一段边讲解："忽然想起日日走过的荷塘，在这满月的光里，总该另有一番样子吧"，像这一句，是朱自清的想象，就应该读得缓慢些，读出一种向往的味道。又如，"妻在屋里拍着闰儿，迷迷糊糊地哼着眠歌"，这是多么静谧的情景，"迷迷糊糊"一定要读得低沉、缓慢，读得"迷迷糊糊"。

4. 学生自读。

5. 抽读正音。"纤腰束素"中的"纤"不读 qiān，读 xiān。对查字典了解"煤屑""峭楞楞""敛裾"的学生予以肯定，并提醒学生以后读书要养成自己查字词典的习惯。

> **研习**

通过朗读正音，渗透读法、学法，还不遗余力地引导学生读出语气，读出向往的味道，读出散步、迷迷糊糊的感觉，这是扎扎实实的"生命融合"，可以为后面的审美鉴赏与创造充分蓄势，发挥了朗读的最大效能。但，相较于读后的点睛、促悟，读前的读法告知，乃至范读说明，还是留下了先入为主的灌输痕迹。

三、引入：知人论世，多维分享

1. 知人论世：问及朱自清其人，学生只知著名诗人、学者、民主战士的身份。于是，教者引经据典，介绍了朱自清的出生地、祖籍、名字由来、文学成就、学术声望以及语文教育经历。（下课铃响）

2. 留下悬念：教者讲述第一次听说朱自清这个名字并对他产生敬意时，显然不是因为他曾当过中学语文教师，也不仅仅因为他是一名著名的学者、诗人，而是另一个原因。至于是什么原因，留待下一节语文课揭秘。

3. 破解悬念（第二节课）：介绍从毛泽东作品《别了，司徒雷登》中了解到的"一身重病，宁可饿死，不领美国的救济粮"的朱自清，特别点出写《荷塘月色》时的朱自清还是清华园的一位教授，但如果大家了解了朱自清后来的命运，今天读《荷塘月色》时，也许会另有一番感受。

> **研习**

走知人论世的传统路数，确可深化对文本情感意蕴的理解。但是，事无巨细地介绍，有可能会剥夺学生收集、消化文献的能力，甚至会对文本解读造成负面干扰。知人论世中固然也会传递语文知识，但绝不是主要的语文知识。从一篇课文所获得的语文知识应该是"作者通过课文所呈现的认知世界的方式和视角，表达思想情感的方法和手段，艺术构造的匠心和艺术"[①]。因此，教者的超量、超时介绍，有背离语文体性的倾向，而教学尾声处政治化取向的解读，客观上也造成文本内在情感与外部文献的断裂。

四、深入：激发矛盾，延宕审美

此环节，教者建议学生分享这篇文章中最打动自己的文字。当学生提到《采莲赋》一段文字时，教者趁机以之为讨论的切入点，并引发了学生颇饶兴致的探讨。

教者提问：《采莲赋》的那一段应不应该删除？为什么？因为那一段在过去的高中课本里是被删去了的。对于这个问题，学生思维陷入胶着状态：该删的理由是与全文表现的惆怅心情不合，不该删的理由是与全文表现的喜悦、祥和的情感一致。

教者趁机追问：朱自清在文中的思想感情是不是有些矛盾或者说混乱呢？学生通过交流认为不矛盾：（1）与"不静→求静→得静→出静"这一情感变化线一致；（2）用《采莲赋》描写采莲时热烈活泼的生活，本身就说明朱自清因内心的苦闷而产生的对自由快乐的向往，恰好反衬出作者对现实生活的失望。教者点睛：有人把这篇文章所表现的思想感情概括为"淡淡的喜悦，淡淡的哀愁"是很贴切的，作者的感情底色是"不宁静"。

学生问：作者的心情为什么会"不宁静"呢？教者接招，提供了学术研究中的几种解读成果：（1）政治苦闷——对"'四·一二'反革命政变"的愤懑；（2）思乡之情——这到底令我惦记着江南了；（3）小资产阶级人生十字路口的苦闷、彷徨；（4）家庭生活的不和谐。同时，认为《荷塘月色》将成为一首耐读的朦胧诗，过去、今天和未来的每一位读者会因年龄、阅历、所处时代等因素，而从同一篇《荷塘月色》中读出属于自己的一片荷塘月色。这就是创造性阅读名作的乐趣！

当学生问到："'我爱热闹，也爱冷静；爱群居，也爱独处'是不是有点矛盾"时，教者让学生自己讨论，经过讨论后，学生悟到：这里作者实际上强调的是"冷静"和"独处"，用平时的热闹来反衬现在的冷静，用平时的

---

① 黄伟.阅读教学中语文知识的提取、激活与内化［J］.中学语文教学，2018（4）：8-12.

群居来反衬现在的独处，因为接下来有一句"这是独处的妙处"。

教者肯定了学生的感悟，因为学生联系了上下文。

有学生说："'微风过处，送来缕缕清香，仿佛远处高楼上渺茫的歌声似的。'我不明白作者在写荷花的香味，怎么又突然写到歌声了？"为此，师生发生如下对话：

师：请问，作者究竟听到歌声没有？

生：没有。

师：为什么？找出依据。

生：这里是比喻，因为这里用的是"仿佛"一词。

师：对，是比喻。也就是说，作者是用歌声来比喻荷香。可是，荷香与歌声有什么可比的共同点吗？

生：荷香与歌声都是断断续续、若有若无、朦朦胧胧的——在文中找到了"缕缕""渺茫"作为例证。

师：这是一种特殊的比喻，钱钟书先生把它叫作"通感"。

之后，教者让学生看课后练习二，并举例贯通：（1）秦观"自在飞花轻似梦，无边丝雨细如愁"，梦与花互比，愁与雨互喻；（2）艾青描写日本音乐指挥家小征泽尔的诗句——你的耳朵在侦察，你的眼睛在倾听；（3）某位同学的声音很粗，难道说他的声音是有直径的吗？（4）同学们脸上都呈现出甜美的笑容，绝不是在说你们的笑脸抹了糖。

学生继续问："'这令我到底惦着江南了'的'这'是指什么？"有学生回答：指流水，因为前面写"只不见些流水的影子，是不行的"。教者追问："怎么想到'流水'的呢？"该学生表示是由《西洲曲》里的"莲子清如水"而来的。

教者趁机扩展知识点：《西洲曲》是一首情歌，因为"莲"与"怜"谐音。教者举例贯通：刘禹锡的"东边日出西边雨，道是无晴却有晴"，"晴"与"情"谐音。同时，指出现在的一些流行歌曲，开口就是"让我一次爱个够"。同样是表现爱情，中国的古典文学诗词与现在的一些流行歌完全是两种艺术境界！希望学生学会鉴赏真正的美。

有学生问：课文第四段说"这时候叶子与花也有一丝的颤动，像闪电一般,霎时传过荷塘的那边去了"。既然只有"一丝",为什么会"像闪电一般"呢?

有学生回答:"一丝"既指程度很轻,也指速度很快,是"一丝的颤动",稍不注意,就闪过去了。所以,"像闪电一般"。

教者觉得有必要引导学生深入揣摩一些词语,便说:"刚才同学们提了不少很有价值的问题。现在,我能不能也提几个问题呀?"得到学生的同意后问:"叶子出水很高,像亭亭的舞女的裙,为什么作者要用裙来比喻叶子呢?"师生发生如下对话:

生:形状相似,都是圆的。

师:盘子不也是圆的吗?锅盖不也是圆的吗?怎么不说"叶子出水很高,像盘子,像锅盖"?

生:荷叶和舞女的裙子都很柔美。句中有"亭亭"二字。舞女的裙,有一种舒展、旋转的动感,很美。

师:对。荷叶本来是静的,但作者想象它是动的,是舞女的裙。这是以虚写实,以动写静。

接下来,教者和学生一起研究了描写荷花的"袅娜""羞涩""明珠""星星"等词语,还有"月光如流水一般,静静地泻在这一片叶子和花上。薄薄的青雾浮起在荷塘里"等佳句以及作品中叠字运用的妙处,并告知学生:如果大家继续品味、继续推敲和继续研究,还会有更多的感受、更多的发现和更多的问题,这就是揣摩。

研习

审美探究多聚焦篇性,问题又多由学生提出,且能基于文本的文眼、情脉,从而将呆板的言语表现形式、知识的传授,化作灵动的言语表现、智慧的彼此启悟与激发。

教者的故意设疑——荷香与歌声有什么可比的共同点吗?故意"踢皮球"——将问题抛给学生,谁能帮助解决这个问题?或者干脆示弱——其实我也不知道,无不指向学生层面课程知识的出场。这使课堂基本成了学生思维磨砺、生长的主场，而教师的适时点染、"增润"[1]，则将语文教学引入了一个又一个的审美胜境。

虽然整体上看，深层的篇性开掘——如情感表现上的中和婉约之美，景色描写、历史联想中的复合情感，神思出窍时"女性拟人格"的频繁出现，[2]均未触及，但学生个性而开放的审美已经开始出现了。

五、总结

（因文字较多，此处择要呈现。）

《荷塘月色》是高中学的第一篇课文，教者表示不希望学生寄希望于他讲得有多么精彩，而应该自己参与教学，大家讨论研究，共同交流。因为在语文课上，应该是学生、教师、作家三者的平等对话。他的意见只是一家之言，仅供学生参考。之后教者讲述了他对这篇课文的理解。

借景抒情，是阅读本文时应抓住的一个关键。具体说，作者正是借"荷塘月色"之景，抒"这几天心里颇不宁静"之情，表现了作者面对黑暗现实，对时代苦闷的排遣。

托物言志，表达了作者对高洁品格和正直人格的主动追求。"荷塘"是月下之荷塘，"月色"是荷上之月色，二者有鲜明的相通处："荷""月"之高洁！所以，在作者笔下，荷叶清纯，荷花素洁，荷香清淡，月色如水，月光如雾，月景如歌……这一切，无不是作者那高尚纯洁、朴素无华的品格的象征。

作者原名"自华"，后更名"自清"，由此我们可以读出荷月之美景与作者之品格的相通处，这就是一个"清"字：出淤不染，皎洁无瑕！而作者一生都无愧于"自清"二字：清正、清贫、清白、清廉……只有从理解作者的思想感情出发，我们才能真正领会文章在写法上的艺术魅力。

最后，教师总结说："朱自清在写这篇《荷塘月色》时，只是一个自由主义知识分子，他当然不可能想到自己20年后的命运。但是，我们从这篇文章所体现出的高洁品格，却完全可以理解20年后朱自清所做出的选择。

---

[1] 霍秉坤.教学方法与设计［M］.香港：商务印书馆，2004：168.
[2] 余光中.论朱自清的散文［J］.名作欣赏，1992（4）：34.

作为一直追求真理、追求进步的知识分子，他有过苦闷和彷徨，然而他一旦将祖国的命运和自己的命运联系起来的时候，他就毅然融入了时代的潮流，成了一个坚强的革命民主主义战士。1946年10月，西南联大迁回北平后的两年是中国黎明前最为黑暗的时期，却是朱自清一生中最辉煌的时期。面对一个行将灭亡的腐朽政权，贫病交加的他毫不犹豫地加入"反饥饿、反内战、反迫害"的民主斗争的洪流，并以大义凛然的骨气，写下了自己人生的最后一行壮美的诗句！他瑰丽的诗文成了永远流传的文化珍宝，他朴素的名字成了万代敬仰的人格丰碑！"

研习

借景抒情不假，托物言志实在勉强，言追求高洁、正直之人格，更是勉强。作者的确写到了荷、月，这二者也确有象征出淤泥不染、皎洁无瑕的品格的功能，可是在文中充其量只是作者排遣苦闷、进入理想情境的一个触媒而已，象征的功能并未发挥。如果是暗喻出淤泥不染、皎洁无瑕的人格，那么亭亭舞女的裙、出浴的美人，还有后文联想到的妖童媛女嬉戏，这些"心理骚动的性质"[①]，又该作怎样的象征联想？

毋庸置疑，教者的史学、文学素养均很深厚，课也上得令学生情动于衷，"眼睛里闪烁着与他们年龄不太相称的深沉与庄严"（于漪），但远离文本的无限政治性拔高，却使原本立足形式秘妙揭示的教学一下子偏离了语文的体性。

偏离语文体性，主旨解读上又出现问题，那么，再生动、再精彩的课恐怕都要打折扣了。

总评

本文所说的"审美散文"主要是指以抒发主观情感为起点和旨归，形式自由、手法多样、风格唯美，语言倾向于准确而个性化抒情的一种文类。采

[①] 高远东.《荷塘月色》：一个精神分析的文本［J］.中国现代文学研究丛刊，2001（1）：225.

用的是孙绍振先生的分类，与余树森先生的"抒情散文"、陈剑晖先生所说的"主情散文"名异而实同。

对审美散文教学内容的择定与开发，语文界更多的是偏于文类或文体特性的辨识与感知——"辨体""识人"教学策略的提出正是着眼于此。[①]"识人"就是识别作者个性的量度，这也是被视作散文的类性。郁达夫对之有过经典的概括："现代的散文之最大特征，是每一个作家的每一篇散文里所表现的个性，比以前的任何散文都来得强。"[②]对独特"篇性"的辨识与开掘，虽然一些优秀教师已开始了可贵的探索，如童志斌抓住"室—轩—室"的称呼变化教《项脊轩志》，王君抓住张岱的矛盾修辞教《湖心亭看雪》，但联系语文教育的大环境看，仍不够系统、深入，尚未形成普遍的气候。至于说如何在言语表现与存在论、语文课程与教学论视野下对审美散文教学内容进行择定与开发，更是阙如。

在这样的语境下，李镇西老师在语文新课程改革尚未正式大面积展开的2000年，便在审美散文教学内容的择定与开发上有了足堪标杆式的践行，令人肃然起敬。

一、体性视域：紧贴审美散文类性感悟

综览李老师的课堂实录，他的审美散文教学内容可概括为以下几个方面。

1. 情脉：不静→求静→得静→出静。
2. 语言：体悟深层含义、感情色彩、自言自语的表达方式。
3. 主旨：和盘托出政治苦闷、人生苦闷、思乡之情、夫妻不和等说法。
4. 修辞：通感、比喻、谐音等修辞格，还有矛盾修辞——我爱热闹，也爱冷静；爱群居，也爱独处。
5. 表现手法：借景抒情、托物言志。
6. 课外资源：通感的课外延伸，如秦观的诗句"自在飞花轻似梦，无边丝雨细如愁"，艾青写日本著名音乐指挥家小征泽尔的诗句"你的耳朵在侦

[①] 王荣生.散文教学教什么[M].上海：华东师范大学出版社，2014：50-53.
[②] 郁达夫.中国新文学大系：散文二集[M].上海：上海良友图书印刷公司，1935：3.

察,你的眼睛在倾听"等。

7.策略性知识:无疑处发现问题的读书法,联系外部语境、内部语境玩绎语言的鉴赏法,把自己放进文字中的移情法,拥有单元视野的思维法,利用字典解决疑难字词的自学法。

除了第三项属于思想内容的范畴,第七项属于润滑学习流程、激发学习兴趣、开掘学习潜能的策略性知识,其余五项无不立足于言语表现形式,且紧贴审美散文的类性:自言自语的表达方式,抒情的个性化、平实化(相对于诗歌的"极化情感"),语言的唯美化——李老师问学生,作者为什么将荷叶比作亭亭的舞女的裙,而不是盘子或锅盖,即是深化这一特性的感悟。这样一来,既捍卫了语文的体性,也上出了审美散文的类性。

李老师似乎没有很多语文学者对散文类性识别的焦虑,也没有"阻截""分流""正面应对"的自觉,但他靠自己的文本细读、审美敏感,直接精准地捕捉了审美散文的类性特征,并引导学生深入体悟,实在令人称奇。

不过,在处理形式与内容、主旨的关系时,李老师确有欠妥之处。且不说第一课时介绍朱自清的出生地、祖籍、名字由来、文学成就、学术地位以及语文教育经历,耗去了太多珍贵的时间——不加选择地知人论世,必定影响语文知识内化与建构的质量,单就托物言志的分析——表达了作者对高洁品格和正直人格的主动追求,还有追求真理、追求进步、融入时代潮流、坚强的革命民主主义战士的人格定性,使得整个教学又偏离了语文体性。

这是一篇借景抒情的审美散文,并非微言大义、满蕴哲理品格的审智散文。追求真理、进步的革命民主主义战士的人格定性,是从外部资料中硬塞进来的,而非《荷塘月色》这篇审美散文自身文字的有机生成。不在"超出平常的自我"、"独处的妙处"、对热闹的蝉声蛙鸣不感兴趣、对风流季节沉迷等文本内部矛盾上着力,却奔向大量体现清正、清贫、清白品格的外部资料,的确将力量用错了地方。

二、开掘矛盾:努力逼近审美散文篇性

引导学生在体性视角下,紧贴审美散文的类性进行鉴赏,李老师并非泛泛而谈,或像一般教师那样利用共性的写作学知识专制地进行外铄式教学,

而是努力寻求与文本篇性叠合的类性,这使他的审美散文教学在铺张中仍有一种内在的精致,不时给人以新鲜扑面之感。

《采莲赋》的那一段应不应该删除?此问触及了朱自清灵魂出窍的沉醉,也泄露了心灵的秘密——想象到妖童媛女眉目传情、开怀畅饮的艳丽画面,看似灵魂的刹那间出轨,但这种别样的心灵慰藉,其实绝妙地反映了作者内心的脆弱、苦闷之深。抒情的春秋笔法已经深埋到不为人知的地步了。可惜的是,李老师并未开掘到这个深度。

朱自清在文中的思想感情是不是有些矛盾或者说混乱呢?从哪里可以看出他最终还是没有摆脱烦恼?这是着眼于情脉的巧妙而问,一下子让学生对文本情感起伏的轨迹有了明晰、具体的认知。遗憾的是,李老师看到了作者情感的曲线化,并未发现作者情感的复合化——在抒写沉醉情感的同时,依然不忘写自己的孤独、落寞:参差的斑驳的黑影,峭楞楞如鬼一般;热闹是它们(蝉与蛙)的,我什么也没有。即使沉浸在南朝俊男靓女嬉戏的场面中时,他也没有忘记交代一句:"我现在早已无福消受了。"这种复合化的结构,正体现了"剪不断"的苦闷情感的深浓。相较于《小石潭记》单线条的"乐→忧"转换结构,《荷塘月色》的动人之处正在于这种情感的胶着。

"'微风过处,送来缕缕清香,仿佛远处高楼上渺茫的歌声似的。'我不明白作者在写荷花的香味,怎么又突然写到歌声了?""请问,作者究竟听到歌声没有?"这种设问,将冷冰冰的通感修辞格一下子温热化、人情化了。

不过,对文本篇性的开掘,李老师尚不够深入和系统。比如,谈到文本的多重主旨时,李老师并未及时点染文本的艺术留白,虚实相生;对写景联想中何以出现被余光中诟病的"庸俗的联想",李老师更是没有触及。

三、课程视野:贯通融合文本内外资源

审美散文教学内容的择定与开发,一样要实现文本内外、课堂内外、学科内外的贯通与融合,以实现与世界课程"统整与开放"的改革方向的一致。

这方面,李老师做得较为自觉。在讲"莲"与"怜"谐音时,他注意了与刘禹锡的诗句"东边日出西边雨,道是无晴却有晴"打通;讲通感的修辞

格时，与秦观、艾青等人的诗句打通；讲朱自清的铮铮傲骨时，提到了毛泽东的作品《别了，司徒雷登》——尽管此处已经偏离语文体性，但是尽力整合、开发审美散文教学资源的努力令我们触之可及。

值得一提的是，李老师的审美散文教学还注意了教材层面的课程知识、教师层面的课程知识、学生层面的课程知识共生共荣。尤其是通过等待、激疑、辩论、示弱等一系列的方法，引发学生层面的课程知识多多出场——尽管是高一第一堂语文课，刚从初三应试"战场"上过来的孩子们还无法有批量的新见诞生，但是这种贯通、融合语文资源的努力，对激发学生的积淀热情、探究热望，提升他们的思维力、审美力，其功甚伟！

于漪老师认为李老师的这两节课"处处以学生为本，以促进学生个性的健康发展为本，学生的求知欲望得到满足，对语言的揣摩，对文章思想感情的领悟，均能打开思想的闸门，知无不言，又言无不尽，再佐以教师的推敲，因而，精彩纷呈，常闪发智慧的火花"，是为确评。

四、在课眼、意脉的统摄下化零为整

审美散文纷繁的形式知识如何被学生的心灵结构化、有机化、个性化，以避免机械、孤立肢解，李老师的做法是在课眼、意脉的统摄下化零为整。

《荷塘月色》的教学，李老师将"这几天心里颇不宁静"一句视为文眼，也当作了课眼。"不静→求静→得静→出静"是文本的情脉，也成了贯穿教学的一条草蛇灰线，因为多元主旨的探讨，《采莲赋》是否可删的交流，作者矛盾修辞的赏析无不是基于其上。不过，情脉中"得静"的概括难以成立，因为自始至终，朱自清也没有真正得静，深入骨髓的苦闷早使他只能得到形式上的片刻宁静，始终难以得到纯粹、深度的灵魂静谧。所以，用"入静""趋静"似乎更为合适。

李老师化零为整的另一方法是：精选矛盾，实现牵一发而动全身的审美目的。

全文基本上是围绕"《采莲赋》的那一段应不应该删除？为什么？""作者的心情为什么会'不宁静'呢？""'我爱热闹，也爱冷静；爱群居，也爱独处'是不是有点矛盾？"，还有对通感、谐音、比喻等修辞格另类特色的感悟展开——这种另类特色也被教者还原成一种矛盾呈现了，如"'微风过

处，送来缕缕清香，仿佛远处高楼上渺茫的歌声似的。'我不明白作者在写荷花的香味，怎么又突然写到歌声了？"因为教者善引，学生善问，所以很多环节出现了动人心魄的审美景观，从而使得审美散文教学如泉水叮咚，适时地流入了学生审美的心田。

审美散文篇性开掘的几种视角

——朱昌元《江南的冬景》教学实录研习

▎教者简介 »»

朱昌元，浙江金华人，浙江省特级教师，教授级中学高级教师，金华市教育局教研室副主任兼高中语文教研员，浙江省特级教师协会副会长，浙江省中学语文教学研究会副会长，浙江师范大学人文学院教育硕士研究生导师。参与浙江省高中语文会考标准的制定和浙师大实验版初中语文教材的编写，主编《高中语文名师课堂教学实录》等教学用书十多部，在《中学语文教学》等专业期刊上发表论文100多篇。

一、课堂导入

师：乐府诗说："江南可采莲，莲叶何田田"；曾经担任杭州市、苏州市市长（当时叫刺史）的白居易曾深情地回忆："江南好，风景旧曾谙。日出江花红胜火，春来江水绿如蓝。能不忆江南？"韦庄说得更绝了，"人人尽说江南好，游人只合江南老。"刚才这些诗句中反复出现了哪一个词？

生：江南。

师：这些诗句写的是春天或者是夏天的江南。今天我们来学习一篇描写冬天的江南的散文，这就是郁达夫的《江南的冬景》。（板书：江南的冬景）

研习

导入简洁、明快、有力，不仅集束式体现了江南之美，唤醒了学生对江南之美的爱恋和憧憬，更重要的是突出了郁达夫与古人赞美江南视角的不同，激趣的效果一下子就产生了。

教师呈现江南之美的诗句时，说"韦庄说得更绝了"，言下之意似乎是：表现更独到，赞美更强烈。但这是假象，韦庄的真实意图是：不管别人怎么夸江南美，江南也不是我的家乡。总有一天，我还是要还乡，哪怕家乡令我肝肠寸断。

因此，准确的措辞应该是："韦庄借他人之口，更是道尽了江南无法阻挡的诱惑。"

二、整体感知

师：课前大家已经做过预习。郁达夫笔下的"江南"特指哪一带的地方？请从文中找出有关语句来说明。

生：江浙一带。

师：是江浙一带，我希望大家能从文中找出具体交代的语句。

生：第二段"大江以南"。

师：不错。"大江"指的是长江，"大江以南"就是指长江以南。但在郁达夫的笔下，长江以南的某些地区显然是被排除在描述之外的，大家发现没有？

生：闽粤，也就是福建、广东。

师：福建、广东在地理上都处于"大江以南"，但在气候上却和江浙一带颇为不同，处在亚热带和热带之间，冬天不像冬天，反而更像暖和的春秋。郁达夫曾经担任广州中山大学的教授，在福建也待过一段时间，对这两地的暖湿气候有着切身的体验。

接下来请同学们找找看，本文正面描写江南冬天景色的有哪些自然段？

（学生认真阅读、圈画。）

师：哪位已经有所感知了？

生：第2、5、7、8、9自然段。

师：换个角度说，哪几个自然段主要是用来比较的，并没有正面描写江南的冬景？

生：1、3、4、6、10自然段。

师：让我们一起来看看第10自然段，是不是在描写江南的冬景？

生：（迟疑）有一点。

师："窗外的天气晴朗得像晚秋一样，晴空的高爽，日光的洋溢，引诱得使你在房间里坐不住。"这不是在直接描写眼前江南的冬景吗？当然，煞尾的文字主要表现对野外冬景的向往和欣赏。

好，明确了这点以后，我们重点欣赏第5、7、8、9自然段。先对这四个自然段文字描写的主要景物加以概括。如果可以用原文，就尽量截取原文；如果不行，再试着用自己的话概括。

（学生思考。）

师：我们先来看第5自然段，它主要描写了什么景物，突出了什么特点？（指名学生回答）刚才你已经回答过问题了，还想发言吗？

生：嗯，第5自然段写了芦花、红叶、乌桕树、野草什么的。

师：这些景物色彩很丰富，你看白的、红的、赭红的。后面有一句议论性的话，揭示出江南草木什么样的特点？

生：生气。

师：是的，富有生气、生机。芦花、红叶可以经冬不败，雪白的桕子可以乱梅花之真，比逼真更进一步。若一个人到冬郊走走，可以感受到含蕴其中的生气。整段话强调的就是江南山野，虽然时届冬天，但仍然充满生机、生气。（板书：山野生气）

师：第7自然段可以截取课文中的语言来概括。假如也用四个字的话，可以怎样概括？

生：河港交流。

师：是吗？"江南河港交流，且又地濒大海，湖沼特多，故空气里时含水分"，这句话起什么作用？

生：说明江南冬天雨水多的原因。

师：是的。这几句话揭示了江南冬天细雨霏霏的原因，描写的重心落在后面。所以,这段话主要写的是江南冬天什么样的景致?

生:雨景。

师:是以江南冬天的雨为描写对象,但作者的笔触主要集中在什么地方?

生:农村。

师:用原文来说——

生:寒村。(师板书:寒村微雨)

师:写了雨后紧接着写雪。鲁迅说雪是雨的精魂。(板书:江南雪景)

师:再看第9自然段,长时间既没有雪也没有雨,这样的冬天,农民把它叫作"旱冬"。作者认为这样的冬天最适宜闲步逍遥,体现出了文人的一个偏好。(板书:旱冬闲步)

研习

引导学生概括正面描写江南的几幅图,感受郁达夫散文的画意,似乎人人可为。但是,分析出其间隐秘的思维逻辑——山野生气是雨水多造成的,雨水多才会有接下来的寒村微雨图、江南雪景图,还有既无雨也无雪的旱冬闲步图,这并非每一个人都能做到。至于说关于江南地区的准确定位,关于"农村"与"寒村"的用词择定,还有从色彩中感受江南草木的生气,将思维、审美、语用有机统一,更非轻而易举。

不过,一切问题皆由教者发起,也体现了教学紧张、局促的一面。理想的教学是彼此分享,相互触发,为什么不能先问问学生读懂了什么,还有什么不懂的地方,再顺势建构呢?

三、文本研习

师:本文集中笔墨主要描写了这样四幅图画,我们着重选择其中的两幅来深入欣赏。先看第二幅寒村微雨图吧,我们一起把它朗读一遍。(学生朗读"寒村微雨"段落)前面已经提及,所谓的"河港交流,且又地濒大海,湖沼特多"是解释江南冬天多雨的原因的。濒,就是临近、靠近的意思。在郁达夫看来,这是一种境界,一种说不出的悠闲境界。作者说"说不出",

但被他巧妙地画出来了。他是怎么画的？请大家把动词圈出来。

（学生圈点勾画。）

师：你圈了哪些动词？

生：洒、加、泊、添、画。

师：不错啊，不过还有，你自己能不能加以补充？

生：点些。

师：我们要求圈动词，"些"就不要了。这些都是很平常的动词，却展现了绘画过程。我们先把这部分一起朗读一下。从"你试想想"到"一圈暗示着灯光的月晕"。

（学生齐读。）

师：郁达夫不是画家，但是他精通画理。"河流边三五人家会聚在一个小村子里，门对长桥，窗临远阜"，"远阜"就是远山。这里寥寥几笔，就勾勒出一个临水倚山的"寒村"。接下来作者怎么"画"呢？

生："洒上一层细得同粉也似的白雨，加上一层淡得几不成墨的背景"，背景的渲染，赋予画面淡淡的烟雨朦胧的感觉。

师：感觉很准确。接下来继续点染："若再要点些景致进去，则门前可以泊一只乌篷小船，茅屋里可以添几个喧哗的酒客，天垂暮了，还可以加一味红黄，在茅屋窗中画上一圈暗示这灯光的月晕。"门前停泊的乌篷小船说明人已到家；茅屋里酒客喧哗，以动衬静；一圈灯光的月晕，则在冷色调的画面中赋予了一点儿暖色调。这真是一幅幽静、悠闲的山水画。郁达夫不是画家，但他曾在北平艺术专门学校教过书，有很多画家朋友，包括艺术大师刘海粟。他们是同龄人，也是好朋友，熟稔到彼此经常请客吃饭，我们读读郁达夫的日记就知道。我们来看看画家刘海粟是怎么评价郁达夫的游记的。

PPT 展示：

青年画家不精读郁达夫的游记，画不了浙皖的山水；不看钱塘、富阳、新安，也读不通达夫的妙文。

师：大家一起读一遍这位艺术大师的评价。（学生齐读）刘海粟高度推崇郁达夫的游记。精练的语句包含了两层意思：前一句说明各种艺术门类之间是相通的，可以互相借鉴；后一句则揭示了什么道理？

生：实地考察的重要性。

师：对啊，说明自然的游历、生活的积累对文学艺术鉴赏有着不可忽视的作用。确实，郁达夫的这一段文字写得很美，简直可以当作山水画来欣赏。接下来，作者特别点醒"人到了这一境界，自然会胸襟洒脱起来"，并用李涉的《井栏砂宿遇夜客》"暮雨潇潇江上村，绿林豪客夜知闻。他时不用逃名姓，世上如今半是君"来印证，突出江南农村冬雨霏霏的悠闲境界。（板书：悠闲）

好，再来看描写江南雪景的段落，请一位同学朗读一遍。

（学生朗读。）

师：这里的描写作者换了一副笔墨，主要采用什么写法？

生：引用古代诗歌。

师：是的，引诗入文。那么，四处引用是按什么顺序来排列的呢？请大家把有关词语圈出来。

生：（部分）时间。

（学生圈出"日暮""冬宵""更深人静"和"第二天的早晨"。）

师：很好。请大家再仔细看看，它是不是还有一个隐含的顺序？

生：下雪的过程，从"欲雪""微雪"到"风雪"，下了一夜的雪，到第二天早上已是"深雪"，不过雪已经止住了，否则村童不会出来报告村景了。

师：关键词语找得很准，顺序也理得很清楚。"晚来天欲雪，能饮一杯无""寒沙梅影路，微雪洒香村""柴门闻犬吠，风雪夜归人"，或者亲友团聚，酒香弥漫，或者柴门犬吠，风雪夜归，都给人以什么感觉？

生：温暖。

师：是啊，温暖、温情、温馨。"前村深雪里，昨夜一枝开"则报告了春的消息，给人以清新的感觉。郁达夫古典诗词修养极高，能创作一手好诗词。这里的引用信手拈来，无不熨帖，表现了江南雪景的美丽和温馨。其他描写江南冬景的段落留待同学们自己去品读。我们现在再来看看那些没有直接写江南冬景的段落，这些段落是不是可以删去？为什么？（板书：北国异境，闽粤异状）

生：不可以。写北国异境、闽粤异状，是运用比较来突出江南冬景的更好。

师：是吗？是为了突出江南冬景的"更好"吗？第2段的最后一句是怎么说的？

生："这一种江南的冬景，岂不也可爱得很么？"说明北国的冬天可爱，江南的冬天"也"可爱。

师：学语文就是要这样品味词语，包括它的虚词、它的句式、它的语气。写北国和闽粤的冬天，是为了凸显江南冬景的特点，明朗、明丽、幽静、悠闲，自成一格。这里只有主次之分，没有加以褒贬的意思。

研习

具体感受寒村微雨图和江南雪景图的美，认知间接描写江南冬景文字的表现功能，是本环节完成的两大教学任务。

教者的别具匠心处有三：

一是注意文脉的把握。段落正侧面描写的交错就不用说了，四幅图画的感知也不用说了，单是两幅图的审美，便令人深深感受到教者对文脉从宏观到微观的高度重视。

寒村微雨图的审美：圈动词，这是感受郁达夫"绘画"的过程。欣赏临水倚山的寒村、淡得不成墨的白雨背景、乌篷小船、喧哗的酒客等主角、西天的一味红黄和茅屋窗中灯光的月晕所散逸出来的闲静氛围，这是感受郁达夫"绘画"的技法和情调。

江南雪景图的审美：先引导学生感知外在的时间顺序（日暮—冬宵—更深人静—第二天的早晨）；再感受隐含的顺序（欲雪—微雪—风雪—深雪）。

文脉与课脉浑然相合，自有一种天然的精致。

二是注意情调的整体把握。感受寒村微雨图的幽静、悠闲；感受江南雪景图的温暖、温情、温馨；感受北国和闽粤冬天正衬而出的江南冬景的明朗、明丽、幽静和悠闲。再次强化了教学的整体感、有机感。

三是不忘衬托、措辞等方面的点染。如引入刘海粟对郁达夫游记散文的评价，与学生探讨——"这一种江南的冬景，岂不也可爱得很么"一句中的"也"字，是为了突出江南冬景的"更好"吗？对深化篇性理解，都是强有力的助推器。

当然，上述的教学理路或追求，教者如果清晰点出，情调的整体把握之后，让学生以读强化体验，则会锦上添花。

四、拓展探究

师：作者笔下江南的冬景是如此的明朗、悠闲，那么，当时的社会背景和作者的心境又是怎样的呢？也是如此的明朗和悠闲吗？你们看这是本什么书？（出示《郁达夫日记集》）

生：（齐声）《郁达夫日记集》。

师：下面我们来看看作者当时的日记。

PPT 依次展示：

（一九三五年）三十日（十一月初五），星期六，雨。

今晨一早即醒，因昨晚入睡早也，觉头脑清醒，为续写那篇《文学》的散文《江南的冬景》，写至午后写毕，成两千余字。

二十九日（十一月初四），星期五，雨。

家国沦亡，小民乏食，我下半年更不知将如何卒岁；引领西望，更为老母担忧，因伊风烛残年，急盼我这没有出息的幼子能自成立也。今日为防空演习之第二日，路上断绝交通如故……午后因事出去，也算是为公家尽了一点力。下午刘开渠来，将午前的文章搁下，这篇《江南的冬景》，大约要于明日才得写完寄出。

二十八日（十一月初三），星期四，微雨。

今天为杭市防空演习之第一天，路上时时断绝交通；长街化作冷巷，百姓如丧考妣。

十一月十九日（旧历十月廿四），星期二，在杭州的官场弄。

天气实在晴爽得可爱……像这样一个平和的冬日清晨，谁又想得到北五省在谋独立，日兵在山海关整军，而阔人又都在向外国的大银行里存他们的几万万的私款呢！

师：这四则日记都选自《郁达夫日记集》，分别记于《江南的冬景》成稿的当天以及前几天。"家国沦亡，小民乏食""长街化作冷巷，百姓如丧考妣",当时的中国内忧外患,民不聊生。结合这些背景材料,联系文本,大家有什么感受?

生:江南的冬景那么明朗、悠闲,文学描写是想象的,可以与社会现实不一样。

师:准确地讲,文学描写需要想象,需要创造,它以现实为基础,但可以不"照抄"现实,否则很容易成为新闻报道。

生:现实的丑恶、严酷可以引发作者对自然美的向往和追求。

师:说得很好。现实的丑恶,特别是对丑恶现实的不满可以催生对美好、自由境界的追求和创造。你的话很有哲理性哦,概括得很精练。

生:从日记看,作者是忧心忡忡的。作家的心灵在自然山水中得到了安慰。

师:是的,如焚的忧心可以在广阔、朴素、纯净的大自然中得到麻醉,得到抚慰。刚才大家说的意思,不妨用"寄情山水"四个字来概括。郁达夫是个有正义感和责任心的作家,疲惫、痛苦的心灵渴望在美好的自然山水中徜徉、栖止,得到抚慰和寄托。

PPT展示:

山水、自然,是可以使人性发现,使名利心减淡,使人格净化的陶冶工具。

欣赏自然,欣赏山水,就是人与万物调和,人与宇宙合一的一种谐合作用。

我曾经到过日本的濑户内海去旅行,月夜行舟,四面的青葱欲滴,当时我就只想在四国的海岸做一个半渔半读的乡下农民;依船楼而四望,真觉得物我两忘,生死全空了。

——郁达夫《山水及自然景物的欣赏》

游赏山水,表现山水,使心灵宁静,使人格净化,达到天人合一的境界。这也是促使郁达夫创作大量游记散文的重要原因。

当然,他笔下的农村、农民,自觉不自觉地带有某种美化的成分,多多少少体现了旧式传统文人的理想,或者说偏嗜。从某种程度上说,他有时生活在想象的"桃花源"中,生活在自己用文字创造的明丽、闲适的境界中,借以安放自己那颗敏感、躁动而痛苦的心灵。

研习

本环节触及了作者言语动机、言语人格、散文创作追求等方面的感知，有思维翻转的神奇效果，显得境界高迥。同时，也在不知不觉中渗透了现代散文的类性——教者说郁达夫"笔下的农村、农民，自觉不自觉地带有某种美化的成分，多多少少体现了旧式传统文人的理想，或者说偏嗜"，这种"理想"或"偏嗜"何尝不集中体现了郁达夫最为看重的现代散文的生命——个性。表面上颓废、沉沦，与战火纷飞、民不聊生的社会现实拉开了距离，实际上这种偏执的憧憬与沉迷，反而使他的文字更深刻、独特地揭示了时代的面影。

变形却又合情合理，更是对传统散文类性"真实"的颠覆——绝不囿于生活表象的真实，而是追求情感的真实、生活本质的真实。教者强调，文学描写需要想象，需要创造，它以现实为基础，但可以不"照抄"现实，否则很容易成为新闻报道，说明也把握到了郁达夫散文创作的个性。

不过，四则日记的逆向呈现，的确有些别扭。出示《郁达夫日记集》问学生"你们看这是本什么书"，更是无意义之问。说"如焚的忧心可以在广阔、朴素、纯净的大自然中得到麻醉"不妥，无论是日记，还是成文的《江南的冬景》，都看不出郁达夫任何麻醉自我的痕迹，他清醒得很。

总评

在朱昌元老师的众多教例中，我对《江南的冬景》课堂实录尤为偏爱。教学对话中，师生积淀的学养、审美的纤敏、独特的见识，悉数如花绽放。

其间，文本解读和教学转化聚焦审美散文篇性开掘所体现的内部视角、外部视角、创作史视角、互文视角、课程视角、学生视角等浑然相谐，相得益彰，为散文教学开启了诸多思维路径。

一、内部视角：写了什么，如何写

内部视角关注文本内部要素之间的联系，主要围绕言语内容和言语形式展开，即写了什么？如何写的？尤其关注如何写。这种视角可以说是守住语文体性的必由之径。

朱老师实录中呈现的几个主要问题——江南特指哪一带的地方？江南的冬景有怎样的特点？作者的心境也像江南冬景一样明朗、悠闲吗？正是在整体上对言语形式和言语内容所做的思考。着力于四幅风景图的审美感知，体现了他对言语形式的倚重。

写什么？审美散文是抒情的，教学当然要围绕"情"字展开。朱老师引导学生感受寒村微雨图的幽静、悠闲，感受江南雪景图的温暖、温情、温馨，感受北国和闽粤冬天正衬而出的江南冬景的明朗、明丽、幽静和悠闲，本质上都是在透过景语悟情语。与众不同的是，朱老师不仅引导学生把握了情感之变——整体的明朗、悠闲情调下，几幅图景中蕴含的情调、感觉的微殊，而且启发学生思考情感之隐——当时的社会背景和作者的心境又是怎样的呢？也是如此的明朗和悠闲吗？这便将深埋在文字背后的时代气象，作家诗意、纯真而又无奈、忧伤的言语人格揭示了出来。

至于说感受寒村微雨图的"绘画"过程、"绘画"技法，江南雪景图"欲雪—微雪—风雪—深雪"的层次，表面上是在感受如何写，实际上将作者新鲜、醇浓的赏景趣味也悄无声息地浸润给学生了。一个大老爷们，将审美的丰富性、细腻性、深刻性有机融合，实在是不容易。对照那些动辄将情感内容单维化、情感表现套路化，甚至枉顾情感，偏执地沉陷于理性深度，将审美散文错当成审智散文教学的教师，朱老师的专业自觉和艺术处理，更显弥足珍贵。

当然，关于怎么写的挖掘，还可深度推进。

整体上，可从意境切入。作者为江南冬景营造了一种非常恬淡、闲雅的意境，但是同中也有异：寒村微雨图表现的是闲境，江南雪景图表现的是静境，早冬闲步图表现的是乐境——晴空的高爽，日光的洋溢，实际上是欢乐情绪的一种写照。还有一种就是和北方的冬天对比，和德国作家写的《散步》文章对比，和闽粤一代冬景对比，说江南的植物含蓄着一股生气，有的叶子能够三个月不落，还有颜色不输于梅花，其实写的是奇境——景物的神奇、人物的惊奇悉在其中，完全可以让学生去感受。

局部上，极化情感的表现，亦可认真开掘："晚来天欲雪，能饮一杯无"是白居易晚年定居洛阳时，对朋友的邀请，写的根本不是江南日暮的雪景，郁达夫硬说是。"寒沙梅影路，微雪酒香村"不是，"柴门闻犬吠，风雪夜归人"也不是——写的是湖南贵阳宁乡一带的景色。按照文章中显示的江浙一带，肯定不符。"前村深雪里，昨夜一枝开"是唐朝诗人齐己在古潭州益阳（今天的湖南宁乡）写的，依然不是江南的雪景。可是，郁达夫竟然这样辩解：也许这些诗人的诗句不一定是在江南所写，而作这几句诗的诗人也许都不尽是江南人，但将这几句诗来描写江南的雪景岂不直截了当？这完全是一个不讲理的逻辑。不讲事理逻辑，却完全遵循了郁达夫情感的逻辑。于是，诗歌的极化写法让他成功地完成了跨类写作，使文本的篇性熠熠生辉。

二、外部视角：为何写，为何这样写

外部视角强调的是利用外部资料，结合社会语境审视文本的发生、发展过程以及文本内在情思与外部世界的关系。外部视角与内部视角结合，可以更全面、深透地把握文本内涵与价值。

本则教例中，朱老师审美观照依凭的外部资料有三：一是刘海粟对郁达夫游记散文绘画价值与文学价值的评价；二是郁达夫写《江南的冬景》时的四则日记；三是郁达夫对山水自然美学价值论述的文字片段。这为学生体悟文本中的丰富而独特的情感意蕴，文字背后的趣味、言语人格、山水游记一类审美散文的创作价值取向，无疑提供了重要的思维路径。

传统的解读认为本篇写于郁达夫中年时期，是偶成的一篇散文，当时作者生活优渥，工作顺利，因此文章由内而外地透出闲适自足。但是，朱老师以铁的事实，指出了闲适自足表象下的疲惫、敏感、躁动而痛苦的心灵，并大胆地做出判断：这是超越现实的描写，把江南的冬景当作精神的桃花源。这样的解读高度令人欣喜。同时，对散文类性"真实"的内涵也进行了重构——不是现象的事件的真实，而是情感的真实、生活本质的真实。尽管朱老师没有点明，但是内蕴的判断有了，这便很了不起。

总之，外部视角的介入，不是离开文本的逞博炫耀，不是为了满足猎奇心理而有意安插的段子，而是为了深度揭示文本的内涵或篇性，这正是学者型教师的重要表征。没有被周围的世界同化——将文字背后情趣、人格、价值取向的感知统统视为华而不实之举，反而有意识地呵护、点染、升华，这恰好是学者型教师的良心、责任和襟怀。鲁迅先生说："我总以为倘要论文，最好是顾及全篇，并且顾及作者的全人，以及他所处的社会状态，这才较为确凿。"[《"题未定"草（七）》]朱老师的本则教例，于无声处将这一审美准则贯彻得水乳交融。

三、创作史视角：继承了什么，发展了什么

创作史视角指的是将文本放在同一文类的创作史中考察其优劣得失。其中，继承了什么，发展了什么或特别强调的是什么，是创作史视角解读或教学重点关注的问题。

比如，单纯地看秦观、贺铸等人的词作，似乎看不出太多名堂，但是从创作史的视角看，便会发现很多：意象抒情从单维度走向多维度，情辞关系从情胜、辞胜到相称，心物关系从我它、我你到我我，等等。

那么，落实到《江南的冬景》，从创作史的视角看，能发现什么呢？

个性，非常强烈、独特，郁达夫视之为散文的重要类性。这种个性在征圣宗经的时代并不凸显，魏晋以后的散文有所流露，晚明小品开始强化，提出了"独抒性灵"的主张，"五四"时期在西方个性主义思潮影响下，散文的个性达到了前所未有的高度。

联系这一创作史，郁达夫散文的个性特色便会彰显。比如，与柳宗元的山水游记比，郁达夫散文的审美空间更为辽阔，可以说纵贯南北，横跨中西——文中提到了德国南部地区的四季变迁，日本人对郊外散步的称呼Hiking；与晚明小品比，郁达夫的散文有雅趣的一面，更有体现现代生活质感的野趣和生趣。这从他的很多措辞均能看出，比如写"寒沙梅影路，微雪酒香村"的意境，他竟然说是雪、月、梅冬宵三友会合在一道"调戏"酒姑娘，包括后文写到的"和狗一样喜欢弄雪的村童来报告村景了"。用词非常开放、大胆，几乎到了无所顾忌的地步，但是雅的力道又很足。

朱老师总结《江南的冬景》情感意蕴时说："多多少少体现了旧式传统文人的理想，或者说偏嗜。从某种程度上说，他有时生活在想象的'桃花

源'中，生活在自己用文字创造的明丽、闲适的境界中，借以安放自己那颗敏感、躁动而痛苦的心灵。"其实已经隐含了与陶渊明《桃花源记》的比较，有了创作史审视的意识，只不过道出了"同"，而过滤了"异"。也许，出于时间、学情等方面的考虑，他无法兼顾，有意省去也未可知。

四、互文视角：属我的个性在哪里

优秀的作家，其作品内部都有其他作家的心灵回声。所以，从互文视角的解读——与其他作品相互烛照，多维度地深入开掘文本篇性，也就成了语文教学的一种必然选择。坐井观天，只在文本内部兜圈子，是很难真正发现文本的秘妙的。

教例中，朱老师的导入环节是有互文意识的。通过和乐府诗、白居易、韦庄写江南的诗句比照，突出郁达夫与他们视角的不同——他人写的是春天或者夏天的江南，郁达夫描写的是冬天的江南。将郁达夫正面写江南冬景的内容概括为四幅图画，并引入刘海粟对郁达夫游记散文绘画价值和文学价值的评价，也是有互文意识的，意在突出郁达夫游记散文的画意。

事实上，互文视角的观照还有很多。

拿《江南的冬景》来说，将郁达夫的喻象和朱自清、鲁迅的喻象比，便很有意思。同是以女性为喻象，朱自清笔下的女性清一色的美艳或清新——出浴的美人、亭亭的舞女、初恋的处女，鲁迅的笔下也不差——极壮健的处子，可是郁达夫笔下的竟是涂了脂粉的黑女。尽管很煞风景，他却觉得可爱，这便是郁达夫抒情的痴狂之处、执着之处。相对于朱自清抒情的温柔唯美、鲁迅抒情的严肃内敛，郁达夫的抒情实在像个农人，像个孩子，带着一种原始的乡间野气，却又不失童真稚趣。

互文观照除了发生在"我—他"之间，也可在"我—我"之间进行。同是写景中动用的极化情感抒写，《江南的冬景》与《故都的秋》便有程度上的差异。前者虽然也动用了繁复比照——仅北国就被比了三次：开始是和北国冬景比，突出江南冬景的可爱；后来又拿北方的夏天比，说江南的冬景抵得上北方夏夜的一种特殊情调；谈到这儿还不罢休，往后的另外一段，说到寒郊散步的时候，说北方冰天雪地里生长的人，是终他的一生也不会有享受这一种清福的机会。对比一次就算了，他却一而再再而三地进行对比，这就是郁达夫很执着、很得意、很陶醉的地方。一个人有时候过分得意、过分陶醉的时候，就会不知不觉地啰唆。反常逻辑的运用，用非江南冬景的诗句夸江南冬景之美，也是如此。

但是，《故都的秋》的极化情感更为极端。这在文本闭合式抒情结构——首尾呼应，一个劲地说江南之秋不如北国之秋够味儿，还有偏执的措辞上一览无余——秋天，这北国的秋天，若留得住的话，我愿把寿命的三分之二折去，换得一个三分之一的零头。谁愿意折三分之二的阳寿，换北国之秋的三分之一的零头呢？近乎诅咒自我的夸张抒情，与《江南的冬景》有节制的抒情正好形成了比较明显的对照。这种节制何尝不是内心忧伤、哀叹的一种别样流露呢？如果教学中瞩目于此，是否更能对学生的思维构成挑战，激起他们强劲的审美兴趣？

南朝的萧纲曾经说过："立身先须谨重，文章且须放荡。"（《诫当阳公大心书》）郁达夫的散文就很"放荡"，这个"放荡"不是指他写的文章在正人君子眼里显得过灰或过黄，而是指他情感上来的时候，九头牛都拉不住的执拗。他对江南冬景迷恋上了，不管哪里的好，都可以用来做陪衬，或直接将别处美景的好，全部安在江南冬景上，从而让自己的陶醉情感达到巅峰。

明代作家张岱也说："人无癖，不可与交。"（《陶庵梦忆》）为什么？因为他没有深情。"人无疵，不可与交"，因为"其无真气也"。用张岱的这种观点来衡量郁达夫真的是最合适不过了。郁达夫的文章就是有深情的，有这种真气的，而这种深情和真气就凝聚在他对江南冬景不可救药的癖好里面。

上升到言语人格，这些内容让学生体悟到，是否更能牧养学生的言语个性和精神生命？

五、视角融合：课眼、课脉、课气的统一

当然，朱老师课例中呈现的篇性开掘视角远不止上述四种。

其他视角，如课程视角——从课程的角度确定教学目标和教学内容，如鲜明的语文素养培育意识，将单元教学目标"欣赏大自然的美""写难状之景如在目前"有机地渗入四幅图画审美之中的自觉意识，都是触之可及的。

学生视角也较为突出。如对学生思维、措辞的纠偏，对文本匠心的共同探讨——那些没有直接写江南冬景的段落，是不是可以删去？写北国异境、

闽粤异状，是为了突出江南冬景的"更好"吗？

此外不再一一枚举、分析。

我们更想关注的是：如此多元的视角，朱老师是如何统一的？

从课例整体看，朱老师的教学是基于学生的预习，然后以问题切入，展开讨论的——其实是隐秘的检测、指导与提升。手法看似寻常，其实有比较精致的考量。

大体来说，他的教学遵循了这么一条理路：以"美"为课眼，按"四幅图画之美—画面的情调之美—文字背后的情韵之美"这样一条课脉，建构课堂教学内容，内部视野、外部视野、创作史视野、互文视野、课程视野、学生视野则融入其间。尤需说明的是，因为有了这种清晰而严谨的理路贯穿，课气也显得非常自然流畅。这种内在的精致感、有机感，是机械的板块式教学、一成不变的后红领巾教学模式，永远都无法望其项背。

当然，审美的细腻性、丰富性、深刻性，还可继续加强。

比如文字背后，作者欣赏自然时的那种情人眼光、婴儿眼光，还有更为隐蔽的批判眼光，都是可以引导学生体悟的。不是吗？作者说"二月初再冷一些，下一点春雪"，然后说这个时间，推算起来，太冷的日子大概在1936年2月的劲头，最多也就七八天的样子，他为什么会有这么精准的时间感？讲到那些色彩，说落叶满街，晨霜白得像黑女脸上的脂粉似的，还讲到其他的一些植物，都是如数家珍。特别是说生命力，乌桕树，总带点绿意；讲到草色，顶多成了赭色，然后说根边总带点绿意，这种审美多么纤敏、多么细腻！没有情人般的深情、婴儿般的好奇，能感觉到这么细微的地方吗？

审美散文的篇性开掘，如果触及这些细微处，各种审美视角是否更能焕发活力？

语文解读与教学的有效转化

——曹勇军《赤壁赋》教学实录研习

教者简介 >>>

曹勇军，南京市第十三中学教师，江苏省语文特级教师，江苏省首批教授级中学高级教师，苏教版高中语文教科书编写组核心成员，江苏省中语会副理事长、南京市中语会理事长，南京师范大学硕士研究生导师。曾荣获"江苏省优秀教育工作者""南京市劳动模范"等荣誉称号。在全国各地上课或讲座200余节次，在《中学语文教学》《语文教学通讯》《语文学习》等刊物发表论文100余篇。著有《叩开高中语文选修教学之门——高中语文选修课教学实践研究》《语文，我和你的故事》《曹勇军和他的语文理想国》《语文的表情与眼光》等十余部。

教学目标

1. 指导诵读，理解作品表达的人生感悟和豁达情怀。
2. 把握本文景情理融合、主客问答的表达方式。
3. 背诵全文，积累文中常用的文言词汇和文言句式。

研 习

目标设计在形意统一中突出形——"形：意＝2∶1"，守住了语文体性。触及类性（主客问答的表达方式）、篇性（景情理融合）的把握，更是体现了自觉的语文意识。

不过，在目标设计的独特性、具体性、严谨性、语文性方面，还可继续强化：

形式上的主客问答，其实是作者内心两个不同自我的对话，这是独特性；积累常用的文言词汇和句式，需明确指出哪些词汇、哪些句式，这便有了具体性。目标1中的行为主体应为学生，使其与教学过程中彰显的生本意识浑然统一，这便体现了严谨性。语文教育目标肯定要关注情意内容，关注立德树人思想的贯彻，但这些是所有学科的共任。如何凸显"语文性"？应朝言语人格、言语襟怀、言语操守等方面点染。落实到目标1中超越苦难的豁达情怀，亦应作如是凝练和升华。

教学过程

第一课时

一、导入新课

师：同学们好！很高兴和广西南宁沛鸿民族中学高一（18）班的同学一起学习苏轼的《赤壁赋》。苏轼，我们不陌生，初中就学过他的不少作品。有一篇文章，不知道同学们还有没有印象，我来考考大家。（师背诵）元丰六年十月十二日夜，解衣欲睡，月色入户，欣然起行——

（学生跟着背诵，声音越来越大。）

生：念无与为乐者，遂至承天寺寻张怀民。怀民亦未寝，相与步于中庭。庭下如积水空明，水中藻、荇交横，盖竹柏影也。何夜无月？何处无竹柏？但少闲人如吾两人者耳。

师：很好！这篇文章叫《记承天寺夜游》，在哪里写的？

生：（齐声）黄州。

师：这篇文章写于元丰六年。那一年的秋天和冬天，苏轼游览了黄冈赤壁，分别写了《赤壁赋》和《后赤壁赋》。这是苏轼作品中最精华的文章。

哪位同学能告诉我，苏轼为什么去了黄州？

生：（齐声）被贬。

师：为什么被贬？

生：（纷纷）因为"乌台诗案"被贬黄州。

师：大家能不能说说"乌台诗案"是怎么回事？

生：有官员从他的诗中找出句子说讽刺变法，于是皇帝将他贬官。

师：乌台，就是御史台。有人诬陷他，说他诗中有反对朝廷新政的文字，于是把他投入大牢。东坡在狱中生活了130天，这对他的身心、人格造成巨大的折磨和摧残。后来方方面面的人出面营救，最终他被放出来，可是被贬黄州，开始了不断被流放的坎坷的人生际遇。苏轼去世前两个月左右在常州，有这么一首诗，题自己的自画像（投影）："心似已灰之木，身如不系之舟。问汝平生功业，黄州惠州儋州。"儋州在哪里呢？海南岛。惠州在哪里呢？广东。苏轼不断被贬，先被贬到黄州，后被贬到更远的惠州，最后被贬到更遥远的儋州。苏轼满身伤痕，历经坎坷，他要给自己一个快乐地活下去的理由，他不断地思考。到黄州之后，他的思想开始成熟了，仿佛一道天光，划过这荒瘠的大地，中国文学史上这篇最著名的文章出现了。

研习

背诵《记承天寺夜游》，引入写作背景、作者心灵生态、作品文学史地位的介绍，最终上升到历经坎坷，要给自己一个快乐活下去的理由。这样的导入，亲切、自然、浑厚，有思想高度，便于学生和文本实现生命的融合。

不过，将《赤壁赋》定位为中国文学史上"最著名的文章"，有武断之嫌。

二、学习首节

师：昨天和同学们见面的时候，有同学问我《赤壁赋》中的"赋"是什么？"赋"是一种文体，一种介于诗和散文之间的文体。它比诗歌要自由一些，随意一点，比散文要求更严谨一些。我们在后面的学习过程中，再反复体会赋的特点。

课前曹老师给大家提了一个要求，要大家把这篇文章尽可能读熟，最好能背下来。我们试试看第一节,能背就背,背不下来就偷偷看看书。

(学生背第一节,不记得之处教师及时提醒。接下来,师生通过对话,交流了下述字词的理解。)

1. "少焉"的"少",既不念 shāo,也不念 shào,它的意思是"一会儿",所以念 shǎo。

2. "既望"的"既",课文注释是"过了",但这个字解释为"已经"更好,是个副词。已经过了望日,就是阴历的十六。这个字在课文里面反复出现,最后一节里的"肴核既尽"和"东方之既白"中的"既",都是已经的意思。

3. "举酒属客"的"属"是劝人喝酒的意思,但原来的意思是"致意""表达"。注释说"这里指",它是指在特定的上下文里边是这个意思,读注释的时候要特别留心。这个词在课文里出现了两次,第三节"举匏樽以相属"一句中的"属",也是劝酒的意思。

4. "纵一苇之所如"的"如"是"到,往"之义,"所如"就是"到的地方","纵一苇之所如"即任凭船儿到哪儿是哪儿。

5. 课文里"乎"用得挺多的,"飘飘乎""浩浩乎",这个"乎"是什么意思?句中语气词,没什么意思,到这里停顿一下,显得舒缓、整齐、有韵律。第三节的"此非曹孟德之诗乎",这个"乎"表示"吗"。文章最后一节,"相与枕藉乎舟中",这个"乎"是"于""在"的意思。

6. "藉"是什么意思呢?基本意思就是拿草垫地,所以它就引申出"垫着"这个意思。你枕着我,我枕着你,你靠着我,我靠着你,很随意、随性地躺在船上。

师:下面老师和大家一起思考,第一节写的是东坡夜游赤壁,是围绕哪两个字来写的?哪两个字是这节反反复复都写到的?同学们可以互相小声地商量。

生:"赤壁"吧?

师:当然,事情发生在赤壁。但这是背景,不能说是中心。

生:泛舟。

师:还没讲到点子上。可能我刚才表述得不够准确。夜游赤壁是围绕哪两个物象来写的?

生：我认为他写的物象，一个是水，一个是月。

师：月亮，大家同意不同意？

生：（齐声）同意。

师：你跟大家说说，哪几句是在写"月"？

生："月出于东山之上，徘徊于斗牛之间"，这是写月。

师：此外呢？

生：既望。

师：为什么？

生：农历十六，月亮大大的、圆圆的，让我们想到了月。

师：还有呢？他诵的诗是？

生：（齐声）诵明月之诗，歌窈窕之章。

师：还有没有？

（学生沉默。）

师：什么叫"白露横江"？

生：月亮照在江面上，白茫茫一片。

师：什么叫"水光接天"？

生：江水和月色相融，一片朦朦胧胧的。

师：讲得很好！另一个物象是水？是江？我们往下读。读书，一定要心细，反反复复体会。"纵一苇之所如，凌万顷之茫然。浩浩乎……飘飘乎"（做出动作），是写什么啊？

生：（纷纷）写风。

师：对啊，写风。正因为有风，所以才能够"纵一苇之所如"；正因为有风，他才能够"凌万顷之茫然"，越过万顷浩瀚的江面；也正因有风，他才能够"浩浩乎冯虚御风""飘飘乎遗世而独立"。我们说第一节是围绕两个字来写的，一个是风，一个是月，第一节写的就是赤壁风月图。江上之清风，山间之明月，他就是在这样的美景中陶醉了。现在全班齐背第一节。

（学生齐背诵。）

研习

　　似乎是寻常的扫除字词障碍和整体把握段意，但细味之下仍有不少独特之处。

　　一是自觉的诊断性评价意识。针对真实学情，应势而教——赋体特征的理解与强化，就是随学习的推进得以不断被点化、体知的。这比虚拟学情而教，更具针对性，也更高效。

　　二是心细如发的审视与批判。如对"既""属""乎"的解释，有文字学的学理支撑，又能紧扣文本会通，阐析得非常到位，见纤敏、见灵动、见深刻。

　　三是提要钩玄的引领和把握。抓清风、明月两个物象把握该部分内容，最适恰不过，因为文末苏子的生命感悟正是建立于其上——是造物者之无尽藏也，而吾与子之所共适，禅宗随缘自适的思想很鲜明。

　　不过，教者并未结合文末的点染句来启悟。尽管立足文本，最终定位准确，但耗时不少。对学生说的"水"物象否定欠妥，因为苏子的感悟同样提到了它——逝者如斯，而未尝往也。

　　说物象欠精准，因为这些物象抒情言理，是名副其实的"意象"。说"节"亦欠精确，因为"节"或"自然节"是诗歌的抒情单位，文的意义单位应是"自然段"或"段"。

三、学习第二、三节

　　师：我们说这篇文章是一篇赋，赋有很多讲究，讲究对偶，讲究辞藻；此外，适当的时候，还要讲究一点押韵。为什么我们背起来感觉那么顺畅、和谐呢？就是这个原因。大家看，哪些地方是押韵的？

　　生：（齐声）"间""天""仙"。

　　师：所以特别和谐，这种和谐和东坡夜游赤壁的感情是吻合的、一致的。这是第一节。接下来我们学习第二节，能不能背了？试试看啊，逼自己一下。

　　（学生试背。）

师：不错啊，不少同学第二节已经背下来了。有几个关键字词，我们一起研究一下。

（师生交流，共解决了下述几个问题。）

1. "于是饮酒乐甚"中的"于是"，不是现在理解的"于是"，而是"在这时"之义。翻译时可以把"于"去掉，简洁一点，这时饮酒唱歌。

2. 可是客人吹了一段箫，箫一吹出来不对了，是悲凉之声。课前一天有学生递了一个字条，询问为什么这个客吹的箫声音如此悲凉？这也是东坡的疑问。师生一起看第三节。教者询问："苏子愀然，正襟危坐而问客曰"，正襟危坐是什么意思？并在黑板上绘图，即臀部压在脚后跟上。

3. 苏子是"危坐"，身子挺直了。为什么要挺直？是因为内心受到了巨大的触动。教者邀请学生翻译"何为其然也？"——这首歌的曲调为什么那么悲伤？引出宾语前置，顺带了解文本中另外两例（"而今安在哉"和"而又何羡乎"）的宾语前置并翻译。

4. 下文客人回答分几层呢？教者抓住"况吾与子渔樵于江渚之上"中的"况"字，引导学生体味意思，将之分为两层。

5. 师生探讨了"东"的不同意思："东望武昌"的"东"是"向东"之义，"顺流而东"的"东"是"向东进军"。

6. 探讨"此非孟德之困于周郎者乎"一句的意思。

生：这地方不是曹操困住周瑜的地方？

师：我们请这位男同学来说说。男同学可能对这段历史更感兴趣，更熟悉。

生：这难道不是曹操被周瑜包围困住的地方吗？

师：同意不同意？请注意，他把这句翻译成了被动句，"于"表被动。不过你的这个翻译还不够准确。赤壁之战，大家都熟悉，仅仅是周瑜把曹操包围了吗？最后的结果是什么？（学生答"打败了曹操"）对，打败了曹军。我们添两个字："这地方难道不是曹操被周瑜包围击败的地方吗？"我们把第一层读一下。

（学生齐读。）

师：这里有几句，"舳舻千里，旌旗蔽空，酾酒临江，横槊赋诗"，大家

只是把它读了下来,没有什么感情色彩,曹老师在这里读一下,你们来体会一下。(教师范读)

什么样的感觉?开始非常激昂,百万雄师,一代豪杰。"舳舻千里,旌旗蔽空,酾酒临江,横槊赋诗",一代枭雄,最后烟消云散,这叫什么?对,欲抑先扬,一下子从沸点跌到冰点,有一种巨大的人生幻灭感,即便像曹操这样的大英雄,怎么样了?不在了,烟消云散了!要把这种感情读出来。

(学生再读。)

师:我们现在看第二层。(学生齐读)这里对偶句很多。有多少对偶句?数一数。

生:五组。

师:这么多对偶的句子,是什么意思呢?我在来南宁的途中,在飞机场闲坐候机,买到了一本余秋雨的《何谓文化》,里面恰好有《赤壁赋》的翻译。对于这几句余秋雨是这样翻译的——那就更不必说你我之辈了:捕鱼打柴为生,鱼虾麋鹿做伴,驾着小船出没,捧着葫芦喝酒,既像昆虫寄世,又像小米浮海,哀叹生命短暂,羡慕长江无穷。当然,我想与仙人一样遨游,与月亮一起长存,但明知都得不到,只能把悲伤吐给秋风。他这个翻译很简洁,把课文中的"之""矣"这些为了对偶的字都拿掉,帮助我们一下抓住基本意思。在第二层这么多的对偶句中,我们找找最能代表作者基本意思的那一句对偶句。哪一句比较好?

生:寄蜉蝣于天地,渺沧海之一粟。

生:哀吾生之须臾,羡长江之无穷。

师:选哪一个?前一句还是后一句?

生:(纷纷)后一句。

师:很好。最基本的意思就是哀叹自己生命的短暂,羡慕世间万物的永恒长存。这就是客最大的悲哀。读到这儿,你清楚客吹洞箫为什么声音如此悲凉了吗?

生:(齐声)哀吾生之须臾,羡长江之无穷。

师:你看大英雄不在了,即便是如曹操那样的大英雄也"而今安在哉",更何况我们的人生是如此短暂、渺小而脆弱,一辈子匆匆就走过了。想到这儿不由得悲从中来,所以,箫声如怨如慕,如泣如诉。我们全班齐读第三节，要读出客的心情和变化，注意停顿。"况"以后的句子要读得非常慢，要低沉，是一种非常痛苦的内心情感，我们甚至要想到客说完之后眼里闪动着痛苦的泪花。

（学生齐读，结束第一课时的教学。）

研习

虽是很传统的串讲，但因扣住关键词、情志脉，指导学生读出人物内心隐秘的嬗变，所以教学整体上显得自然、精粹、饱满、深刻，韵味悠长。尤其是赋体押韵、对偶特点的体知，对人物内心从沸点跌到冰点所产生的巨大幻灭感的揭示与感悟，显示了极强的专业性、极渊深的学养和极个性化的审美创见。

学生预习中的困惑——为什么这个客吹的箫声音如此悲凉，已触及了篇性——月光下的清波，触发了自我渺小、须臾所滋生的伤感；"渺渺兮予怀，望美人兮天一方"的歌词，更是引发了怀才不遇的共鸣。这种情脉含蓄流转的特色，教者似未引起重视，因而错过了一次深度开掘的契机。

第二课时

师：上节课我们学习了《赤壁赋》前三节，下面我们背诵第三节。请两位同学上台把第四节中两句话的翻译写在黑板上。

（两学生分别翻译"逝者如斯，而未尝往也；盈虚者如彼，而卒莫消长也"和"盖将自其变者而观之，则天地曾不能以一瞬；自其不变者而观之，则物与我皆无尽也"。其余学生背诵第三节。）

师：有同学课前问我，怎么样才能将古文背得又快又好？我说要理解，理解才能好背。背东西要把很长的文章分成几个小片段来背。第三节怎么背呢？曹老师给大家提供一个方子，我们把第三节拆分成这么几个部分。第一个先是苏子的反应，"苏子愀然，正襟危坐"；往下，是客人的回答，先把"况"之前背下来，接着把"况"之后的几组对偶句背下来。这样是不是好背一些？

（学生试背第三节。）

师：我们学习第四节。看同学翻译的第一句——逝去的江水就像这样不断地流去，可它却没有这样流去；时圆时缺的月亮像这样不断地变化，可它却没有这样变化。这位同学的字写得蛮漂亮的！斯：这；者：……的东西。把第二个"这样"去掉，译成"可它没有流去"就可以了。盈：月圆；虚：月缺；彼：那样。最后一句翻译得不准确，可译成"可它却最终没有增减"。请大家和老师一起思考："逝者如斯""盈虚者如彼"，这是变还是不变呢？

生：（犹豫，声音陆续变小）变。

师："而未尝往也""而卒莫消长也"呢？变还是不变？

生：（声稍大）不变。

师：那么，"逝者如斯""盈虚者如彼"，是客还是苏子的观点？

生：（纷纷）客。

师："而未尝往也""而卒莫消长也"呢？

生：（齐声）苏子。

师：很好！时光流逝，岁月匆匆，人生短暂，这是客的观点。那苏子是怎么看的呢？"未尝往也"，没有流走；"卒莫消长"，最终并没有增减，这是苏子的观点。好，我们来看下一句的翻译——如果从那变动的一面看，那么天地间万事万物时刻都在变动，连一眨眼的工夫都不停止；如果从不变的一面看，万物同我一样都是永恒的。字写得漂亮！"一眨眼"，原文是哪两个字？

生：一瞬。

师："曾不能以一瞬"，曾：竟然；以：用。"竟然不用一眨眼的工夫就变了"。从变的角度看，时时在变，刻刻在变。"如果从那不变的角度来看，万物同我一样都是永恒的"，我们把这两句放在一起，体会一下。苏子真不简单，一下子就找到头上一轮明月，身边滔滔江水，这两个物象妙不可言。江水滔滔，是变的；月亮永远盈虚变化，也是变的；可江水永远流不完，月亮总有阴晴圆缺，又是不变的。现在我们知道了，苏子让我们用什么样的眼光来看待生活？

生：（齐声）不变的眼光。

师：苏子的回答也是分两层的，客的回答用一个"况"字分开，苏子的用哪两个字分开?

生：且夫。

师：什么意思?

生：更何况,再说。

师：我们齐读第四节。

（学生齐读。）

师："是造物者之无尽藏也,而吾与子之所共适。"这是大自然无尽的宝藏,我和你一同享用。怎么享用?

生：（纷纷）看,感悟。

师：有道理。课文第一节和第五节苏子就用形象的语言告诉我们怎么"共适"。我们前后四位同学组成学习小组,结合第一节和第五节,四人一组讨论,看看苏子和客是怎么"共适"的。讨论好后,请每组选一个代表发言,我们全班交流一下。

（学生讨论。）

生：我觉得可能通过饮酒来观赏美景,来共享,"诵明月之诗,歌窈窕之章"。

生：我觉得"共适"指"泛舟游于赤壁之下",观赏江景月景,吟诗作对,很闲适,很自由。

师：很闲适,很自由,吟诗作对,在江上赏玩山间明月,江上清风。还有没有?

生："共适",共同享有。还要联系上一句,"造物者之无尽藏也",指大自然创造的山川美景,每个人都可以观赏景色,体会大自然带来的奇迹。

师：还有没有补充的?

生：我们组讨论后认为,不只是大自然的美景,更指大自然给人的精神上的滋养。

师：我觉得还有一点,同学们都没有提到。苏轼带着满身伤痕,从乌台的监狱大牢里来到黄州,此时他欣赏美景,还会想到从前那些让人痛苦的事吗?

生：应该不会想到。

师：一个人只有忘怀了得失，才能这么快乐地活在当下。所以，我们说联系第一节和第五节这样形象的画面，就可以看出苏轼在这里告诉我们：人就应该把自己解脱出来，不要在苦难和痛苦中永远纠缠沉沦下去。怎么解脱？投身于大自然，在清风明月中获得人生的寄托，才能像第一节那样欣赏赤壁的风月图，像第五节那样"相与枕藉乎舟中，不知东方之既白"。人就应该这样活着。我们齐读第四节。

（全班齐读第四节。）

师：假如你们是客，我是苏子，我这样说：朋友啊，要用不变的眼光看待人生，用清风明月让自己解脱出来，活得潇洒一些，快乐一点，豁达一点。你会接受吗？

生：不接受。说的是大道理。

师：苏轼怎么说的，就让客人喜而笑了？好在哪里啊？

生：借助月亮和水来说道理，用月亮和水的不变来暗示人要忘怀得失，很形象，很生动。

师：讲得好！这篇文章不易理解，许多成年人都不大理解它的内蕴和精髓。大家理解得很有深度！下面要探讨一个有挑战的问题，我们来猜想：你觉得本文哪一段的意思是作者最先想到又最想表达的？理由何在？作者又是怎样一层一层表达出来的？我们还是以小组讨论的方式。不要怕讲得不对，我们按照老办法，推选一个代表发言，其余同学补充。

（学生讨论。）

生：我觉得作者最先想表达的是第四节，因为作者想忘怀得失，与自然和谐相处，有一种超然物外的境界。

师：你认为是第四节。当然，这只是我们的猜想。那么作者又是怎样一层一层地把自己认为最重要的意思表达出来的？

生：他先写与客人去游赤壁，听到客人的悲凉箫声后，感到心情很悲伤。他问客人为什么要吹那么悲凉的箫，然后是客人的回答。客人很悲伤地回答，不理解人生的渺小和世间的沉浮，使作者联想到自己被贬，进而表达自己的思想感情。

师：先写苏子与客夜游赤壁，接着由箫声引出，"何为其然也？"然后是客的解释，客人解说之后，苏子回答。非常好。你们这组请哪一位同学说？

生：也是第四节，先写景，再写客人和主人之间一问一答，一层一层表达。

师：主客之间的问答。

生：我们组讨论后觉得最想表达的是第三节，就因为第四节之前我们认为客人表达之情也是苏子之情。苏子在没有豁达之前借助曹孟德等来表达自己的想法，应该是最重要的。

师：这一组同学讨论后认为是第三节，第三节是借客人的口说出来的，但实际上是作者没有超越之前那样一种悲哀的、痛苦的心境。你们组呢？

生：第四节，前面写了一个场景，和客人在夜游。第三节是借客人之口说自己的心情，第四节是苏子回答，是一个从悲伤到乐观的过程。

师：除了一个组外，其余三组都认为第四节是课文的中心，因为第四节是主人对客人观点的一种劝说，最后客喜而笑，放弃了自己的观点，接受了对方的观点。为什么极有可能是第四节？因为作者在"乌台诗案"之后被贬到黄州，他的人生遇到了挫折，出现了危机。怎么给自己一个快乐活下去的理由？苏轼在痛苦思考着。在这篇文章里，他就借助夜游赤壁，客人吹出悲哀的箫声，然后是客人一番人生短暂、人生悲凉的自白，苏子加以劝说，通过这样的方式引出自己的观点。这样的写法有一种专门的说法，叫什么？主客问答。通过主和客一番对话，然后抑客申主，最后让主的观点得到充分表达、展现。你说他和朋友在一起一番问答，可以；也不妨理解为这是苏东坡内心的两个人在对话，一个是客，一个是苏子。这样的对话也在我们每一个人心中进行着。一个人说：人生在世不就是那么回事嘛，你看那些了不起的人又怎么样呢？而今安在哉？平凡如你我，生命如此短暂悲哀，算了吧。可是你的内心中又会有另一个声音：要振作起来，要微笑着面对这个世界，要让自己活得更好。因此，我们也不妨把这理解为作者心路历程的展示。下面全班齐读第四、五节。

（学生齐读第四、五节。）

师：关于这篇文章的构思，金圣叹有这样一段评点（投影）："游赤壁，受用现今无边风月，乃是此老一生本领，却因平平写不出来，故特借洞箫呜咽,忽然从曹公发议,然后接口一句喝倒,痛陈胸前一片了悟,妙甚!"大家真不简单,大家讨论得出的意见,和清代大才子、大评论家金圣叹基本一样。

文章结尾说苏子与客"相与枕藉乎舟中,不知东方之既白"。什么是"东方之既白"?我把它理解为心里亮堂了,明白了,醒过来了,彻悟了!我想起梭罗《瓦尔登湖》的最后一段,他说:"使我们失去视觉的那种光明,对于我们是黑暗。只有我们睁开眼睛醒过来的那一天,天才亮了。天亮的日子多着呢。太阳不过是一颗晓星。"苏子醒过来了,在他的人生道路上醒过来了,留下了这样的传世名篇。一千年后,我们高一(18)班的同学在这样的一个特殊场合,学习这篇文章,我希望我们多少能醒过来一些,至少我们埋一颗种子,让我们在后面人生道路的行走中,心里亮堂。

研习

本节课的教学意脉可从下述几个主要问题中见出——
(1)如何背诵文言文?
(2)如何翻译课文最后一部分中的两句话?
(3)"逝者如斯""盈虚者如彼"是变还是不变呢?"而未尝往也""而卒莫消长也"呢?
(4)如何理解苏子所说的"共适"?
(5)苏子的道理为什么不直说?
(6)你觉得第三、四部分,谁最重要?
(7)"东方之既白"作何解?

虽然重大问题皆由教者启动,但因沿着学生的困惑掘进,且由内容理解上升到意脉识别、篇性揭示、言语胸襟和言语情趣感悟的高度,对学生审美体验和认知不断构成挑战,所以整个教学充满了思辨的张力。又因为能充分尊重学生思考,所以于无声中实现了实然对话和隐喻对话的统一。

这是按图索骥、蜻蜓点水式落实语文核心素养培育和贯彻立德树人教育目标者永远都无法望其项背的。

总 评

精彩的文本解读，必须结合学情，使其在教学设计与实施中转化为现实的"生产力"。唯有如此，语文阅读教育的质量才会有坚实的保障。

曹勇军老师的《赤壁赋》一课无疑做到了这一点。想到此课诞生于语文新课程理念刚开始普及的2012年，且是借班上课，更觉弥足珍贵。

一、前提：确保是语文解读

语文阅读教育的专业性要求坚守学科体性，而不能"种了别人的田，荒了自家的园"；语文阅读教育的特殊性则要求在课程、单元的视野下，精心择定语文知识加以建构，而不能天女散花或凭想当然。

这便内在地决定了"语文解读"的重要性。

语文解读是相对于传统的"文学解读"而言的，两者的差别主要表现在：

1. 形的内涵解读。传统的文学解读，主要是将"形"视为表现"意"的知识、技巧、方法或手段，"大匠能予人以规矩，不能使人巧"一说可为代表；语文解读认为形意水乳交融，形是规矩与巧的浑然统一，具有一定的自主性。在一定条件下，在有限范围内，它可以先于内容，期待内容，甚至可以"强化或抑制，对内容选择变异性重构"[①]。

2. 形意关系处理。语文解读注意在形意统一的过程中突出"形"，即不仅要弄清文本写了什么，更要弄清文本是怎么写的，怎么个性化写的，而文学解读更关注"意"的获得，所谓"得意忘言"。文学解读固然也会注重形式，如刘勰的"六观"——观位体、置辞、通变、奇正、事义、宫商（《文心雕龙·知音》），多侧重文本的形式美，但这些都是为进入更高的审美阶段，感悟、体味真意、情趣、韵味，乃至那个通达万物、含囊阴阳的"道"服务的，意主形次的本质丝毫未变。

3. 解读路径择定。文学解读走的是由形式到内容的解读路径，语文解读则是"形式—内容—形式"不断交融、深化的解读路径。语文教师区别于普

[①] 孙绍振. 文学创作论［M］. 福州：海峡文艺出版社，2007：215-217.

通读者或文学评论家，彰显专业性的地方正在于多走了这一步。

现实的语文阅读教育，很多人将语文课上成了文化课、思政课、历史课、生物课或其他课，正是解读时在这三点的理解和把握上不清不楚。

曹老师的过人之处在于，对上述理论问题有着极为自觉的审视。他虽然表示要让学生真正理解体验苏东坡对人生逆境厄运做出的乐观答案，但无论是目标确立，还是过程中的引导、对话、启发，重心始终是"如何表现"。

诵读、训词、释句，弄清意脉，把握音韵特点，了解"东方之既白"的象征意义，还有换位思考——假如你们是客，我是苏子，我这样说：朋友啊，要用不变的眼光看待人生，用清风明月让自己解脱出来，活得潇洒一些，快乐一点，豁达一点。你会接受吗？这些无不是在揭示形式的秘密。

更为重要的是，他并非泛泛而讲形式表现的知识，而是深入引导学生去体会、发现作者形式创制与表现的智慧。否则，主客对话也可视为苏轼心中的两个自我对话这种独特抒情言理的方式，就不一定被发现。金圣叹对《赤壁赋》曲折写意的结构艺术之评，也不会进入学生的审美视野。

这说明，曹老师对文本篇性的开掘，有着近乎天然的追求。

二、重点：基于学情悟篇性

但是，曹老师走的绝不是外铄式教学的老路，而是基于学情，紧扣文本，融进学术前沿研究成果和自我独特思考，与学生思维互相触发的一种内生式教学建构与探索。

在曹老师的教例中，我们首先看到的是显在的学情——学生预习中遇到的困惑：如何有效背诵文言篇章？赋是什么样的文体？为什么这个客吹的箫声音如此悲凉？既涉及了教学知识，也涉及了课程知识，这些悉数成了曹老师教学的生长点。其中，赋体特点的感知，甚至成了教学的草蛇灰线——从概括性地介绍赋是一种介于诗和散文之间的文体，比诗歌要自由一些，比散文更严谨一些，到进一步具体感受对偶、辞藻、押韵的特点，再到对主客对话、情景理交融特色的体知，看似信马由缰，其实思维的精致性、审美的丰满性已达到了很高的程度。

当然，如果从赋体发展史的视角，适当点染一下，或许会更臻理想之境。从汉赋到南北朝的骈赋，再到苏东坡创制的这种抒情言理的小赋，的确有一些变化在里面。从内容上来说，已从歌功颂德到针砭现实，再到指向人和宇宙自然关系的思考；从形式上来说，对偶、声律、用典更为自觉。即使是主客对话的共有形式，里面也越来越多地渗进了作者的独特精神生命。有了这种历史视野，学生对赋体特征的把握，对苏轼的创造性贡献，或许会有更深刻的感悟。

显在学情，不少教育家都很关注。比如，古罗马昆体良提出的"俯就学生能力"的教育思想，美国当代教育家布劳姆提出的诊断性教学评价以及增润教学策略，都是针对显在的学情。曹老师的卓越之处是，他还关注了隐在的学情。对苏轼写作背景和一生命运的简约介绍，对"既""乎""此非孟德之困于周郎者乎"等词句解释，对"舳舻千里，旌旗蔽空……而今安在哉"中的欲抑先扬艺术，内蕴的从沸点跌到冰点所产生的巨大人生幻灭感，包括"乐—悲—喜"整体情脉的点睛，"况""且夫"局部意脉的揭示，均有对隐在学情的精准把握，所以对话才会产生令人怦然心动的思想磁场。

也许有人会觉得曹老师的教法很陈旧——不就是逐段讲解吗？保姆式的包办心态亦未彻底解除——连词句解释都要过问，这恰恰反映了曹老师对动态学情的自觉把控和严谨应对。"此非孟德之困于周郎者乎"一句翻译，为什么要加上"击败"？什么是"东方之既白"？第一自然段为什么特别好背，因为"间""天""仙"押韵了，特别和谐，和东坡夜游赤壁的感情是吻合的、一致的。这些知识的渗透、智慧的启悟，完全是因对话中对学生审美困惑点、薄弱点或盲点的发现，才相机而教、化知成智的，这才是真正的举重若轻，大巧若拙。也正因为基于学情悟篇性，所以篇性的开掘与类性的辨识，语文素养的牧养才能浑然天成。

不过，基于学情悟篇性，曹老师在处理"为什么这个客吹的箫声音如此悲凉"一问时，并未抓住"明月""美人"意象，将情脉宛转的特色具体揭示出来；在鉴赏"变"与"不变"的生命感悟时，也未能与庄子、陶渊明、李白、罗素等人的生命感悟进行会通，感受苏轼在厄运中与自然宇宙对话所开拓的旷远明澈的生命境界；至于说江水、清风、明月三种意象所形成的一种呼应式抒情写意结构，还有学者指出的"文中'通二为一'的命题是苏轼哲学体系中的统摄性思想，体现了苏轼对道体有常的体悟；'逝者如斯'命题背后隐藏着宋代儒学之争;'盈虚者如彼,而卒莫消长也'折射出的是政坛的治乱之象和苏轼的进退之道;'一毫莫取'与'风月共食'则分别对应了苏轼的立身之节与自适之乐"①,这些丰富而极具思维挑战性的内容,也没有进入课堂。

曹老师在教学反思中说"就这两节课而言,只能教一些基本的底线的东西,让学生有一个基本理解,打下思想人生的底色",这令我们对他以后的突破充满了期待。

三、指向:言语表现与创造

确保语文解读,基于学情悟篇性,并非曹老师阅读教育的终极目标。

尽管他声称自己追求"把言语学习、情感体悟和思维训练融为一体,让学生有实在的获得感",还带了"占有式"学习的色彩——目标中的"理解""把握""积累"也确证了这一点。但是,整个阅读教育过程中的学科知识择定、审美开掘、对话取向,又使他超越了自己的定位局限,走向了牧养学生言语生命的表现与创造。

且不说对篇性的深入开掘——声律与情感的谐和、铺叙与对比中释放的巨大痛苦("舳舻千里,旌旗蔽空,酾酒临江……而今安在哉?")、风月意象的统摄与呼应、"东方之既白"的象征意义,均是指向言语表现知识的习得,言语表现智慧的启悟。单就简单的词句翻译,曹老师也努力注重自我精神生命的出场——含有对教材注释的批判。这种指向言语生命牧养的教育取向,与为理解而理解、为记忆而记忆,或直接为应试服务,其境界是有天壤之别的。曹老师引用王尚文先生的观点——成功的教师总是和他所教的学科融为一体,他教的不是他懂的,而是他有的,是从他心里流出来的,渗透了他的情感,活跃着他的灵魂,就是他自己,更是在无形中强调了"独特"言语生命的重要性。

难能可贵的是,曹老师的阅读教育中还涉及了言语表现动机的点染——苏轼为什么要写这篇文章?他要给自己一个快乐地活下去的理由。言语表

---

① 刘驰.《赤壁赋》思想考辨新得——兼论中国古代文学文本解读的科学方法[J].文学评论,2019(4):33-43.

现人格的熏陶——学习这篇文章，我希望我们多少醒过来一些，至少我们埋一颗种子，让我们在后面人生道路的行走中，心里亮堂。言语表现境界的启发——引用金圣叹关于《赤壁赋》篇性的评论语，引用梭罗关于苏醒与光明、黑暗关系的论述，虽是三言两语，但是对学生言语生命境界的拓展，肯定会起到不可估量的作用。

有言语表现知识的建构与习得，有言语表现智慧的启迪与触发，有言语表现动机的探寻与审视，有言语表现人格的点染与熏陶，有言语表现境界的沉浸与体悟，知情意素养得到了自然而充沛的培育，现在常谈的核心素养理念亦得以创造性贯彻，存在式学习得以强劲而饱满的体现。这正是曹老师自然、平实而又极富创造力的语文阅读教育的永恒魅力！

说曹老师语文解读实现了教学的有效转化，亦缘于此。

整体感、美感与存在感

——张玉新《劝学》教学设计研习

教者简介 >>>

张玉新，吉林省教育学院高中部语文教研员，吉林省教育学会高中语文教育专业委员会理事长，"张玉新导师工作室"主持人。入选教育部"国培计划"专家库，曾在东北师范大学附属中学任教20年，秉持"原生态"教学观，是"语文教育民族化"主张的倡导者与实践者。

课前准备

1. 阅读教师印发的材料或自己查阅相关书籍，了解荀子的有关情况，尤其是荀子的主张。

2. 在已经初步形成自学习惯的基础上，借助工具书和书下注释尽量扫除文字障碍，反复诵读课文，弄懂文章的观点。

教学目标

1. 继续积累重要的文言词语（通假字、词类活用和特殊文言句式）。
2. 学习以喻代议、寓议于喻的设喻方法。

教学重点

晓劝学之意,明劝学之理。

教学难点

探究本文怎样运用比喻进行说理。

课时安排

2课时。

研习

将《劝学》篇与荀子相关思想主张的把握结合起来,有夏丏尊"滚雪球"式阅读观的面影——以一篇带动多篇,甚至整本书、多本书的阅读,如学习《桃花源记》,受兴趣驱使,去读晋史或乌托邦思想方面的著作。这种点面体结合的学习,更能渊深学生的语文素养。

注意自学习惯的培养,要求学生自己借助工具书和书下注解扫除文字障碍,"反复诵读课文,最好能背下来,并能抄写课文"[①],方法看似老旧,却是积淀文言素养的不二法门。没有这样的"种子习惯"奠基,学生文言文学习很难开出思维之花、审美之花。

教学内容的择定注意了形(析其法)、意(晓其意,明其理)统一,并触及了篇性(荀子设喻的独特性)开掘,十分可贵。

不过,教学目标1显得有些空泛。教者在"理念阐释"部分(限于篇幅,选录时省去)明确说"一篇课文值得重点掌握的字词并不多",为什么不具体标注呢?教学难点是目标2的变相陈述,完全可以二合一,只需在括号中说明一下。

---

① 张玉新.晓其意·析其法·明其理——《劝学》教学设计[J].中学语文教学,2012(3):56.

还有，从"设喻"切入，捕捉篇性，仅限于"以喻代议"和"寓议于喻"吗？如果不是，还有哪些？如何在教学中让学生体知？即使只谈"以喻代议"和"寓议于喻"，也要谈出荀子的独特之处，让思维向纵深处挺进。

教学过程

一、导入

（一）询问课前预习情况

1. 齐读课文，整体了解预习情况，重申诵读的重要性。
2. 询问预习时解决了哪些问题，还有哪些问题没有解决，从而筛选课堂教学的重点和难点。

（二）朗读、范读课文

1. 学生朗读课文，教师引导学生矫正读音，强调朗读要注重节奏、强弱和韵律。
2. 教师范读课文。

研习

没有华丽的开场，有的只是基于学情的应势而教、应性而教——"预习时解决了哪些问题，还有哪些问题没有解决"，这样的对话是很自然、亲切的诊断性评估，确能保证真实学习、有效学习的发生。

朗读时关注节奏、强弱和韵律，有读以致美的教学追求。

遗憾的是，教学设计中未能见出诊断性评估与读以致美的追求一以贯之。

二、课文探究

（一）解题

1. "劝学"的意思是什么？学习的内容是什么？

结合课前印发的资料，请学生回答，教师归纳："劝"在本文是"劝勉、鼓励"的意思，题意是"劝勉、鼓励人们勤奋学习"。学习的内容是儒家的经典。

2. 关于结构。

本文是节选，原文1710字，课文节选的只有290字，不能体现全文的结构，因此不必在结构上做更多的探究。（PPT展示《劝学》全文，不做讲解，课文部分用大一号的字体，每段中总结的话有"君子"的句子用红色字体。）

（二）中心观点

1. "君子曰"的用意何在？

明确：首先，《劝学》全文的许多段落以"君子"作结。例如："君子博学而日参省乎己，则知明而行无过矣""君子生非异也，善假于物也""故君子居必择乡，游必就士，所以防邪辟而近中正也"……作者意在强调学习可以成为君子。其次，作为间接引用，这是重申《论语》的观点。

2. "学不可以已"的观点在当今演化为怎样的说法？

明确：俗语说的"活到老学到老"，联合国教科文组织提出的"终身学习"理念。

（三）师生共同探究第2自然段

1. 学生齐读，教师范读并积累文言词语。着重指出"揉"读"róu"，书下注解有误。

2. "青出于蓝""冰寒于水"两个比喻是怎样论证中心论点的？（这是本课的难点所在，应该着力探究。）

明确："青""蓝"与"冰""水"都是喻体，且每句喻体之间有一种特殊关系，关键是找出本体。"青"与"冰"的本体都是指学习之后的知识状态或水平，"蓝"与"水"的本体都是指学习之前的知识状态或水平，意在强调人经过学习就可以使知识水平得到提高。"青于蓝"是萃取，是提纯；"寒于水"是改变形态、状态，即从无形到有形。二者都是强调学习这种后天行为可以改变固有、天生的属性。

把"青，取之于蓝，而青于蓝"理解为"青出于蓝而胜于蓝"是错误的。后者作为成语是从前者脱胎而出的，意为学生是跟老师学习的，但超过了老师。这种理解主体不一致，违背了荀子的原意。这样理解，"冰，水为之"一句就没有对应了。

3."𫐓"与学习有什么相似点？

明确："木直中绳，𫐓以为轮，其曲中规"设喻，表面上是说"直木"——非器，变成"中规"的车轮——成器，这种成器的过程在于"𫐓"——用火烤使之弯曲；隐含的论断是无学之人经过后天的学习，可以成为有学之人。"木"经过"𫐓"这种加工工艺，与人的学习，也就是后天加工上有相似点。"虽有槁暴"一句进一步阐明获得了本质改变以后，很难回到无学、无用的原始状态。这都是为了阐明后天学习对人有重要的意义。

4."木受绳则直"一句比喻论证的重点是什么？

明确："木受绳则直，金就砺则利"是说"不直"的"木"经过墨绳的取直，然后经过加工，就会像墨绳画的那样直了（即成材了），金属制成（没有开刃）的刀剑在砺石上磨砺，就会变得比没开刃时锋利；同样的道理，人只有经过"博学而日参省"才能增长知识，培养品德，锻炼才干，成为一个有道德、有学问的人。"木受绳则直，金就砺则利"两个加一起是比喻的喻体，"君子博学而日参省乎己，则知明而行无过"是比喻的本体，两层之间构成一个结构复杂的比喻。

板书：

喻体，即直观的生活现象：木受绳则直（成材）；金就砺则利（成器）。

本体，即抽象的道理：君子博学而日参省乎己，则知明而行无过（成人）

其相似点为：

前提："木""金"有似于"君子"，"受绳""就砺"有似于"博学而日参省乎己"；

结果："直""利"有似于"知明而行无过"。

这个复杂的比喻是围绕"博学而日参省"可以改变人的品性来进行论证的。"博学"侧重孔子说的"学"，"日参省"侧重孔子说的"思"。

荀子认为，人的知识、道德、才能都不是先天生成的，而是后天不断学习改造才获得的。"木"要改造为"中规"的轮，要用"𫐓"；金要"利"，就得"就砺"；人要改造成为"知明而行无过"的君子，就要"博学而日参省乎己"。可见，学习多么重要，所以"学不可以已"。

5.背诵第2自然段。

（四）师生共同探究第3自然段

1.教师范读并积累文言词语。

2."吾尝终日而思矣，不如须臾之所学也"一句是反对"思"吗？这一观点是如何论证的？

明确："思不如学"是这一段的观点，但并非否定"思"的作用，只是强调在"学"与"思"中，"学"更重要，这与全文的中心论点一致。这个观点是比较抽象的，所以用"吾尝跂而望矣，不如登高之博见也"这个生活常识加以解释，"登高"才能"博见"，而且这也是这个比喻的喻体。这里已经隐含了"假于物"的论断，接着再用日常生活常见的一些情况进一步解释隐含的"假于物"。"登高而招"是对"跂而望"的直接解释，"顺风而呼"与"登高而招"同理，都是说在自身条件没有变化的情况下，利用外界条件比不利用外界条件收到的效果好，这是把不好变成好；"假舆马""假舟楫"比"不假"的结果相比更是有了质的飞跃，这两个事例在当时交通不发达的情况下，效果更是引人注目的，这是把不能变成能。在此基础上因事推理：君子之所以成为君子，是善于利用外界条件（即学习）来弥补自己的不足，改造、提升自己。

君子能超越常人，并非先天素质与一般人有差异，而完全靠后天善于学习。这样，本段就从学习的重要作用角度论证了中心论点。这种"学而后知"的观点，是朴素唯物主义的认识论，这一见解在当时的历史条件下是具有进步作用和积极意义的。

（五）师生共同探究第4自然段

1.齐读课文，并积累文言词语。

2.本自然段可分几个层次，各层次之间有怎样的关联？

明确：可分三个层次。第一个层次，学习贵在积累；第二个层次，积累贵在不舍；第三个层次，说明不舍贵在专一。后面两个层次说明：做到积累的两点保证，二者缺一不可。

本自然段是从学习态度角度来论述中心论点的。

研习

从题意、学习内容、中心观点等角度整体把握选文内容，再按"重要意义—重要作用—学习态度"的文脉逐段学习，遵循的是"从整体到部分"的学习思路。

可是，中心论点在教者的措辞中出现了两个：一是"学习可以成为君子"，高频词汇"君子曰"暗示出来的，属于荀子间接引用《论语》的观点；二是"学不可以已"，演化为当下的"活到老学到老""终身学习"理念，按教者的意思应该属于荀子直接亮出的观点。

到底哪个是真正的论点呢？从教者理解的文脉（也是他的课脉）来看，应该是"学不可以已"，有统一的逻辑贯穿。可是，将"成为君子"横插在中心论点的体悟中，又不阐释二者的关系，不知出于怎样的考虑？将"重要作用"作为文脉的一部分亦不妥，因为"善于借力"谈的是学习方法，而非重要作用。

教者学养深厚，文本解读中有诸多创见。如对"青，取之于蓝，而青于蓝"一句传统理解的颠覆，对"𫐓"与学习有什么相似点的追问，对"吾尝终日而思矣，不如须臾之所学也"的辩证理解，都能新人耳目，但整体上还是偏重"意"或"理"的阐发，对"形"的发掘基本上停留在本体和喻体的辨析上，并未触及"设喻"的独特性，如以喻说理、以喻抒情、以喻显性的浑然相融，比喻中的一分为三智慧等。

虽然教者说到"师生共同探究"，但在措辞上，逐段讲解的设计上，还是未能见出过程性评估、终结性评估对先前诊断性评估的呼应，基于学情的灵动建构在设计中也未能充分彰显。对所言之理，以及对比喻内部或之间逻辑关联解析的过分倚重，使得"知"素养的培育特别充分，"情""意"素养的涵育，特别是与学生精神生命的会通做得还不是很到位，读以致美的追求因之在整个设计中显得相对暗弱。

"輮"在《说文解字》中读"róu",从车柔声;在《经籍籑诂》和《康熙字典》中皆读"rǒu"。教者认定"rǒu"是正确读音,不知出于何据,应稍加解释。

三、小结

《劝学》是《荀子》的第一篇。课文只节选一小部分,因此不能窥知全貌。但从课文中可以看出,它把深奥的道理寓于大量浅显贴切的比喻之中,运用比喻时手法又极其灵活自然、生动鲜明而绝无枯燥的学究气。荀子的文章素有"诸子大成"的美称,铺陈扬厉,说理透辟,精炼有味,警句迭出,耐人咀嚼,所以建议大家阅读全文。

研习

回扣"设喻"这个切入点,教学设计显出内在的精致。提倡与全篇阅读联系起来,从整体上把握荀子譬喻说理的特点,更是气势恢宏的引领。

但是,结合整篇设计看,教者总结的荀子譬喻说理特点——浅显贴切、灵活自然、铺陈扬厉、透辟精练、耐人咀嚼等,似只在教学尾声时概括性地授知,教学过程中并未采取一系列的方法让学生去体知、去发现。

四、作业

1. 完成"研讨与练习"各题,尤其是第4题[①]。
2. 作者十分看重"善假于物",寄托于"蛇鳝之穴"的蟹难道不是"善假于物"吗?对此你有何看法?研读全文,看看还有没有类似的情况。

研习

这两个题均是激活所学,让自我精神生命出场的好题,素养本位色彩十

[①] 第4题:在知识激增的现代社会,我们对于学习的看法有了很大变化。你认为荀子的观点是否过时?有哪些观点需要补充发展?

分鲜明。

不过，第2题随文探究时呈现或许更能激起头脑风暴，将文本研读推向高潮。同时，也减轻了学生课后学业的负担——立足知识型社会评价荀子学习观，是个很大的题目，需要调动很多积累，查阅很多资料，没有一定的时间和精力投入，恐很难做好。

总 评

读过张玉新老师的不少文字，总体感觉：朴实而大气，俗白而新颖，还携带了一点儿东北人特有的彪悍、锐利与洒落。本则教学设计亦然。

在教学整体感、美感、存在感的营构上，也有一种近乎天然的质朴。

一、教学应该追求怎样的整体感

整体感，语文教学题中应有之义。

文本是浑然统一的整体，教学必须与之相应。结构化的知识利于学生建构与"发现"，教学必须顺心之天。即使谈教学创新，也需基于整体感。没有统一的逻辑贯穿，教学支离破碎，还谈何教学的有效性、深刻性和创新性呢？

缘于此，语文教学的整体感追求从未中断过。以读贯穿的（如"初读→精读→品读→赏读→悟读"），以情志脉的把握贯穿的（如"悟喜→悟悲→是喜，还是悲"），以所谓的认知逻辑贯穿的（如魏书生的"定向→自学→讨论→答题→自测→自结"六步教学法，语感派的"感受语言，触发语感→品味语言，领悟语感→实践语言，习得语感→积累语言，积淀语感"[1]），不一而足。

至于后红领巾教学模式"揭题→背景介绍→学习生字新词→阅读研讨→总结→布置作业"，虽然机械单调，面目可憎，其实也有整体感的追求——优秀教师在"阅读研讨"环节，尤其能彰显整体感。学养薄弱，耽溺于走过场而浑然忘却整体感营构的，另当别论。

---

[1] 张正君.当代语文教学流派概观[M].北京：中国社会科学出版社，2000：390.

张老师非常重视教学整体感的营构，对"把一篇美文拆解得一地鸡毛"的做法极其厌恶。本则教学设计中，他的教学整体感更多体现在"整体（把握文题和中心观点）→部分（从重要意义、重要作用、学习态度三个维度解读荀子学习观）→整体（总结荀子设喻特点）"的思维路径上。因为其学养深厚，对视角的选择、问题的提出，均很能磨砺思维。"君子曰"的用意何在？"青出于蓝""冰寒于水"两个比喻是怎样论证中心论点的？"吾尝终日而思矣，不如须臾之所学也"一句是反对"思"吗？每一问都问得精辟，问得精深，却又自自然然，见不出任何斧凿的痕迹。

尤其是课眼"设喻"的选择，沿喻寻理的教学推进，设喻特点的总结，使整个教学流程既有大开大合的自如，又有思维演进的内在精致，做得十分漂亮。齐读、范读虽未指向教学内容的结构化或整体化——主要是帮助学生积累文言字词，但客观上起到了旺盛、流畅"课气"的效果。

值得商榷的是：张老师对全文结构把握的放弃——PPT展示一下《劝学》全文，课文部分用大一号的字体，每段中总结的话有"君子"的句子用红色字体——这种做法，极可能导致学生对文本整体结构的把握有点蜻蜓点水，甚至毫无感觉。

缘于此，张老师对选文文脉（"重要意义→重要作用→学习态度"）的把握是有失允当的，对"论"和"说"两种文体杂糅的特点也未能揭示出来。《劝学》大体是按照"为何学→如何学→学什么→学之美"的逻辑行文的，但是彼此之间又有不同程度的渗透。

张老师用现代的教学文体"议论文"去诠释古代的论说性文体显然不妥。表面上，二者似乎都是在说理，但是在目的、方式、形式规范、内容风格上有着诸多不同。即使同为古代的论说性文体，依然存在不少区别，所谓"奏议宜雅，书论宜理"（曹丕《典论·论文》），"章以谢恩，奏以按劾，表以陈请，议以执异"（刘勰《文心雕龙·章表》）。就是我们并列而言的"论"和"说"两种文体，也有区别。前者强调"辨正然否"（从肯定和否定两方面进行分析），"穷于有数"（把握全面资源），"百虑之筌蹄，万事之权衡"（深思熟虑，将所有的可能加以权衡），全面、系统、缜密到"弥缝莫见其隙"（没有任何漏洞）、"敌人不知所乘"（让敌人无机可乘）的地步；后者更强调说理的智慧、机敏，比喻的巧妙，所谓"喻巧而理至""飞文敏以济词"①。

张老师虽然敏锐地把握到本文"喻巧"的特点,但对巧在何处的发掘还欠系统、深入,对"辨正然否"等特点的把握也不够自觉。

二、如何在整体感基础上生发美感

语文教学的整体感有了,还应追求美感,即不仅要让学生学得正确,学得轻松,学得高效,还应该让学生学得美,深切感受到语文之美、学习之美、生活之美。常听到语文教师指责世风日下、人心不古,甚至抱怨那些考上重点中学、大学的学生,不知热爱语文学科,更不知感恩语文教师。不知这些老师是否反思过:我们的语文教学过于注重求真,却忽略了求善,特别是求美?语文教师自身也在这种忽略中,让自己不知不觉走向了无趣、无聊和无智。

木心说:"没有审美力是绝症,知识文化也救不了。"② 语文教学,尤其如此。

提到审美,还有一种误解:认为教学文学类文本可以,教学非文学类文本就不行。这是狭隘地理解了审美的内涵。同是非文学类文本,为什么有的老师教,学生听起来会如沐春风,欲罢不能;有的老师教,学生却听得昏昏欲睡,甚至如坐针毡。无他,前者成功地激活了审美,后者则令审美阙如了。其实,只要用心,审美可以像阳光,照耀到教学的每一个细节。

在本则教学设计中,张老师基于整体感的审美有多处:朗读时注重节奏、强弱和韵律,这是感受荀子形式表现的律动之美;理解"学不可以已",与俗语"活到老学到老",还有联合国教科文组织提出的"终身学习"理念会通,这是润泽思想的灵动之美。解析"木受绳则直,金就砺则利""君子博学而日参省乎己,则知明而行无过失"之间的内在关联——"成材→成器→成人",注意与孔子的"学思结合法"结合,这是在感受荀子思想表现的精致之美,很自然地实现了科学与审美的相乘。

美是在感性走向理性、理性回归感性的双向运动过程中诞生的,所以语

---

① 刘勰.文心雕龙[M].范文澜注.北京:人民文学出版社,1958:328-329.
② 李钊平.走到哪儿,哪儿就是你的路[M].北京:中国青年出版社,2015:270.

文教学还必须注意感性与理性的相乘。张老师问："'吾尝终日而思矣，不如须臾之所学也'一句是反对'思'吗？这一观点是如何论证的？"前一问的确带了感性的气息，结合假高山、假舆马、假舟楫更是感性的触发，但是后一问则直逼"借学习来弥补自身不足"的理性思考。但是，完全感觉不到感性与理性的拉郎配，而是水乳交融，很自然地完成了对"寓议于喻"表现手法的体悟。

值得一说的是，张老师还注意了熟悉与陌生的相乘，既紧贴文本、紧贴学生的认知结构发问，又能催生新鲜的体验与认知。这在上例中已有体现，在对"青，取之于蓝，而青于蓝"的喻义阐发上，体现得更是鲜明。

张老师在"理念阐释"部分指出："教师对文本的理解再深透，如果和盘托出，恐怕也不会有太好的结果，因为学生的实际情况不仅因人而异，更与教师有异。教师的深透不见得能转化成学生的深透，尤其当学生并没有充分占有文本的时候……分析一定要根据学生的实际情况，还要讲究方法和手段。你便是有一桶水、一缸水，要是不讲究角度、力度、速度，劈头盖脸往学生的那个小瓶子里面灌，不仅不能灌满，还可能因为用力过猛把小瓶子里原有的都溅了出来，或者把小瓶子灌倒了，不仅没灌进去，把小瓶子里原有的都给弄洒了。"这可以说是对美感产生的三种"乘法"最形象的说明。

可是，整体上看，教学设计还是有科学大于审美、理性大于感性的痕迹。对譬喻说理中的对称之美、映衬之美、一分为三的智慧、取象的开阔与斑斓也缺少更自觉、更深入的关注。

三、让存在感得到充分的牧养

语文教学的整体感、美感其实都是为存在感蓄势的。

这里所说的存在感是指师生通过对文本的深入学习，使言语生命得到深度滋养，进而能焕发出更强旺的言语表现与创造势能。简言之，让语文学习从占有走向存在。

从张老师的设计来看，存在感的追求主要体现在对文本篇性的开掘上，如"君子曰"的含蓄用意，设喻的铺陈扬厉和思维推进，说理中的潜隐矛盾所形成的表现张力——"作者十分看重'善假于物'，寄托于'蛇鳝之穴'的蟹难道不是'善假于物'吗？"

文本篇性堪称语文教学的最佳抓手，一旦开掘成功，语言的建构与运用、思维的发展与提升、审美的鉴赏与创造、文化的理解与传承，都会水到渠成，就像荀子《劝学》中所说的"若挈裘领，诎五指而顿之，顺者不可胜数也"。但是，篇性开掘不是语文教育的终极目的，走向言语表现与创造才是。这在张老师布置的作业中不难感受到：看重学生对荀子学习观的辨析、继承和发展，注重对"善假于物"的目的性考查，均为学生思维出场，走向个性化的言说提供了很好的平台。本篇教学设计诞生于核心素养理念尚未问世的2011年，却于无形中落实了语文核心素养，让人为之叹服。

从张老师的教学设计中，我们还有一个发现，即存在感不仅学生要有，教师更要有。如对"青，取之于蓝，而青于蓝"内涵的重构，对荀子譬喻本体和喻体内在关联的精辟梳理，对荀子学习观与现代学习观的打通，很多地方均能见出其自我言语生命的蓬勃存在。令人钦敬的是，有了蓬勃的言语生命势能，张老师还注意节制、等待、俯就，以促进学生更好地建构与创造，这是很了不起的。虽然学生的作业反馈无法看到[①]，但是有了这种指向，还用担心学生言语表现与创造的欣欣向荣吗？

不过，联系全篇设计，如果在悟得荀子譬喻说理艺术之后，让学生也来一场"劝学"或者"劝勇""劝勤"之类的及时化用，教学或许更具挑战性和趣味性。说"君子曰"高频出现，意在"强调学习可以成为君子"有欠严谨，因为文中也提到了成圣（"终乎为圣人""圣心备焉"）、成学者（"全之尽之，然后学者也"）、成人（规避陋儒、散儒，成为全、粹、美之人）。

[①] 张玉新老师的教学设计是在送课下乡（吉林省靖宇县）的基础上形成的，发表于《中学语文教学》2012年第3期，文中未呈现学生作业成果。

第三辑 小说类文本教例研习

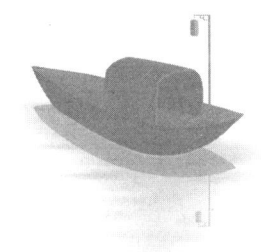

小说教学：必须把握的三对关系

——苏宁峰《十八岁出门远行》教学设计研习

教者简介 >>>

苏宁峰，执教于厦门一中，正高级教师，福建省教学名师，福建省语文学科带头人，厦门市专家型教师，集美大学教育硕士校外导师，福建师范大学兼职教授，福建教育学院兼职研究员。参与过福建省高考、厦门市中考命题，在省市级教学比赛中多次获得一等奖。

教学目标

通过具体细致的文本形式分析，理解文字所承载的时代与个性思想。

学情分析

1. 学生已学完《林黛玉进贾府》，对其形式表现有比较真切的感悟。
2. 课前一天，印发《十八岁出门远行》文本内容及相关资料作为阅读作业，并请学生提问。
3. 教师晚自习时到学生中了解阅读情况与阅读问题，以增强次日教学针对性。

研习

教学目标形意兼顾。但从措辞上看,形式分析是手段,"时代与个性思想"这一内容的理解才是目的。这说明:语文体性坚守的意识还未高度自觉。

另,形式该分析什么?如何引导学生分析?所承载的时代与个性思想又是什么?皆需明晰说明,以强化设计与教学的针对性。目标确立,不仅要注意语文性,更要注意文本的个性。唯其如此,才能有效防止教学走向芜杂和虚空。

学情分析关注前后文章联系、文本及相关资料阅读,提前了解学生预习中存在的问题,有"增润教学"的意识。单元教学的整体意识、文本会通的意识亦很鲜明。

美中不足的是,"相关资料"是文本写作的背景资料,还是文本内容研究的资料,抑或二者兼顾,教者未加以说明。

教学过程

一、导语

从课前一天印发的材料说起,鼓励大家挑战高年级现代主义小说的阅读难度。

二、简介文本难度

北大陈晓明教授说现代主义小说:"它的内部实际上隐含了一个统一构成的深度,因而它是可分析的、可解释的。"而后现代主义小说则是"不可分析的,是可写性的,因为它没有一个内在的深度性构成"。[1]

---

[1] 陈晓明.无边的挑战——中国先锋文学的后现代性(修订版)[M].北京:中国人民大学出版社,2015:7–8.

学生在欣赏中遇到理解与鉴赏的困难，正如意大利批评家卡斯特尔维屈罗所说的："对艺术的欣赏就是对克服了的困难的欣赏。"在艺术欣赏的愉悦感上，我们或可想起意大利文学家薄伽丘所说的："经过费力才得到的东西要比不费力得到的东西较能令人喜爱。"

【图片链接】"不能因现实复杂而放弃梦想，不能因理想遥远而放弃追求。"

研习

显然，这两个环节都是针对学生的畏难情绪展开的。引述陈晓明教授关于现代主义小说和后现代主义小说区别的论述，还有批评家卡斯特尔维屈罗、文学家薄伽丘关于"欣赏难度"的论述，旨在激发学生阅读高难度文本的兴趣，视野宏阔，教诲谆谆。想到那些兢兢业业忙于应试，无暇阅读，或只管实践，不管理论，心安理得放逐理论书籍阅读的教师，教者的广泛阅读、深度沉潜，真的是一个令人温暖的存在。

不过，教学的针对性还可从"宏观"走向"微观"——从学生的一个典型问题深度切入，进而打通文本阅读的任督二脉。学生对现代主义小说陌生不假，但仅靠引用一位学者对现代主义小说内涵的阐述，还是带有外铄性教学的色彩，即使学生底子很好，恐也只是概念性地"认知"一下而已，并非与作品不断对话、与作者不断生命融合而产生的深刻体知或悟知。

结合教学视频，两环节其实谈的是一个问题。耗时四分钟介绍文本难度，而非快速切入文本，展开多元的深度对话，显得有些绕。

三、阅读眼光：形式经验

1."看"的经验与方式：形式经验。

这种形式经验要学习，要理解其表达方式。

匈牙利著名的电影理论家贝拉·巴拉兹在《电影美学》中谈到了"视觉文化"的问题。他说，观众在看电影的实践过程中不断积累起来的视觉经验，使他们对影片的种种技法产生了经验性、适应性的反应。

2."看"的经验与方式实例：联系《红楼梦》。

《红楼梦》的大观园·象征（周汝昌）

大观园有一条命脉，叫沁芳溪。沁是水，浸泡、渗透；芳代表花，落花。"沁芳"的意思就是众多女儿先聚，然后如同落花流水，分散而去，即"花自飘零水自流"。"三春去后诸芳尽，各自须寻各自门。"沁芳亭、沁芳桥、沁芳榭、沁芳溪、沁芳闸，永远用"沁芳"这两个字，那是命脉，那是大象征。

大观园是为了表现"葬花"，这一"葬花"是象征性的。整个《红楼梦》葬花的主角是宝玉。一百零八个女儿，他心心念念，死了的悼念，活着的怀念。宝玉是大主角，一百零八个女儿围绕着他而产生，而发展，而感慨，而流泪。

大观园里住的这些少女是一群花。林黛玉是其中的一个代表，她的生日是二月十二日，"花朝日"。以宝、黛为代表来葬这一群名花。宝玉是"诸艳之贯"，意思是说那些少女都是由宝玉这一条线来贯穿着。

阅读小说要带上"象征"的眼光，在《十八岁出门远行》里有众多富有象征意味的意象，而且好些意象是循环强调的，如旅店、汽车、红背包、走过去看、十八岁出门远行等。

研习

由《红楼梦》中"沁芳溪"展开的象征分析，过渡到《十八岁出门远行》循环强调的意象（旅店、汽车、红背包、走过去看等），体现了教者"授之以法"的教学努力。聚焦文本篇性，更体现出其审美的纤敏与深刻。

不过，外铄性教学的色彩依旧存在——循环象征并非学生发现。从贝拉·巴拉兹的"视觉经验"理论，到周汝昌的"视觉经验"实践，都是外部嵌入，而非内部生成。更何况，周汝昌的论述明显融入了古典象喻理论，非"视觉经验"所能囊括。

联系性亦欠紧密——学情分析中谈到学生对《林黛玉进贾府》形式表现的了解，照理应该将之与《十八岁出门远行》会通，可是这里突然抛却，会通的是《红楼梦》别处文字的象征。

另，古典意象的象征性与现代小说的象征性有何异同，还可区别一下。

大引周汝昌关于围绕沁芳溪所展开的象征性分析，对《十八岁出门远行》中众多富有象征意味的意象一笔带过，是否有喧宾夺主的意味？①

四、文本品读

（一）标题品读

1. 为什么是"十八岁"？

A. 富有仪式感的年龄；B. 是少年与青年的视角；C. 是类性的性格与心态……

2. "出门远行"有何意味？

社会成人礼。

3. "远行"有多远？"远"字有多远？

结合文本，"远"字可以有多种解读：

A. 从没有社会经验到拥有社会经验，远离少年时代的经验；

B. 梦想与现实的距离，远离理想化的世界；

C. 由幼稚走向成熟的深度；

D. 心中的旅店永远到不了，那种生命无法企及的远；

E. 远离家庭，走上自己独立的道路；

F. 远离了少年时代，永远回不去了。

（二）暴力分析

1. 余华童年经历烙印在文字中。

2. "我"在社会成人礼中遭遇了成人世界，结果怎样，请用原文中的一句话来表达。

分析时涉及余华创作的真实观，接近本质的真实观。

3. 刚成年的"我"与成人世界紧张冲突的原因分析。

余华："长期以来，我的作品都是源出于和现实的那一层紧张关系。"

"少年世界"逻辑与"成人世界"逻辑的紧张冲突。

---

① 这一观点系笔者的研究生陈丽在上教例研究课时提出。

4. 结合文本，具体分析"我"与成人之间关系的性质：暴力关系。

问题："我"与司机成了好朋友后，别人来抢司机车上的苹果，司机袖手旁观，"我"出来维护司机的利益，却被暴殴了一顿，这个情节你怎么理解？

暴力逻辑具体的表现及秩序：

A. 暴力只听得懂一种语言，即暴力，暴力逻辑只臣服于暴力；

B. 暴力同谋（合谋）——受虐与施虐的共谋；

C. 暴力转移；

D. 暴力是集体无意识，是人性本能；

E. 受虐而欢乐。

"暴力"是整个社会的逻辑规则。洋溢在整个社会中，表现为行为，潜藏为精神，洋溢为文化（连小孩子都不例外），是整个社会的欢乐与幸福所在。

【链接】上海交通大学人文学院文学研究所所长夏中义教授的解读：

为什么司机苹果被抢，"我"为他打抱不平，司机不但无动于衷，还站在远处朝我哈哈大笑，最后竟加入抢劫者的队伍中把"我的背包也抢走了"？司机是不是也同样享受着遍体鳞伤的汽车和遍体鳞伤的"我"带来的快乐？原来人可以在暴力中"哈哈大笑"，可以体验到极大的快感和满足感。在余华眼里，暴力不是一种外在的手段，恰恰是世界的内在本质，它潜藏于每个人的心里，一有机会就奔泻而出，孩子也不例外。何况在一个本质暴力的世界，唯一的存在方式只可能是暴力。抢劫者与被劫者在这样的世界面前可以是"同谋"。受虐者同样也施暴着。以暴抗暴，以此取乐。暴力的循环获得了滋长的蔓延的土壤。更可怕的是，肉体暴力的背后是一种根深蒂固的更为强大的精神、文化暴力在强暴着年轻人的梦想。

5. 概括。

罪恶与黑暗——

正是18岁的成人礼（社会洗礼）；

展示了人类精神"恶"的维度；

展示了身体暴力、情感暴力与逻辑暴力（行为暴力、生存暴力、本能暴力）。

《鲜血梅花》：余华小说中的暴力叙述，能很好地概括这篇文章中的暴力主题。

（三）结尾欣赏

1. 问题：故事的结束好像是开始，好像可以放在开篇，你怎么理解？

【视频链接】肖斯塔科维奇的《第七交响曲》。

【链接】余华：音乐的叙述·叙述中的"轻"。

这样反而让我更为仔细地去关注音乐的叙述，然后我相信自己听到了我们这个世界上最为美妙的叙述。在此之前，我曾经在《圣经》里读到过这样的叙述，此后是巴赫的《平均律》和这一首《马太受难曲》。我明白了柏辽兹为什么会这样说："巴赫就像巴赫，正像上帝就像上帝一样。"

此后不久，我又在肖斯塔科维奇的《第七交响曲》第一乐章里听到了叙述中"轻"的力量，那个著名的侵略插部，侵略者的脚步在小鼓中以175次的重复压迫着我的内心，音乐在恐怖和反抗、绝望和战争、压抑和释放中越来越沉重，也越来越巨大和慑人感官。我第一次聆听的时候，不断地问自己：怎么结束？怎么来结束这个力量无穷的音乐插部？最后的时刻我被震撼了，肖斯塔科维奇让一个尖锐的抒情小调结束了这个巨大可怕的插部。那一小段抒情的弦乐轻轻地飘向了空旷之中，这是我听到过的最有力量的叙述。后来，我注意到了在柴可夫斯基，在布鲁克纳，在勃拉姆斯的交响乐中，也在其他更多的交响乐中"轻"的力量，也就是小段的抒情有能力覆盖任何巨大的旋律和激昂的节奏。其实文学的叙述也同样如此，在跌宕恢宏的篇章后面，短暂和安详的叙述将会出现更加有力的震撼。

2. 叙事循环：回环不止，一切仿佛都在路上。

开篇：

柏油马路起伏不止，马路像是贴在海浪上。我走在这条山区公路上，我像一条船。

结尾：

于是我欢快地冲出了家门，像一匹兴高采烈的马一样欢快地跑了起来。

这一篇全文既没有写明远行的目的，而且"我"的旅行也没有确定的路线，因而小说的字里行间弥散着一种永远"在路上"的漂泊感与不确定感。

3.好像是又要开启下一段的"出门远行"，这样的感觉是：渐行渐远，真是"远行"！

研习

这一环节是教学重点，也是难点。作者大体是以"远行"为课眼，按照"为什么是十八岁出门远行—出门远行有何意味—远行有多远，远字有多远—如何看待远行中的暴力—如何看待远行中的结尾"这样一条课脉展开教学的。因此，教学形散神聚，有内在的精致。

鼓励学生用自己的情感、经验、眼光、角度沉浸式阅读，进行个性化体验和思考，多角度激活学生的审美认知，给学生留下了较为开阔的言说空间。因为教者阅读浩瀚，思考力强劲，且不断引入作者的创作理念或其他学者的评论，使对话始终具有一般人难以企及的高度和深度。

对话主要聚焦在"暴力逻辑""轻音乐般节奏"和"循环叙事"上——实际教学中，暴力逻辑的分析差不多耗时20分钟，这些是文本的篇性，体现了教者非常渊深的学养和独到的审美眼光。

不过，将暴力逻辑与余华童年停尸房边生活的经历，还有"长期以来，我的作品都是源出于和现实的那一层紧张关系"的追求联系在一起，如何才能揭示教学目标中提到的"文字所承载的时代与个性思想"呢？更何况，余华也写过满蕴友爱与温情的作品，如散文《竹女》《老师》《看海去》，小说《星星》在平凡生活中寻觅诗意，在令人惆怅的温情中徜徉的特征亦很鲜明。余华的创作经历了这样一个过程：从最初充满温情的现实主义抒情小品，到展现内心与现实冲突的具有后现代意味的暴力作品，再到完成内心从紧张到平和转变之后的向传统现实主义回归的长篇作品。评价其任何一部作品，如果不从这一整体发展的脉络来理解，恐很难公正、深入和全面。

五、结束语

日本著名史学家盐野七生在《文艺复兴是什么》"罗马篇"中说："住在罗马市中心，意味着可以欣赏到三个罗马：一个是由街道和罗马广场构成的罗马；二是家中的罗马；三是屋顶上的罗马。当然，只有那些非常幸运的人才能同时享受到这三个罗马。"每个人因着自己所站的角度与层次不同，因而所见也不同。我们应当不断地通过阅读、思考与写作，以提升自己，开阔所见。

研习

结语很包容，也很开放，充分彰显了对话的本质：不是征服与被征服，也不是彼此的妥协，而是基于独特视角、体验、思考的分享与生成，因而对前面环节中的部分偏颇语也有一种无形的反拨，自有一种余音绕梁的教学效果。

总评

小说教学，类性辨识是无法绕开的话题。问题是，如何进行"类性"的辨识与开掘？

本文结合苏宁峰老师的这则教例，对之加以探讨。

一、处理好"类"与"类"的关系

这是就文类与文类（或文体与文体）的关系来说的，也指作家本人不同时期所写作品的"类"之间的比较——如散文与小说的比较，现实主义小说与现代主义小说的比较，作家本人与其他作家之间所写的同类或不同类作品的比较。

相同文类或文体的作品，文学理论中固然界定了其类性特征，但这些类性特征多是静止的、抽象的。直接授知，学生或可认知，但如果不注意与具体作品建立生命的联系，与其他文类作品互相烛照，类性特征永远只是冷漠的存在，并不能化为学生的审美体知，进而积淀为学生言语表现的势能。所以，处理好"类"与"类"特征的彼此烛照，对语文教师的专业性是一个严峻的考验。

落实到具体作家作品的"类性"鉴别，亦然。

就单一作品看，的确无法置评，但是将该作家作品与别的作家作品联系起来看，或是将此作家前后期的作品放在一起观照，"类"特征便能一目了然。落实到本篇，则要自觉审视：现代主义小说与现实主义小说、后现代主义小说到底有何区别？苏老师显然意识到了这个问题。在设计中，他引入了北大学者陈晓明关于现代主义小说和后现代主义小说差别的阐述：现代主义小说内在有一个统一构成的深度，是可分析、可解释的；后现代主义小说是不可分析的，它没有一个内在的深度性构成。

不过，还可结合作品让学生进一步体知：本篇属于现代主义小说，其"统一构成的深度"在哪里？如果说后来的"暴力逻辑""轻音乐般节奏"和"循环叙事"的分析，是"统一构成的深度"的阐释，则必须继续深入对话：为什么这就是"深度"，三者之间是如何"统一"起来的？

事实上，苏老师的整个设计和教学也点到了现代主义小说的类性特征。在阐述这一点时，先看一下清华大学徐葆耕教授对现实主义、现代主义、后现代主义文学作品特征的阐释：

当你阅读现实主义的文学作品时，你看到书中到处都在猛烈地抨击社会的浊流，但你感觉到，这种揭露黑暗的激情，恰恰来自于对光明的向往和自信……现代主义和后现代主义却是在他们惊愕地发现太阳不过是一堆碎片以后。他们还会充满自信地去抨击黑暗吗？他们会不会感到恐惧、焦虑、绝望？在这种恐惧、焦虑和绝望的背后，是不是仍然期待着破碎的东西重新整合成为完整的太阳？当他们这样想的时候，又会嘲笑自己的幼稚，用幽默装点感伤和绝望。也许有一天，他们会想，破碎的太阳有什么不好？我们为什么不能习惯这种破碎的生活？说不定更好！让绝望、焦虑和感伤滚蛋去！我们要欢笑，用欢笑来嘲弄一切！当他们处于前者的精神状态时，他们属于现代主义，当他们走出了这种阴影，努力使自己习惯于新的破碎的生活时，他们进入了后现代主义。[1]

据此，我们不难发现三种小说的"类性"差别：现实主义小说，在揭露黑暗的背后，有对光明的向往和自信在；现代主义小说，在表达恐惧、焦虑

---

[1] 徐葆耕.西方文学十五讲[M].北京：北京大学出版社，2003：290.

和绝望的背后，仍然有一丝理想的期许，只不过会用自嘲、幽默来装点感伤和绝望；后现代主义小说，则安于理想的破碎，心甘情愿地放逐绝望、焦虑和感伤，以欢笑嘲弄一切，颠覆一切神圣！

苏老师在引导学生体味暴力逻辑的过程中，也有让学生感受旅店、汽车、红背包等循环强调的意象；在阐释"远"的内涵时，也触及了"我"的理想世界，这些恰恰是现代主义小说的类性。只不过，苏老师并未有意识不断点击学生的思维。如果注意点击，且能结合其他现代主义小说或现实主义小说作品，来强化对这一类性的体知，教学的深度与灵性则会一起飞扬。

小说其实也触及了"我"的暴力心理——粗野的口头禅就不说了，单是车未被拦下，"我"后悔刚才没在潇洒地挥着手里放一块大石子，就迥异于传统现实主义小说中的正派主人公形象。但是，这毕竟不是"我"性格的主流——主流是内心依然有良知，有激情，有守望。当"我"觉得那些农民抢苹果是不对的，去阻止，鼻子都被打塌下来了，这不就是有良知、有责任感的表现吗？包括结尾的描写，苏老师也提到了。那个结尾，为什么不放在开头？就是因为那是一个明亮的结尾——红背包，兴高采烈，马一样欢快地奔跑了起来，全是希望的象征，说明"我"对这个充满悖论的社会并未彻底失去信心。蔑视、讶异、痛心，甚至以暴制暴，但并未彻底否定，彻底绝望，这正是现代主义小说的类性。

后现代主义，在20世纪90年代，虽然也风行了一阵子，出现了一些代表性作品——如刘索拉的《你别无选择》，徐星的《无主题变奏》，陈染的《世纪病》，马原、格非、苏童、余华、孙甘露等人也深受后现代主义影响，诞生的作品《冈底斯的诱惑》《访问梦境》《信使之函》《褪色鸟群》亦成为一时之选，但后来的作品几乎无人问津，这些作家也很知趣地"收手"。有学者甚至称这种现象是一种"集体性的溃退"，个中原因正是缺失了光明的引领。

优秀的作品，一定是注意光明、黑暗两种色调的调和的。现代主义小说，尽管也曾引起接受上的抵制，但因为其中有光明色的调剂，所以依然能被理性的读者深度接受。教学中，如果点到这一点，庶几会更好地激发学生的探究兴趣。

二、处理好"类"与"时"的关系

这是就文类与时代，作家反映的"类"现实、"类"命运与时代的关系而言的。

文类与时代存在着联系，这是常识。比如，词这种文类就与唐代经济的繁华、歌楼妓馆的兴起、新兴的燕乐有着紧密的关联。西方现代主义小说的产生，与叔本华的悲观主义、柏格森的生命流动意识、尼采的强力意志哲学、弗洛伊德的潜意识学说，还有两次世界大战、第二次世界大战后的"冷战"以及全球化进程加剧、社会矛盾不断涌现、整个社会滋生出对民主制度的怀疑和对理想的幻灭感有关。落实到中国现代主义小说，则又和西方现代主义文学思潮的涌入有着紧密的关联。

作家反映的"类"现实、"类"命运与时代的关联，更是不争的事实。比如，杜甫的"朝扣富儿门，暮随肥马尘"、韩愈的《马说》绝不仅是一己经历、命运的写照，也是整个时代乃至历史上所有怀才不遇者的命运折射。缘于此，别林斯基说："伟大的诗人谈着他自己，谈着我的时候，也就是谈着大家，谈着全人类……人们在他的悲哀里看到了自己的悲哀，在他的心灵里认识到自己的心灵。"①作为语文教师，必须在引导学生解读文本时，注意到这一层的关联。

拿《十八岁出门远行》来说，它表面上写的是一个个体事例——一个男孩子出门远行，遇到了种种匪夷所思的现象。实际上，它表达的是一个时代年轻人的精神生态——中国20世纪80年代，刚刚从阴霾中走出，人们对理想、对生活充满了无限的渴望与热爱。对于学子来说，读书、写作、奋斗，就是不折不扣的时尚，思考人生、生活的本质，几乎成了每个人的自觉。

这篇小说发表在《北京文学》1987年第1期，里面写到了红背包、书、旅馆，还有远行这些意象，正是时代情感、心理的体现。文中的18岁男孩，如出现在现实主义小说里，肯定要给他起个名字，甚至生活在哪个地区也会有所交代。但这里，只是一个抽象化的概念——"我"，这也是现实主义小说和现代主义小说不一样之处，更能代表"一类人"。为什么说他也揭示了

---

① ［苏］别林斯基.别林斯基论文学［M］.梁真，译.北京：新文艺出版社，1958：41.

时代的关系呢？因为他遭遇了野蛮抢劫，被揍得遍体鳞伤，但是并未觉得世界是黑的，整个天都要塌下来了。小说结尾，写"我躺在汽车的心窝里，想起了那么一个晴朗温和的中午，那时的阳光非常美丽"，正是一种象征性的暗示。

可是，苏老师在引导学生对暴力逻辑的感知上用力较多，对上述的光明色有所触及，却未能深入。这导致教学中"类"与"时"关系的把握，还不够酣畅、劲道。

三、处理好"类"与"篇"的关系

这是就"这一类"文本与"这一篇"文本的关系来说的。

我们不仅要关注文类与文类的关系、文类与时代的关系、作家本人同类或不同类作品之间的关系，以及作家本人与其他作家同类或不同类作品的关系，更要看到文类与单篇的关系、作家一类作品与单篇的关系，在多重关系的烛照中，将"篇性"充分揭示出来。

落实到《十八岁出门远行》，我们便需要审视：余华的"此篇"小说与其他现代主义小说有哪些不同？这些不同，是否集中代表了其与众不同的言语表现个性和智慧？从这个角度说，苏老师组织学生解读荒诞逻辑的合理性——暴力逻辑，解读作品结尾处的"轻音乐"结构，解读叙事循环和不断重复的意象，的确对"篇性"开掘有着过人的敏感与深刻。

其中对"轻音乐"结构的关注，令人叹为观止。从音乐的元素解读作品，目前语文界鲜有涉及。偶有触及，便会光华四射。比如，华东师范大学方智范老师当年给研究生上课时强调，朗读《芣苢》一诗，不能只是一个节奏，得不断加快，以凸显漫山遍野妇女采芣苢的景象，还有那些妇女欢快的神情。受到方老师的启发，我在给学生解读徐志摩的《再别康桥》时，也注意了其中古典音乐般的节奏："那河畔的金柳，是夕阳中的新娘……"——舒缓；"撑一支长篙，向青草更青处漫溯"至"在星辉斑斓里放歌"——高昂；"悄悄是别离的笙箫/夏虫也为我沉默/沉默是今晚的康桥"——舒缓。至于说开头结尾的"我轻轻地招手，不带走一片云彩"，更是舒缓的余调在回荡。

不过，苏老师捕捉到了这一篇性，但并未让学生以深化和内化，或与其他的作品会通——如《琵琶行》中的无声描写"冰泉冷涩弦凝绝,凝绝不通声暂歇",与音乐中的"轻"也有相通之处,极有可能使这一篇性审美走向虚空。

这种"轻音乐"式的结构处理,除了触及前面说到的"双色同体"规律——光明与黑暗两种色调在同一作品主体中存在,也体现了"双凤同体"的现象——不同的文字风格在同一作家主体或作品主体身上出现。前面的文字带有一种粗野、冷峻之风,结尾的文字则明显带有温柔、明丽的抒情之风,这是颇为奇观的。

更为神奇的是,它还体现了西方女性主义文学倡导的"双性同体"的色彩——一部作品中,同时交织着男性的力量和女性的力量。有点像中国太极图里面的阴阳鱼,你中有我,我中有你,不断生化。如果说文中暴力逻辑的描写属于男性力量的话,那么对良知的坚守,对正义的维护,对理想的憧憬,则成了作品中的女性力量,这是小说的另一重奇观。

苏老师提到的叙事回环、意象重复,何尝不是女性力量的体现?这些文字,用墨虽少,但因不断点击,且在结尾处再次强化,实际上已经完成了现代主义小说类性的强力凸显,也表达了余华对时代主流精神特色的体察。如果在教学中加以点染,则会锦上添花。

小说人物形象分析的六个维度

——余党绪《三国演义》"刘备之虚伪"教学实录研习

| 教者简介 >>>

余党绪，上海师范大学附属中学副校长，上海市语文特级教师，正高级教师。多年来致力于将"批判性思维"引入语文教学，倡导和探索"思辨读写"及"公共说理"。主要著作有《人文探究》《说理与思辨》《走向理性与清明——整本书阅读之思辨读写》等，编著"中学生思辨读本"丛书，主编"整本书思辨阅读"丛书。

一、导入

师：同学们好！刚问了大家，《三国演义》都看完了，很难得！今天我们关注一个人，这个人就是刘备；聚焦一个课题，就是"刘备的虚伪"。这个标题有刺激性吧？本来我想先问问大家有没有喜欢刘备的，再出示我的标题，但现在，我倒了过来，先把"刘备的虚伪"给大家看，然后再问大家。

好，喜欢刘备的请举手。（仅一人举手）我已经说他虚伪了，你还举手吗？好，先不问为什么，你一定是个有主见的人！做这个选择，是需要判断力的，也需要有独立的立场。很多时候，我们的判断不一定是对的，但要有自己的态度，这本身是对的。那么多的同学不喜欢刘备，你们也未必就没有自己的想法。其实，也许你们只是在坚持自己的想法。有没有？（生：有。）这个问题留课后再思考。上了这节课，喜欢刘备的人可能不再喜欢刘备了，不喜欢刘备的人可能会喜欢上他。如果是这样，这节课就算有点价值了。

要研究"刘备的虚伪",必须对刘备有一个整体的了解。让我们来看看刘备政治生涯中的几件大事。

PPT 呈现:

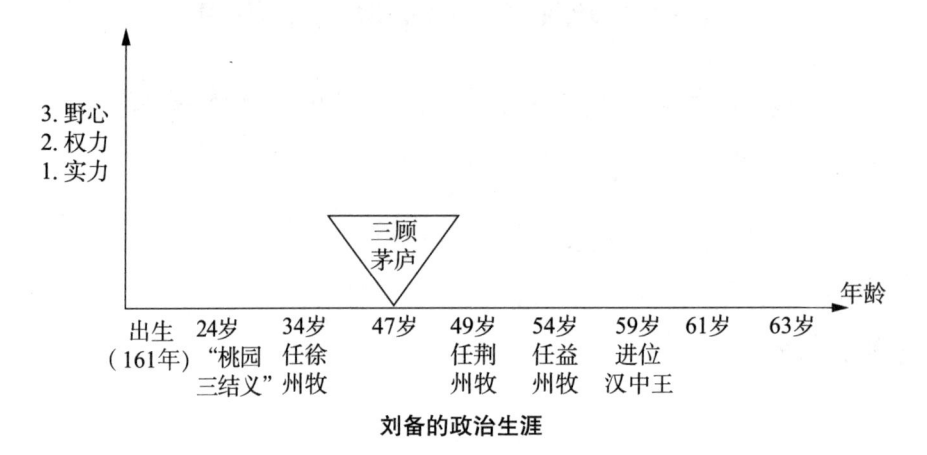

```
3. 野心
2. 权力
1. 实力
                    ▽
                  三顾
                  茅庐
    出生    24岁   34岁   47岁   49岁   54岁   59岁   61岁   63岁    年龄
   (161年) "桃园  任徐          任荆   任益   进位
           三结义" 州牧          州牧   州牧   汉中王
```

刘备的政治生涯

研习

这是余党绪老师思辨阅读的一堂示范课。

择定"刘备之虚伪"这一议题的确富有挑战性。至少从苏轼《东坡志林》开始,宋朝的民间社会便显示了"尊刘抑曹"的思想倾向——涂巷中小儿薄劣,其家所厌苦,辄与钱,令聚坐听说古话。至说三国事,闻刘玄德败,颦蹙有出涕者;闻曹操败,即喜唱快。[1]罗贯中动用艺术手段,如用曹操、吕布烘托刘备仁义之君的形象,更是强化了这一社会接受心理。当下社会,尽管人们的思维比较辩证,中学教材中还选了曹操的诗,但"尊刘抑曹"的思想余波还在——孙彦军在《三国演义》电视剧中扮演的刘备形象就是作为正面形象歌颂的。教者打破历史惯性中的期待视野,对学生思维构成一种强劲的挑战,无疑更利于激发学习兴趣,提升思维品质。以年龄、大事件为横坐标,以实力、权力、野心为纵坐标,删繁就简勾勒了刘备的政治生涯图谱,并以之作为把握刘备故事、分析其性格内涵和发展史的思维支架,有虚实相生、纲举目张之效。

---

[1] 苏轼. 东坡志林[M]. 上海:华东师范大学出版社,1983:15.

如果选题是在学生阅读困惑中产生，如果对那位唯一喜欢刘备的学生问问缘由，再问问不喜欢刘备的学生持何想法，教师的质疑、点染、引领趁势浸润其中，教学或许会更臻理想之境。

二、横坐标：梳理刘备的主要经历

师：请诸位看一下这个坐标图，对刘备的政治生涯作一个大致的梳理。只有整体上把握，才能看清楚他到底是伟人还是人渣，是仁爱忠信还是虚伪。大家猜一猜，也检测一下自己读得怎样。24岁的时候他干了什么？

生："桃园三结义"。

师：刘关张聚首结义，发誓要上报国家，下安黎庶。发出这般宏愿的那一年，刘备24岁。第二个点是34岁。记不住不要紧，就是让大家凭借阅读印象来猜的。34岁，他在哪里？

生：徐州。

师：徐州，很厉害啊！任徐州牧。感谢我们的张老师，前期的阅读指导很仔细，谢谢。那么，49岁，他在干什么？49岁之前的这个地方，我标了一个点，因为它是刘备政治生涯的转折点。正是有了这个转折点，他的人生才发生了翻天覆地的变化。在接任徐州牧和荆州牧之间发生了什么事？

生：三顾茅庐。

师：三顾茅庐！说明你对刘备的政治履历已经有了大体的了解。三顾茅庐之前，刘备东奔西走；而此后的刘备则要风得风，要雨得雨。请大家注意那一年刘备的年龄。49岁的时候，刘备从曹操手里把荆州给弄过来了。本来想从刘表手里弄，后来转了个弯，从曹操手里把荆州给弄了过来。从三顾茅庐到接任荆州牧，中间隔了两年。你们不用记住这些数字，我是专门来上这个课的，所以才记得。47岁三顾茅庐，49岁任荆州牧。有没有诸葛亮，情况不一样吧？下面这个点呢？54岁干了什么呢？

生：任益州牧。

师：对，大家知道，刘备占领了成都，领益州牧。接下来，59岁发生了什么？

生：汉中王。

师：对！进位汉中王。尽可能用章回中的字眼——进位。61 岁呢？

生：称帝。

师：是的。那么 63 岁呢？

生：死了。

师：对，称帝两年后，刘备驾崩。一场夷陵大战，刘备一败涂地，最后死在白帝城，带着遗憾与不甘，离开了这个世界。我用了"驾崩"，这可是皇帝的专用词。多少人做皇帝梦啊，连死亡的说法都与平民百姓不一样。这是刘备一生的大概情况，63 年享尽了荣华富贵，也经历了种种坎坷与磨难。

研习

通过对刘备政治生涯图谱的充实化，短平快地把握小说的重要细节，为后面进一步把握刘备虚伪人格的演变史铺垫，实在是一种清爽而智慧的教学设计。

对话中，引导学生用文本中词汇概括刘备的大事件——"进位"汉中王；对重要词汇"驾崩"不忘简约地点击一下封建死亡文化中的等级观，使教学显得语文味十足。

导入环节，在伟人和人渣、仁爱忠信和虚伪的两极上审视人性，已经出离思辨了。

三、纵坐标：提出本课的课题

师：横坐标是年龄，纵坐标应该是什么呢？如果让你来填空，你填什么？随着年龄的增加，什么东西也在往上飙？请同学们说说自己的理解。

生：我想填"资本"，就是他的实力。占领土地的面积、军力、谋臣武将的数量都是，综合性的。

师：好，军力，文臣武将，地盘，很好！这里的资本，其实就是政治资本。我们之间有共鸣，我用的词跟你一样。（投影：实力）还有吗？

生：野心。

师：解释一下？

生：因为随着实力的增长，刘备有了更高的追求。

师：实力增加了，野心也就随之大了。我有一个问题，有人说刘备天生就有野心，小说第一章，刘备在涿县就说"我为天子，当乘此车盖"，说刘备从小就有做天子的野心。我们想一下，这算不算野心？

生：未必是，童言无忌。我们小时候也说过这样的话。

师：好。这就是判断力。一个小孩子说将来要当什么，这怎么能当真呢？这不能算是野心。野心是什么呢？

生：野心就是有了一定条件后产生的强大的欲望。

师：为什么要强调"强大"呢？

生：超过了自己的能力。

师：这个回答有意思。野心首先是欲望，"欲望"这个词，意味着"野心"是主动追求的；另外，野心是"强大"的，不仅超越了自己的能力，我要补充的是，更超越了自己该有的本分；同时，还得付诸实施，只在脑子里想一想，过过瘾，不能算是野心。那你觉得，刘备在什么时候产生了野心，并且一步一步、尽心竭力地去付诸实施？

生：三顾茅庐吧。

师：三顾茅庐。非常好，我们的判断一样！此前，小说只是反复说刘备"素有大志"，但条件不具备，连个地盘都没有，他的志向不明确；到了47岁，经过诸葛亮一番点拨，刘备恍然大悟，产生了实实在在的野心，那就是谋取天下。我们来看看诸葛亮给他做的规划。大家都学过《隆中对》这篇课文吧？（引导学生回忆）先占荆州，再夺益州，以荆、益二州为根据地，北图中原，打败曹操，统一天下。这个过程，就是实现野心的过程。回到坐标图，随着年龄的不断增长，刘备的实力、权力在增加，他的野心也在膨胀。除了实力、权力、野心的增长，还有什么随着年龄的增长也在不断增长呢？

生：虚伪。

师：虚伪。是不是受到我的课题的启发？大家请看，我的课题叫"刘备的虚伪"。刘备的虚伪有没有这样一个随着年龄增长而增长的过程呢？还是说，刘备生下来就虚伪，一直虚伪到死呢？

研习

　　因为有了上一环节的感性积淀，此刻学生的理性概括便显得水到渠成——实力的增长，野心的增长，进而联想到虚伪的增长，思维呈现出不断向纵深掘进的态势。

　　与学生对话中，余老师对"野心"内涵的阐释达到了很多中学语文教师难以企及的高度：（1）主动追求；（2）强大——不仅超越自己的能力，更超越自己该有的本分；（3）付诸实施。

　　辅之以不断的思维博弈：

　　推出敌论者——有人说刘备天生就有野心，小说第一章，刘备在涿县就说"我为天子，当乘此车盖"，说刘备从小就有做天子的野心。我们想一下，这算不算野心？

　　直接参与博弈——刘备的虚伪有没有这样一个随着年龄增长而增长的过程呢？还是说，刘备生下来就虚伪，一直虚伪到死呢？

　　这令课堂处处充满思辨的张力和魅力。

　　略感缺憾的是，纵坐标中的"权力"一项没有点睛：从徐州牧、荆州牧、益州牧到汉中王再到称帝，权力也在增长。教者直接托出结论——除了实力、权力、野心的增长，还有什么随着年龄的增长也在不断增长呢？这令教学的思维之势不够缜密、流畅。

四、关于"虚伪"的分析论证

　　师：刘备虚伪不虚伪，他的虚伪有一个怎样的变化过程，我们需要做全面的、充分的、合理的分析与论证。这节课我们只能选择几个典型的事件来做个示范。大家来看这个表格。

	有无占领动机	谢绝理由	真实原因
徐州			
益州			

我刚才强调，47岁之前的刘备和47岁之后的刘备是不一样的。47岁之前刘备接了徐州的地盘，47岁之后刘备夺了益州，我们就来看看刘备在这两件事中的表现，看看他发生了怎样的变化。大家看这两件事，有没有相似点？（学生议论）那么，刘备为了什么而去徐州？

生：救人而去。

师：对！刘备到益州是为了什么呢？（学生议论）表面上看也是为了救人嘛！到徐州是为了搭救陶谦；到益州好像是为了搭救刘璋，当时的刘璋受到张鲁的威胁，不得不求助外援。你看，这两个地方，刘备开始都宣称不想占有，而且一再谢绝，可最后都到手了。表面上看，两个事件高度相似。这就有了可比性。我给大家准备了一个表格，在对待徐州与益州的问题上，我们重点考虑三个问题：（1）有无占领动机；（2）谢绝的理由；（3）真实的原因。这三个问题弄清楚了，就能大体上判断刘备是否虚伪了。

这里，我给大家提供一个分析工具（见下图）。这就是关于事件的综合分析。对一个人、一件事，全面的、综合的分析很重要。什么是综合分析？就是要全面考察一件事涉及的各个因素，漏掉一个因素，事件的性质可能就变了。我问过我的学生，如果你看到一个老师在街上和人动手，你们会有怎样的反应？学生说，这个老师师德有问题。显然，这个判断太草率了。完全有可能老师并不是在打架斗殴，而是见义勇为。为什么一看到老师跟人动

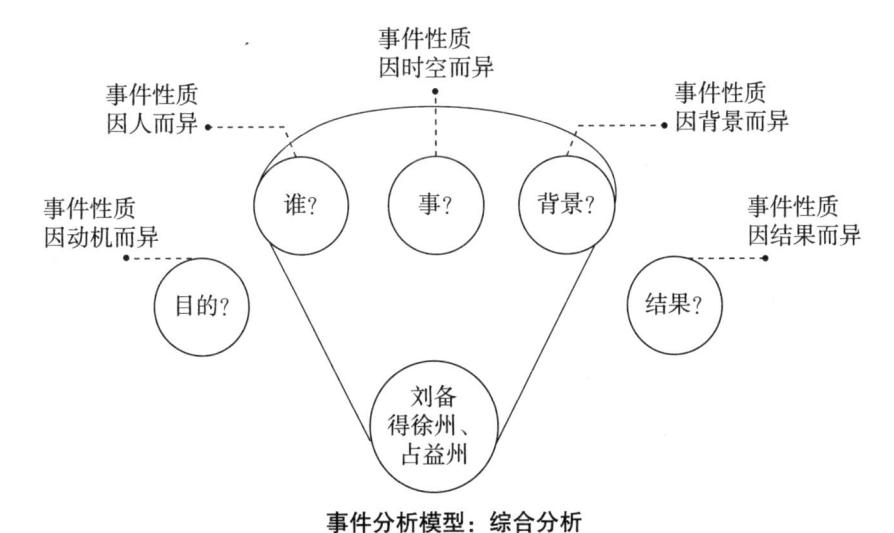

事件分析模型：综合分析

手，就会做出"打架斗殴"的判断呢？如果只看到"动手"这个动作，却不知道为什么动手，打的是谁，在什么背景下动手的，动手的结果又是怎样，那么判断出现失误一点儿也不奇怪。漏掉了某些因素，不就是我们常常说的盲人摸象吗？打架斗殴与见义勇为的外在行为是相似的，但动机、对象、结果却截然不同。要对一个事件做出正确的判断，就必须对事件进行全面而综合的分析。分析刘备，也该如此。

（一）分析刘备占徐州

师：对徐州，刘备有无占领动机呢？请注意"动机"这个词。

生：没有。

师：请在文本中找根据。哪位同学能用比较连贯的话告诉我刘备没有占领徐州的动机呢？这个事件在《三国演义》的第十一、十二回"三让徐州"那部分。

生：我认为是没有的。刘备是孔融请来的。本来陶谦请孔融来徐州帮忙，孔融自己实力不够，又去邀请刘备帮忙。刘备是被动的，这是第一。第二，他来的目的是帮陶谦。刘备自己也声称，说如果占领了徐州，将陷于不义之地。

师：大家关注一下，类似"陷我于不仁不义"这样的话，小说中出现多次，而且多是出自刘备之口。这也是很多人觉得刘备假、伪的一个原因吧。天天把道德口号挂在嘴巴上的人，确实会让人产生这样的联想。占徐州，刘备说过；占荆州，刘备也说过，他与刘表是同宗兄弟，占了人家的地盘，不义；占益州，又说了，他与刘璋也是同宗兄弟啊。大家课后再去翻翻书，验证一下。刘备自己声称没有占领徐州的动机，就能证明他没有吗？

生：我觉得刘备一辈子都在讲仁义，他做事就是为了自己的荣誉。

师：刘备在乎自己的荣誉，这点不假。但"为了道义"会不会是刘备的虚伪之语呢？诸葛亮拥戴刘备当皇帝的时候，刘备还骂诸葛亮等陷他于不义之地呢，你觉得这话能当真吗？

生：不能当真。

师：那这里就能当真吗？光用刘备的话证明刘备是否虚伪，没有说服力。

生：我想替这位同学做点补充。这时候，徐州被曹操的兵马包围，如果这时候刘备从陶谦手里接过徐州，就要和曹操发生正面冲突。而刘备的兵马，自己只有3000人，又找了公孙瓒借来一些，实力弱小，根本不是曹操的对手。此时的徐州，对刘备来说就是个烫手山芋。

师：烫手山芋，非常好！你看，刘备谢绝领受徐州牧，不仅考虑到道义上的合理性，还考虑到实力的匹配性。他是有自己的考虑的。这是你补充的，那么，你有新的见解吗？

生：没有。我同意前面同学的观点。

师：好，请坐。这位同学，你的同学为你补充了理由，你能继续表达你的观点吗？你刚刚讲了三个原因：第一，刘备是被邀请的，是被动的；第二，他来徐州的目的，是搭救陶谦；第三，他始终把"义"挂在嘴边。我们再把刘备占领徐州的前后事件梳理一遍。曹操的父亲被陶谦手下杀害了，曹操要报仇，一路烧杀抢掠，挖坟掘墓，发誓要屠城。曹操"屠城"的恶名，应该就是在徐州落下的。大家还记得否，刘备在新野的时候，曹操大军南下，刘备烧了新野，带着十万老百姓逃亡。老百姓为什么要逃亡？很多人说这个情节不真实。其实，小说是做了一定铺垫的：一是新野县城已经被烧毁了，老百姓失去了安居乐业的根基；二是曹操有"屠城"的恶名，老百姓都怕他。曹操包围了徐州要为父亲报仇，徐州牧陶谦就找孔融帮忙，孔融再找刘备帮忙。刘备显然属于管闲事儿的。大家知道孔融是怎么说服刘备的吗？

生：激将法。

师：怎么个激将法？

生：刘备一生仁义当头，孔融故意提"仁义"，说刘备是仁义之人。

师：哦，孔融给刘备戴高帽子！激将法，你要是不去，你就不够仁义。孔融这一招很灵的，看来孔融是看准了刘备，刘备的内心是有英雄主义情怀的，也是有热血的。其实，以孔融当时的地位，他邀请刘备，对刘备也是一种肯定。刘备当时的反应是怎样的？

生：刘备说，孔融竟然还知道有我刘备这个人。

师：刘备出身卑微，兵微将寡，处境也不好。而孔融，可是当时的大名士，而且是孔子的后代，名门之后。孔融说刘备是条好汉，邀请他帮忙，刘备确实有点受宠若惊。好，我们来总结一下：刘备去徐州，是受孔融的邀

第三辑 小说类文本教例研习 © 135

请，目的是搭救陶谦。可以说，他去徐州是为了荣誉而战，为了道义而战，为了救人之急。从这个角度讲，刘备一开始确实没有占领徐州的动机。有没有这个动机，决定了事件的性质会有很大不同。再者，刘备谢绝的理由，口头上宣称是为了义，而实际上，他"三让徐州"，也确实有"义"的考虑。此时的刘备身上还有热血青年的担当。当然，客观原因更值得重视，徐州此时也不能要，要不得。作为枭雄的刘备，他不可能没有这个战略眼光。大家想一想，小说中有一个类似的情节：吕布被曹操打败了，逃亡徐州，刘备收留了他。刘备假心假意地说，我把徐州让给您吧。吕布有勇无谋，而且无情无义，竟然不假思索，伸手就要去接徐州的大印，结果惹恼了关羽、张飞。可见吕布确实没脑子，缺乏政治家的判断力。

（二）分析刘备占益州

师：那么，对益州，刘备又是怎样的呢？

生：我觉得他有占领益州的动机。

师：如此干脆，怎么证明呢？

生：鲁肃多次讨要荆州，诸葛亮总是说，如果他们占领了益州，就把荆州还给东吴。可见，他们一直在谋取益州。

生：三顾茅庐之时，诸葛亮给刘备制定的战略中，也说先占荆州，后图益州，再图中原，这是一条国策。

生：当时的刘备没有自己的领地，他处于无家可归的状态。

师：对的，荆州是借来的，孙权天天讨还，不安稳，他还没有属于自己的真正领地。刘备一生，哪一块土地才真正算是他的？只有后面的西蜀。所以从现实处境来看，刘备也确实需要找个稳固的立身之地。不过，我觉得还有更多细节告诉我们，刘备他们不仅有这个动机，而且已经在不动声色地做工作了。你们读到这些细节了吗？

生：从张松的身上可以看到。张松想把西蜀卖给曹操，但在曹操那里碰壁，于是他借道荆州，却发现赵云已然在路上等候他。

师：好，这位同学读得非常细！事情怎么这么巧呢？赵云怎么就知道张松要路过荆州地界呢？这说明刘备他们一直关注着张松的举动。那么，小说中有没有伏笔？请同学们找一找。

生：（翻书）第六十回第一段最后一句话："孔明便使人入许都打探消息。"

师：这位同学太厉害了！你找的这个细节很重要。整本书阅读，我们要关注到文章的细节，看到细节与细节之间的关联，有了关联，细节、情节、人物、环境才能整合起来，成为一个有机的、完整的生命。现在我们看，这个时候刘备有无占领动机啊？（生：有。）肯定有！但谋士们劝他占领益州时，刘备却又几次三番地拒绝了。他拒绝的理由是什么？

生：他和刘璋是同宗兄弟。

师：这话可信吗？大家看看刘备与刘璋兄弟碰面的场面，刘备动不动就哭啊，相拥而泣啊，跟刘璋交心啊，说明刘备的虚伪已经很自觉了，他已经能够熟练地表演了！刘璋被刘备感动得一塌糊涂，谋士们一再提醒他防备刘备，刘璋竟然都听不进去。那刘备为何迟迟不动手，真实的原因到底是什么呢？大家可翻看第六十、六十一回。第六十回最后，庞统、法正劝刘备夺西川之时，刘备说了什么？

生：推说跟刘璋同宗，又说"更兼吾初到蜀中，恩信未立"。就是说，他这是刚到蜀地，怕民心不服。

师：你们有没有恍然大悟的感觉？刘备此时带领五万兵马初到蜀中，在老百姓中还没有威信，贸然动手把原来的主人灭了，道义上过不去；况且刘璋还是自己的同宗兄弟，何以面对百姓、面对天下啊！后面，刘备一站稳脚跟，找着机会就跟刘璋翻脸了。他向刘璋讨要军粮，刘璋给少了，他马上翻脸开战。不是"同宗兄弟"吗？真是翻脸无情啊。可见，兄弟只是个借口，至少可以说，兄弟情谊没有地盘重要啊。我们总结一下，刘备占徐州是为了道义，此刻的刘备是个有作为的政治家，是道义的担当者；但是占领益州，则是为了实现自己的野心，道义只是一个装饰、一个托词，甚至是个寻找战机的计谋。真实的原因，是他"恩信未立"，实力不够。这一点，连毛宗岗都看得很清楚，他说兄弟情义是次要的，"恩信未立"才是真正的原因。毛宗岗可是刘备的粉丝。这个时候的刘备，是个伪君子。

师：最后，咱们再以刘备当皇帝为例，看看刘备的表演达到了何等娴熟的程度。我们比较一下小说中对刘备登基与曹丕登基的描写。

PPT 呈现：

曹丕听毕，便欲受诏。司马懿谏曰："不可。虽然诏玺已至，殿下宜且上表谦辞，以绝天下之谤。"

……

帝不得已，又令桓阶草诏，遣高庙使张音，持节奉玺至魏王宫……曹丕接诏欣喜，谓贾诩曰："虽二次有诏，然终恐天下后世，不免篡窃之名也。"

……

至期，献帝请魏王曹丕登坛受禅，坛下集大小官僚四百余员，御林虎贲禁军三十余万，帝亲捧玉玺奉曹丕。丕受之。……读册已毕，魏王曹丕即受八般大礼，登了帝位。

师：我们先看看曹丕登基。曹丕当皇帝本来没有合法性，他逼迫汉献帝让出皇帝宝座，把帝位禅让给自己。为了制造合法性，曹丕连续三次谢绝，以显示当皇帝并非自己的本意。第一次，司马懿劝他"殿下宜且上表谦辞，以绝天下之谤"；第二次，贾诩劝他继续推辞；第三次，汉献帝亲自出马，曹丕才"很不情愿"地登基了。曹丕在小说中是被"贬"的对象。曹丕称帝就是篡位，就是窃国，但是却制造了"禅让"的假象。

那么，刘备呢？我们来看看他的操作。

PPT呈现：

孔明与太傅许靖、光禄大夫谯周商议，言天下不可一日无君，欲尊汉中王为帝……汉中王览表，大惊曰："卿等欲陷孤为不忠不义之人耶？"

……

三日后……汉中王曰："孤虽是景帝之孙，并未有德泽以布于民；今一旦自立为帝，与篡窃何异！"孔明苦劝数次，汉中王坚执不从。

……

汉中王惊曰："陷孤于不义，皆卿等也！"孔明曰："王上既允所请，便可筑坛择吉，恭行大礼。"

师：刘备早就做着当皇帝的美梦，可诸葛亮等人要他登基建国的时候，他却再三推辞，而且很坚决。第一次是"大惊"，表演色彩很重。"卿等欲陷孤为不忠不义之人耶？"刘备自己何尝不知道当皇帝是件不忠不义的事情？

第二次推辞，却又说："孤虽是景帝之孙……"这句话很值得揣摩，为什么要特地声称是"景帝之孙"？说明他还是觉得自己比起曹丕更有当皇帝的资格。第三次，诸葛亮设计装病，刘备也就顺水推舟，答应了，但还不忘说："陷孤于不义，皆卿等也！"这就是一出精彩的表演啊！大家看看诸葛亮三番五次的苦劝，那也是表演啊，君臣二人配合得太好了！天衣无缝！

师：刘备与曹丕，他们的表演是不是很相似啊？相似的现象却有着不同的实质，你看刘备在徐州与益州上的表现；不同的现象有着相同的实质，曹丕称帝与刘备称帝，实质是一样的。汉献帝控制在曹丕手里，曹丕就搞了个"禅让"，其实汉献帝何尝心甘情愿，迫不得已罢了，曹丕取得了"天意"的合法性；刘备手里没有天子，他便借助"民意"，臣子们"劝进"，这就取得了"民意"的合法性。都是表演，都是假象！

曹丕是反派人物，所以小说揭穿了他的表演；而刘备呢？"拥刘贬曹"的罗贯中自然不肯贬低他，还是强调刘备的"义"，但读者看不出刘备的表演与虚伪吗？

研习

虽然在议题择定、思维转换、资料引入、语量配置等方面，教者占有绝对优势，导的痕迹颇为明显，但因为有思维把手的提供——按"有无占领动机、谢绝理由、真实原因"把握刘备救徐州、占益州的内心世界，又努力顺着学生思维之势，与他们展开多层次对话，如救徐州的动机讨论是"为了荣誉而战，为了道义而战，为了救人之急"，甚至不惜思维交锋——

生：我觉得刘备一辈子都在讲仁义，他做事就是为了自己的荣誉。

师：刘备在乎自己的荣誉，这点不假。但"为了道义"会不会是刘备的虚伪之语呢？诸葛亮拥戴刘备当皇帝的时候，刘备还骂诸葛亮等陷他于不义之地呢，你觉得这话能当真吗？

所以，整个课堂师生的思维始终处于生气郁勃的状态。又因为教者能引导学生时刻咬定文本不放松，并结合相关史料，从各种细节揭示刘备心灵的样貌——如得益州之欲望分析，师生从《隆中对》中对益州的战略定位，没有真正根据地的现实焦虑，密切关注张松出卖西蜀动向，对待"同宗兄弟"刘璋的翻云覆雨，毛宗岗"恩信未立"的论断等方面展开，论证极其严密、酣畅，所以使学生思维的整体性、有机性、发展性、辩证性、细腻性、丰富性皆得到了非常扎实的训练。

不过，将学生对刘备的评价"为了自己的荣誉"视为"虚伪之语"有失允当。相较于曹操为了达到目的，不择手段，连"盗嫂受金"这样的道德问题，也弃之不顾，甚至叫嚣"宁教我负天下人，休教天下人负我"[1]，刘备还是挺在乎自己的道德羽毛的。这是他力图攻克对手的一种手段——今与我水火相敌者，曹操也。操以急，吾以缓；操以暴，吾以仁；操以谲，吾以忠。每与操相反，事乃可成耳。实现自己政治欲求的过程中，一个劲地提仁义，正缘于此。被孔融用"仁义"一激，忘却面对的凶险；带着新野百姓逃亡，不顾可能遭遇的灾难，无不是说明他对道德荣誉的在意。

五、总结

师：咱们再回到这个纵坐标上，可填上第四个词语——虚伪。很多人不喜欢虚伪的刘备，易中天甚至说："宁要真小人，不要伪君子。"但是，我想说的是，刘备是虚伪的，但不意味着刘备的任何言行都是虚伪的；刘备是虚伪的，但刘备的虚伪也不是天生的，虚伪是在生活中习得和选择的；刘备是虚伪的，但虚伪的刘备并不见得比"真实的曹操"更可怕，"真小人"说到底就是彻底不要颜面的人，这样的人更可怕。因此，对易中天的这句话，我们要保持思辨的态度。

我更想强调的是，对刘备进行道德审判容易，但分析其社会与文化原因更有意义，这就是《三国演义》的魅力。它塑造了刘备伪君子的形象，但这个伪君子又有其有道义的一面。

研习

相较于"伟人和人渣""仁爱忠信和虚伪"两极人性的判断，还有上面环节

---

[1] 罗贯中.三国演义［M］.北京：人民文学出版社，1973：38.

对刘备爱惜道德羽毛的"虚伪之语"定性,这部分对刘备虚伪人性的审视与总结更显到位,对易中天"宁要真小人,不要伪君子"的反驳,也颇有说服力。

总评

当下小说教学,涉及人物形象分析,尚无比较稳定的分析维度。分析中重局部轻整体、重共性轻个性、重静态轻动态、重价值判断轻审美评价的弊病仍强劲存在。至于说,将情节发展、环境演变与人物形象嬗变联系起来立体审视,还能注意短篇小说与长篇小说人物形象塑造的差异辨析,更是缺乏自觉。

曹文轩说:"短篇作品培养的是一种精巧和单纯的思维方式,而长篇作品培养的是一种宏阔、复杂的思维方式。"[1]落实到语文教学中,注重这些不同思维品质培养,确立大体恒定的分析维度,并建构起人物形象分析模型知识,实现语感与语识的审美统一,更是罕见。而这些问题,在余党绪老师这篇整本书阅读教例中,得到了较好矫正,令人欣喜。

一、关注人物形象的变化性

优秀小说,人物形象的性格一定是富有变化的。长篇小说,尤其如此。

比如,《骆驼祥子》中的祥子开始的憨厚淳朴,到后来的无赖麻木,其间的变化过程,就是作家重点揭示的。短篇小说虽然不会详细再现这种变化性,但也会动用一些手法对变化加以勾勒。比如,《祝福》就是将祥林嫂的悲剧命运悉数安排在春天,以揭示其希望的毁灭和精神生气逐渐走向毁灭的过程。

教学中,把握了人物形象的变化性,情节、环境的特性也会水落石出。不注意变化性,再典型的形象,都会被分析得机械、片面,一地鸡毛,更别说以人物形象的变化性揭示情节、环境的特性了。

余老师的这则教学实录,之所以给人留下深刻的印象,很大程度上正是因为他分析人物形象时,牢牢把握住了"变化性"的维度。刘备随着实力的

---

[1] 朱文君.让孩子更全面地感应世界——曹文轩教授访谈录[J].小学语文教师,2011(7):7.

积攒，权力的上升，野心的炽烈，虚伪的人格也从无到有，从隐到显，这也确是长篇小说塑造人物形象的特色。为了把握这种变化性，余老师引导学生从刘备政治生涯图谱的勾勒，到按"有无占领动机、谢绝理由、真实原因"分析模型所展开的对刘备救徐州、占益州内心世界变化的探析，做得丝丝入扣，让人的思维有柳暗花明之感。

二、关注人物形象的立体性

人物形象的立体性，是指人物性格或内心世界丰富、复杂的特点，这是对平面人物、概念化人物形象的超越，也是典型内涵的题中应有之义。长篇小说，尤重于此。

高大全的人物形象之所以缺乏魅力，正是因为忽略了人性的复杂性。人性善恶不是一成不变的，这一刻的善很可能演变成下一刻的恶，反之亦然。另，人还有心、言、行的错位，表面呈现的东西有时恰恰是背离心灵的。唯有灵魂面具脱落，复杂而真实的人性才会真正显现。对此，优秀的小说都会有所表现，"将人物打出生活的常轨"说，"有意味的瞬间"说，正基于此。

20世纪最伟大的摄影艺术家优素福·卡什就说过："我深知每个人物内心深处都隐藏着一个秘密，作为摄影师，我的任务就是尽可能地去揭示这一秘密。尽管所有的人都会用面具极力掩饰，然而，人们内在的自我意识，有时会在一瞬之间，通过他无意识的手势、眼神以及短暂的失态流露出来。这个稍纵即逝的瞬间关系着摄影师的成败。"[①]他说的"一瞬之间"，正是灵魂秘密泄露的瞬间，捕捉了这个瞬间，人物形象便会一下子立体、生动起来。摄影艺术如此，文学创作亦如此。

遗憾的是，这一常识并不为许多语文教师所熟知。分析人物形象，清一色善、清一色恶的孩童思维还普遍存在。比如，只看到克拉利斯的自私、冷酷，看不到她对孩子的爱，为家庭生机操持的艰辛；看到孔乙己迂腐、可笑的一面，看不到他善良、抗争、执着、苦人的多侧面。从这个角度说，余老师引导学生分析刘备形象，关注到其虚伪背后的英雄主义情怀、热血、政治城府等性格侧面，是多么的应小说典型之性。

---

① 史亚娟.优素福·卡什：寻求伟大［J］.英语沙龙，2002（10）：10.

三、关注人物形象的独特性

典型强调个性与共性的统一，在鲜明的个性之中折射社会生活的某些本质。

但吊诡的是，很多语文教师在引导学生分析人物形象时，往往关注的是共性，很自觉地过滤掉个性。比如，都具有勇的性格，鲁达之勇、武松之勇和李逵之勇到底有何差别，常常是不去关注的。这不仅是对小说类性辨识的弱化，更是对小说篇性的漠视。

余老师的可贵之处在于：他不仅关注人物形象的变化性、立体性，而且对人物形象的独特性更是心细如发地辨析。在PPT分别呈现了曹丕和刘备登基的三次假推辞的共性之后，他这样点睛：

刘备与曹丕，他们的表演是不是很相似啊？相似的现象却有着不同的实质，你看刘备在徐州与益州上的表现；不同的现象有着相同的实质，曹丕称帝与刘备称帝，实质是一样的。汉献帝控制在曹丕手里，曹丕就搞了个"禅让"，其实汉献帝何尝心甘情愿，迫不得已罢了，曹丕取得了"天意"的合法性；刘备手里没有天子，他便借助"民意"，臣子们"劝进"，这就取得了"民意"的合法性。都是表演，都是假象！

曹丕是反派人物，所以小说揭穿了他的表演；而刘备呢？"拥刘贬曹"的罗贯中自然不肯贬低他，还是强调刘备的"义"。

一个借天意上位，一个借民意上位；一位逼汉献帝禅让，一位高举"义"的大旗恭行大礼；一位急不可耐地欲受诏，登帝位，一位则显得迫不得已登帝位——余老师抓住的是神态"大惊"，语言"孤虽是景帝之孙"，还有顺水推舟时的指责"陷孤于不义，皆卿等也"来分析，虽未突出"喜—惊"神情对比，但是两人汲汲登帝位的个性差异已经被鲜明地揭示出来了。

短篇小说会在细微处表现人物独特性的乾坤，长篇小说也会。因为体量巨大，此类的细微处会更多，余老师引导学生借一斑而窥全貌，高明！

四、关注人物形象的时代性

关注了人物的共性，为什么还没有凸显时代性呢？

无他，共性体现的是一类人的特点，如林黛玉之多愁善感，阿Q之精神胜利法，他们可以成为一类人的"共名"，却不一定体现时代的特征。

但是，优秀小说塑造的典型，在表现个体的时候，同时也是在表现一个时代。鲁迅的《故乡》折射了军阀混战、苛捐杂税严重的旧中国农民的生活，高晓声的《陈奂生上城》则是表现了改革开放初期经济翻身的农民生活，时代气息是触之可及的。有时候，一个新闻事件都能折射许多时代的信息，更何况意涵丰富的长篇小说？李泽厚说："有限的偶然的具体形象里充满了那生活本质的无限、必然的内容，正可谓'微尘中有大千，刹那间见终古'。"① 生活本质，必然包含着时代生活的本质。教学中，分析人物形象时，很有必要将其揭示出来。否则，怎么能充分揭示典型形象的内涵呢？

落实到刘备形象的分析，则应与那个礼崩乐坏，盛行丛林法则，充满杀戮、欺诈的时代紧密联系起来。一如分析杨绛《老王》中的"我"之冷，老李之冷，必须与时代之冷相关联，是一个道理。

余老师的做法是，将虚伪的生成与实力的扩张、权力的上升、野心的增强联系起来。这当然也能揭示时代的面影，但仅限于表面的正相关关系，而未深入揭示其间的本质联系——为什么实力扩张，权力上升，野心增强，虚伪也变得强化、自如起来？那种阴冷、狡诈的功利性算计的时代本质，还是很难显露出来。

五、关注人物形象的超越性

典型之所以为典型，还因为其天然的超越性。超越个体，超越时代，甚至超越种族，超越国界。

比如，《我的叔叔于勒》中克拉利斯身上功利性的灰暗元素，若瑟夫身上同情、悲悯、博爱的光明元素，无论在哪个时代，都会对人性有着警示和救赎的作用。这正是小说的思想艺术价值所在，不仅可以帮助我们认识那个时代，还有益于我们反观自身，审视当下，进而更好地走向未来。

那么，刘备人物形象有超越性吗？

---

① 李泽厚. 美学论集[M]. 上海：上海文艺出版社，1980：324.

当然有。无论是他为荣誉而战的勇气，激于仁义的热血担当，还是在功利面前表现的时而谨慎，时而虚伪，时而翻脸无情，抑或是余老师教学中没有提到的为兄弟舍生忘死，被余老师视为童言（我为天子，当乘此车盖）、被别的学者视为格局的大抱负（匡扶汉室），都有超越时代的观照意义。

落实到语文教学，这些既是小说整本书阅读的语文知识，思辨能力磨砺的资源，也是生命融合、情意素养教育的极好凭借。余老师的教学对上述内容有"点"无"染"，或许是对人物形象超越性的审视还处于自发状态，或许是出于教学内容互文性择定（将之放到《三国演义》另外主题的教学中）而主动舍弃吧！

六、关注人物形象的文化性

优秀小说的人物形象，也一定蕴含着文化基因，使小说的意蕴表现更加醇永。比如，鲁迅的《祝福》，有的人见出纲常文化，有的人见出死亡文化，还有的人见出了西方的希望哲学文化——对一个人最残酷的惩罚，不是肉体的戕害，而是希望的剥夺。这自有解读不尽的魅力。

步入素养本位时代，"文化的理解与传承"（私以为核心素养中将"传承"置于前、"理解"置于后是反认知逻辑的，故调换了一下顺序）更是语文教育之必需。面对经典小说，尤其需要致力于文化意蕴的发掘。

那么，刘备形象中折射了怎样的文化呢？

他言必称"仁义"，称帝过程中还有意提到自己是"景帝之孙"，这些都是被余老师视为虚伪的标识来分析的，但这何尝没有暗示出当时的文化呢？仁义不就是儒家文化的体现吗？称"仁义"固然有虚伪的成分，但也体现了他对"师出有名"的考量，这与他重视民意、招贤纳士、极力维护自己的道德形象，以谋求最广大的民心支持，更好实现自己的霸业是水乳交融的。尽管有点儿变形，但仁义文化毕竟渗进了他的精神血脉。

而暗示自己是"景帝之孙"，不正体现了当时文化中对血统的重视吗？王意如老师对这一点看得十分清晰："文化的选择以传统道德为准绳，而传统道德除了要求皇帝必须是道德的最高典范之外，确实也有血统上的期盼。这种要求和期盼伴随着浓厚的'天人感应'色彩，在儒学于思想史上站稳脚跟后，成为中国百姓接受一切历史的'前结构'。"①

　　如果上升到价值批判的层面，刘备形象身上也折射了被人诟病的英雄"伪形文化"——耗尽心术、权术与阴谋，把人的全部智慧不是用于补天与填海，而是用于杀人与征服。②虽是有毒的文化，但完全可以将之曝露，使学生看个清楚，以向真正的英雄文化（勇毅，有童心和慈悲心，是建设者而非破坏者、毁灭者，是拯救生命而非屠戮生命……）归趋。如此，文化的理解与传承才会真正得以落实。

　　囿于时间、容量或内容配置等方面考量，余老师虽提到了"对刘备进行道德审判容易，但分析其社会与文化原因更有意义"，但并未深入触及人物形象的文化性开掘。不过，如何在小说整本书阅读教学中分析人物形象，他的确为我们提供了切实可行的思维路径。

---

① 王意如.中国古典小说的文化透视［M］.上海：文汇出版社，2006：7.
② 刘再复.人文十三步［M］.北京：中信出版社，2010：281.

文言小说教学：该审视哪些问题

——虞晔如《促织》教学设计研习

教者简介 >>>

虞晔如，南京大学附属中学语文教研组长，江苏省语文特级教师。著有《朱自清散文的美学品格》《作文教学中的哲学思考》《作文审美教学的思考和实践》《也谈语文教学中的"情"》《新课标"高考写作读本"》等，参撰、参编江苏省高等学校教育专业写作教材，以及《最新作文阶梯训练》《写作辞海》《特级教师教学优化设计》《高考优秀作文技法大全》《高中课本作文指导大全》等多部教材、工具书或教学用书。

第一课时

一、以趣导入

宣宗酷好促织之戏，遣取之江南，价贵至数十金。枫桥一粮长以郡督遴，觅，得一最良者，用所乘骏马易之。妻谓骏马所易，必有异，窃视之，跃出，为鸡啄食。惧，自缢死。夫归，伤其妻，且畏法，亦自缢焉。（吕毖《明朝小史》）

二、自读课文

1. 对照注释，逐段通读课文。
2. 根据注释，疏通文字，并且在课本上"圈""点""画"，找出成为自己阅读"拦路虎"的字词。然后同桌间展开讨论,根据字词所在的位置判断它的词性,根据字词的前后搭配判断它的词义。

重点研习古今异义词、一词多义、通假字、词类活用、省略句等。

三、梳理情节

1. 贯穿本文的线索是什么?
2. 读完后编写一个情节提纲,选用合适的动词,训练自己的概括能力。

四、对话文本

课文中有些看似无关紧要的句子,实际却能透露作者的创作意图。如果我们能够抓住这些关键句子加以探讨,那么就能引领学生更好地与蒲松龄对话,从而体悟蒲松龄的创作意图。如"大喜,笼归,举家庆贺,虽连城拱璧不啻也""成顾蟋蟀笼虚,则气断声吞,亦不复以儿为念"。通过比较,我们可以看出官吏的压迫把亲情都异化了,成名爱促织比爱儿子更多。这几个看似漫不经心的句子,对于荒唐可笑的统治者是多么辛辣的讽刺!

五、布置作业

1. 查找相关资料,了解《聊斋志异》,了解蒲松龄。
2. 讲述曲折情节,并将《促织》这个故事讲给家里人听。

研习

本课时教学设计中,不难发现教者开阔的阅读视野,对文言文学法的重视。整体把握课文,既注意突出小说类性,也注意语用能力培养。对文本篇性审美,更是细腻、敏感。编写情节提纲和讲述《促织》内容的作业设计,还体现了存在式学习的价值取向,弥足珍贵。

整体上看,设计简洁、清爽,不乏新意。不过,仍有优化余地。

1. 以《促织》原型故事导入,趣从何来?凸显故事的荒诞?比较其与《促织》的异同,感受蒲松龄的艺术创造力?暗示学生明清时代的政治腐败一脉相承?不论出于哪种考虑,都显得有些突兀,有先入为主的先天缺陷——不是基于学生的困惑或认知状况施教。从课脉视角看，激趣侧重于文本内容、主旨或艺术创造力的思考，下一环节却是字词大意理解和通假字、词类活用、省略句等语法知识的学习，二者的逻辑割裂是显而易见的。

2. 自读课文环节中的研习词句，疏通课文，作业设计中的第1题，均可放在预习环节完成，既可培养学生的自学能力，又有利于教学短平快地切入学生预习中存在的疑难，使教与学皆有高度的针对性，力气全用在刀刃上，何乐而不为？

3. 从情节梳理过渡到抓关键句对话文本，体悟作者创作意图，不知理据何在？联系第二课时再次回到小说情节特点的感知，分明是兜了一个大圈子。为什么不能一次性深入探究呢？

4. 对于关键句特征，教者主要从两个方面把握：一是体现创作意图，二是富有表现力，有将陈述性知识、程序性知识和策略性知识融为一体的努力，但整体上外铄色彩还是有些强。如果从学生高质量的回答中厘清内涵，习得方法，该多么完美！

5. 作业设计中提到了《促织》这个"故事"，显然将小说与故事的类性混淆了。

第二课时

一、探究问题

1. 小说在情节经营上有什么特点？
2. 小说对现实的揭露有何深刻之处？

二、品读课文

1. 曲折跌宕的情节。
2. 细腻传神的心理描写。重点鉴赏第六段。本段写成名一家由悲到喜，由喜转悲，悲极复喜，突出了他因被征促织而心力交瘁。成名捕捉九岁儿子魂魄所化蟋蟀，为什么听到门外虫鸣，"惊起觇视"，觉得原先那条虫"宛然尚在"？这是他一夜僵卧长愁、神思混乱的错觉。"见虫伏壁上""审谛之"，为什么"以其小，劣之"？因为它与上品蟋蟀在形体上、色彩上不合。为什么后来又觉得"意似良"？因为它"形若土狗，梅花翅，方首，长胫"，而这些正是一等上品的标志。但到底是有缺陷，所以"将献公堂"，又"惴惴恐不当意"。作者非常善于运用白描手法进行勾勒，描绘出了人物亦怒亦悲亦愁的神态。

3. 动词的运用。重点欣赏第七段小促织勇斗"蟹壳青"和"鸡口脱险"。这段文字通过"怒""奔""跃""张""伸""龁"等词，把斗虫过程中促织的神态和动作写得细腻逼真，惟妙惟肖。

4. 衬托。如巧妙地借用景物衬托，以"茅舍无烟"（正衬）、"东曦既驾"（反衬）来表现成名夫妇"不复聊赖"的精神状态。

5. 对比。在对比中，凸显人物形象，如"村中少年好事者驯养一虫……急解令休止"这一段中，写了少年的三笑，共有三层对比：第一次是他看见成名的促织"短小，黑赤色"，不由得"掩口胡卢而笑"；第二次是他看见成名的促织"蠢若木鸡"，禁不住"又大笑"；第三次是他用猪鬣来挑逗促织，但"仍不动"，于是"又笑"，得意至极。由此一个终日游手好闲、无所事事的游侠儿形象便跃然纸上了。

6. 讽刺手法。如"抚军不忘所自"，真是明褒暗贬。"抚军"身为一省的民政军政最高长官，不关心国计民生，却一心拍马，细写《促织疏》；而那个一心"欲媚上官"、残害百姓的县宰，最后竟以治理才能优异而享有好名声。作者不露声色，将揶揄讽刺的味道隐含其中，令人玩味不已。

三、作业

课外参照作品的故事情节，编写一个戏剧小品。可发挥想象力，在原作的基础上再创造，写出新意，写出灵气。

研习

两道探究题围绕小说类性展开，情节、心理、动词、衬托、对比、讽刺六方面表现特色的介绍较为到位，有的可以说深刻、独到——如对异化心理的揭示，对少年好事者三笑，还有抚军写《促织疏》表现力的解读，非常自觉、有力地守住了语文体性。

编写课本剧的作业设计，要求"在原作的基础上再创造，写出新意，写出灵气"，更是体现了致用、致美、致在浑然统一的教学追求。

不过，情节特点和主题揭示之间到底存在着怎样的联系？情节曲折跌宕的特点又是怎样被表现的？教者语焉不详。心理、动词、衬托、对比、讽刺表现特色的介绍，似乎是奔着探究问题2"小说对现实的揭露有何深刻之处"去的，但是"特色"与"深刻"之间如何建立联系的，依然语焉不详。这使本课时的教学设计，整体上显出碎片化的倾向。

用"细腻逼真"作为动词用得好的标准欠妥，因为这是照相机式的功能，而非对有灵性的作家创造力的评价。蒲松龄的创造力在于：虫的"怒""奔""跃"等动词中展现的勇敢、机警、敏捷，是以未幻化为虫时成名子的胆小、内向、木讷、无助做背景的，且是被恐惧、赎过、报恩等思想激发出来的。与"似报主知"的成就感一样，蕴藏了无尽的人世苍凉和作者的悲慨。

"段"是"自然段"的上位概念，不应误用。

第三课时

一、讨论主旨

1.《促织》是喜剧，还是悲剧？

《促织》的结局是喜剧性的，但这个喜剧性的结局丝毫不能掩盖故事深刻的悲剧性。如果以文学反映社会现实的角度来审视这个结局，我们就会发现，这样一个结局，其实是作者"赏赐"给善良读者的一个"谎言"。

2.一只小小的促织，竟使成名一家为之悲与喜，为之生与死，为之贱与贵。这样写是不是太夸张、太虚幻了？

（1）由求神问卜而得佳品，魂化蟋蟀且轻捷善斗，这是不可能的。神产生于人对自然的恐惧，源于人对现实的无法超脱。成名正是在走投无路的情况下，才求神问卜的。

（2）小说中成名的力量如此微弱，虫却因为附着了统治者的权威而神勇无比，命贱既不如虫，则人变为虫便成为当然的社会逻辑。

（3）结尾"裘马过世家焉"的"喜剧"结局，实际上是嘲讽了一出丑剧，"抚臣、令尹，并受促织恩荫"，这岂不荒唐可笑！这有力地说明，百姓的生死祸福，竟系之于区区小虫，由此可见封建统治的腐败已到何种程度！

（4）人的生存意义是超越于任何一种动物的。可是在这个故事里，人为了获得生存的权利，宁愿自我否定，而幻化成一只促织。这种否定，是极其震撼人心的，影射了人的生存环境是多么可怕！

3.《促织》熔铸着蒲松龄一生的辛酸、深广的忧愤。作者在文中批判了什么？

其一，他批判了造成民不堪命的社会根源。成名的入邑庠、发大财，官员的得奖赏、获升迁，完全取决于皇帝的偶一欢喜。这是何等的荒诞！

其二，由上而下的众多贪官污吏构成一个庞大的官僚系统，给人民带来了深重的苦难。作者把批判的矛头直指整套封建官僚机构。

其三，作者还把批判的矛头指向整个社会的价值取向。在这样一个黑白颠倒、弱肉强食的社会环境里，善良、质朴是一种不为人称道的品质，而自私、奸诈、凶恶成了人们竞相学习的"生存品质"。那些具备最美好品德的、质朴的人们怎么能够守护自己人性的一方净土呢？

当然，我们在肯定《促织》高度的思想性和艺术性的同时，也要看到其局限性。如以因果报应来规劝人，无疑是愚民。但蒲松龄生活在17世纪，我们不能超越历史条件加以苛求。

二、走近聊斋先生，走进《聊斋志异》

师生共同根据相关资料对蒲松龄及其《聊斋志异》进行深入解读。

三、布置作业

1. 就《促织》中的某一点写一篇评论。
2. 研读《聊斋志异》中的名篇《席方平》，并作简评，600字左右。

研习

由是悲剧还是喜剧的探讨，到夸张、虚幻手法的剖析，再到批判主旨的分层得出，有一种蓄势而发、水到渠成的自然和深邃。为什么？每一个问题的探讨均触及了文本的篇性。无论对喜剧其表、悲剧其质的点明，还是对荒诞手法与荒诞社会生存逻辑的揭示，均体现了教者卓尔不凡的审美识见。尤其是对求神问卜背后深层心理的分析，堪称妙绝。

由文及书及人，在走向群文阅读、书评写作的过程中，课程意识与存在意识兼具，体现了对学生言语生命的自觉牧养意识，境界一下子高迥、阔大起来。

导入部分的史料，如果放到这一课时来比照阅读，感悟蒲松龄的创作匠心，或许更为合适。在主旨和成名人物形象的感悟中，如果结合具体细节，将教者所说的"一生的辛酸、深广的忧愤"坐实——成名的所谓好日子仅是皇恩中的一杯残羹，且是建立在自己杖痕累累、儿子魂化促织的基础上的，本身就是一部血泪史；驼背巫、魂化促织又充满了虚幻，实际上又构成对这一好日子的否定，因此有说不尽的苍凉和反讽。如此设计，效果是否会更佳？

称小说中的虫"因为附着了统治者的权威而神勇无比"，不知从何说起？如果说其因为附着了统治者的喜好，却成了压榨民众、异化人性、助纣为虐的帮凶，是否会更为稳妥？

作业指向言语表现与创造，值得嘉许。但是单篇文本教学，三课时布置了四项同类作业，自有一种不能承受之重。如果四选一，或许更能确保学生有兴味、高质量完成，并深化所学。

总 评

关于文言文教学，有学者提出了"一体四面"说："体"指文言文，"四面"指文言、文章、文学和文化。认为文言文的"言"在当今社会中使用的概率极低，但是文言文最核心的"文化"和"文学"部分，却显然是哪怕再经历百年依然葆有活力和魅力的部分，应成为思考学习的源泉，并称"学习文言文，最终的落点是文化的传承与反思"。[1]

---

[1] 王荣生.文言文教学教什么[M].上海：华东师范大学出版社，2014：4-11.

如此一来，《促织》属于文言小说，教学是否只需撇清"文章"的部分——主要指载道、言志，从而解决现实问题的实用功能——专注于"文学"和"文化"的部分？或只在文言小说的视域下，引导学生探讨谋篇布局的章法、炼字炼句的艺术、审美品位和情趣的提升以及精神传统的继承等？

似乎并非如此简单。

第一，上述理论是否真的成立？如果不成立或不完全成立，以之为前提的设计教学，就很容易跑偏或出错。比如，"学习文言文，最终的落点是文化的传承与反思"，那么这与文化课的教学有何区别？明确主张关注文言文最核心的是"文化"和"文学"部分——言下之意是可以淡化或忽略"文章"部分，可是又将"载道""言志"视为文章经世致用的功能，将"道"和"志"视为文化的内涵，这让教师们如何处理淡化文章与着重文化的关系？

第二，上述理论只是针对文言文总体，而非具体的文类或语篇。落实到具体文类或语篇，教学原理肯定还会发生变化。那么，具体到某一类和某一篇，教学该如何应对？

第三，上述理论产生于《普通高中语文课程标准（2017年级）》还未问世的2014年，对学习任务群、整本书阅读、群文阅读等新理念的落实，并未做出具体回答，但当下的教师来设计教学，又岂能置若罔闻？

虞晔如老师的这篇教学设计诞生时间更早（《语文教学通讯》A，2008年第5期），显然不可能受到"一体四面"说的影响。受当下高中语文新课程理念的影响，似也不太可能。但是，凭着对语文教育规律的敏感、尊崇，还有严谨而执着的探求，他的这篇文言文教学设计依然实现了不少超越。

这或许得益于他有意或无意地完成了下述问题的审视。

一、我教的是小说吗

在守住语文体性的前提下，辨识文本的类性而教，是每一位语文教师必须遵守的铁律。

在虞老师的设计中，最突出的是情节特点的感悟：（1）贯穿本文的线索是什么？（2）读完后编写一个情节提纲，选用合适的动词，训练自己的概括能力。（3）情节经营上有何特点？（4）参照作品的故事情节，编写一个戏剧小品。（5）一只小小的促织，竟使成名一家为之悲与喜，为之生与死，为之贱与贵，这样写是不是太夸张、太虚幻了？可以说，情节审美三课时一以贯之。甚至连"大情节"中的"小情节"，如少年好事者的三笑（掩胡卢而笑→又大笑→又笑），虞老师也开掘到了。

情节审美中，他还注意了情节与人物、与环境的关联。比如，在把握情节的过程中，点到了成名一家人由悲到喜、由喜转悲、悲极复喜的心理变化，点到了成名顾虫不顾儿的异化心理，点到了抚军细写《促织疏》所透露出来的溜须拍马，置百姓生死于不顾的卑鄙嘴脸，点到了黑白颠倒、弱肉强食的社会环境里，善良、质朴是一种不为人称道的品质，而自私、奸诈、凶恶成了人们竞相学习的"生存品质"。相对于只顾外在事件过程的总结，如梳理出"征虫→觅虫→求虫→得虫→失虫→化虫→斗虫→献虫"这条线索就作罢，虞老师着眼于心理发展、形象个性和个性生长环境特性揭示的情节审美，更显专业的高度、深度和新度。

不过，设计还可以再精致；对小说类性的揭示，还可再向更"特"处漫溯。

情节的特性应该是推动事件、性格发展的独特情感因果，而非人们泛泛总结的"起因、发展、高潮、结局"——这种所谓的"情节四要素"，连普通的故事、新闻都具备，并非小说所专有。落实到《促织》这篇文言小说的教学设计，把握独特的情感因果可以从人物间的内在矛盾入手。

开始，上有所好，官府逼迫成名充里正役，将他放在火上烤，逼得他要自尽，这里显示的是成名和官府之间的矛盾。成名听从妻子的建议，按照驼背巫的指引，找到了一只上品促织，但被好奇的儿子不小心弄死了，这里显示的是成名和儿子之间的矛盾。成子魂化促织，引来游手好闲的游侠儿的挑战，展示的是好事者与成名之间、促织之间、魂化的促织与鸡之间的多重矛盾。最后，成名和官府的矛盾看似消失了，但隐在的矛盾依然存在——成名儿子的魂魄是"后岁余"才回归真身的，为什么要这样？还不是怕皇帝、官府追责吗？但是，躲过了"岁余"，之后呢？即使成名一直被幸运笼罩，拥有"田百顷，楼阁万椽，牛羊蹄躈各千计；一出门，裘马过世家"的富贵和风光，那么其他的百姓呢？

这样沿矛盾深入追寻下去，是否更能讲出情节的特色？对于形象、环境，也应在"特色"上多多发掘——形象典型吗？能成为性格、心理、时代或文化的共鸣吗？能揭示社会环境的特色吗？这样，文类特征便会结晶而出，教学也会走向由内而外的精致。

当然，虞老师是从情节特色切入，带动对小说文类其他要素特征的把握。从形象、环境，或叙述视角、叙事时间、叙述结构等视角切入行不行？只要用心营构，应该也是可以的。比如，从促织视角切入，按如下课脉设计：小说中出现了哪些人物形象？各自有何特点？为何以促织为题？据说卡夫卡的《变形记》受到了《聊斋志异》的启发，两篇小说在主旨和艺术表现上有哪些异同？完全可以引导学生展开探讨，在类性辨识上，会通奥窔。

二、我教的是文言小说吗

文言小说的教学，当然还要审视"文言"二字。

"一体四面"论者是将文言定位在"词汇和语法"与现代汉语的不同上。这仅注意了文言小说与现代小说语言上的差异，对文言背后小说创作传统的因革，评论范畴、标准，文言小说的功能定位等弃之不顾，显然不妥。文言词汇、语法是理解文本内容的前提，积淀文言素养的一种方式，但仅瞩目于此，就显得有些褊狭。

虞老师对此是有所超越的。词汇、语法的特别之处——古今异义词、一词多义、通假字、词类活用等，他在自读课文环节突出了，但这不是他设计的重点。他重点关注的是文言小说背后的东西。

一是文言小说的时代性。中国小说从古代神话，到魏晋南北朝的志神、志怪小说，到唐传奇，再到明清历史演义小说，写实性是在逐渐加强的。从昔日街谈巷语，道听途说，上不了台面的边缘地位，逐渐向文学的中心靠近，载道、言志，干预现实的力量在加强，作家的虚构性、创造性、使命感也成为强劲的自觉。虞老师肯定《促织》中熔铸着蒲松龄一生的辛酸、深广的忧愤，还有对文中隐含的三大批判的总结——批判了造成民不堪命的社会根源，批判的矛头直指给百姓带来无尽苦难的整套封建官僚机构，批判的矛头指向整个社会黑白颠倒的价值取向，其实就是在凸显作者的使命感、言语人格，还有文言小说发展到清代所发挥的批判性现实功能，只不过没有明确点出来罢了。

二是文言小说的文化性。文言小说中有文化的层累，主要表现在人物的价值观念、地方的风俗习惯，还有更为深层的写作精神传统。比如大团圆结构模式，这和西方的悲剧文化迥然不同，其他诸如言语人格的求诚传统，叙事节奏上追求的"一会儿地动山摇，一会儿柳丝花朵"，还有文学评价范畴诸如草蛇灰线、伏笔照应、针脚绵密等，均能显示出文言小说与现代小说的差别——比如文言小说对白描手法的钟情，就不同于西方小说对人物心理的浓墨重彩的开掘……这些内容都是教学文言小说时应该注意的。虞老师对《促织》大团圆结局的评价——是作者"赏赐"给善良读者的一个"谎言"，还有"一只小小的促织，竟使成名一家为之悲与喜，为之生与死，为之贱与贵，这样写是不是太夸张、太虚幻了"的问题设计，触及的正是志神、志怪的传奇体写法，渗透得润心无声。

不过，在分析成名的心理描写时，未能突出文言小说与西方现代小说的差异，有些遗憾。

三、我教的是蒲松龄的小说吗

文言小说的教学审视，还应关注到作家的独特思考和艺术创造，将文本的篇性充分发掘出来，这是语文教育专业性的更高要求。

拿《促织》这篇文言小说来说，至少存在下述值得开掘的篇性。

一是语言表达上的精练性。"用词极简，达意，出入风雅，记俚俗荒诞事，却很可观"[①]，被后人称为"聊斋笔法"。这方面的特色，完全可以用还原比较法让学生体知。比如，故意详写成名失魂落魄的心理，少年好事者的三笑，以和蒲松龄的简约文字对照。这方面内容，虞老师是触碰到了，但落点放在异化心理和对比手法上去了。其他地方，亦未见点染。

二是体格表现上的双栖性。蒲松龄继承了中国文言小说记述异闻的笔记体和以华赡文字虚构故事的传奇体的写法，融会贯通，形成了传奇其表，纪实、批判其里的体格。这一特点，虞老师捕捉到了，有专门的问题探讨。

三是心行描写上的异化性。这在感受成名"顾蟋蟀笼虚，则气断声吞，亦不复以儿为念"的心理，还有对自私、奸诈、凶恶成了人们竞相学习的

---

① 木心.文学回忆录[M].桂林：广西师范大学出版社，2013：441.

"生存品质"批判时有所触及。成名被官府"杖至百，两股间脓血流离"，几乎不能行走，但发现驼背巫指引的促织时竟然能"遽扑之"，这一四两拨千斤的批判性笔墨，虞老师并未关注到。

四是小说主旨上的批判性。对比《封神演义》《西游记》一类的神魔小说，其批判的锋芒更为直接、尖锐，这在"文字狱"更风行的清朝，有这样刚直的言语人格是颇为不易的。对因果报应观念的颠覆，更是体现了讽刺的力量，在形式上的喜剧中增添了几分悲剧的内质。这方面，虞老师在悲喜剧的探讨和三重批判中有所触及，具有敏锐的审美嗅觉。

五是形象塑造上的象征性。成名"操童子业，久不售"的命运与蒲松龄何其相似！蒲松龄自19岁以县、府、道三试第一补博士弟子员，后来一直考到60多岁均未考中，忍痛接受老妻规劝，放弃了科考，至71岁时才援例得到一个已毫无意义的岁贡生名义。所以，对成名痛苦与挣扎，乃至恍惚的精神状态的描写，何尝不是对自我蹭蹬命运的辛酸感慨？而"成名"名字的寓意，还有最后发达的反逻辑描述，何尝不是对自己奋斗得伤痕累累的心灵的一种安慰？这一点，虞老师的教学设计也未开掘到。

四、我是在循语文规律教小说吗

虽然虞老师的教学设计诞生时，学习任务群、整本书阅读、群文阅读、核心素养等语文新课程改革理念尚未孕育成型，但是静心品读，他的设计又无一不触及这些前沿的理念。

整本书阅读与研讨，他聚焦的是《聊斋志异》。作业布置，课堂讨论都关涉了。群文阅读，涉及的篇目是吕毖的《明朝小史》和《聊斋志异》中的《席方平》。至于说语言积累、梳理与探究，文学阅读与写作，思辨性阅读与表达等任务群，语文核心素养的要求，不都有观照和落实吗？只不过，虞老师没有进行专题性集中深入的探讨罢了——群文阅读就错失了在异化心理议题上会通，学生昔日学过的诗句"力尽不知热，但惜夏日长""可怜身上衣正单，心忧炭贱愿天寒"等，都是可以成为会通资源的。

这便给了我们一个启示：不管课改如何风云变幻，对语文教育规律的遵守是永恒不变的。

比如，在教育目标上，一定要目中有人，且要关注知、情、意素养的综合培养、有机培养。落实到语文教育中，就不能只盯着言语知识、技能，还要关注言语智慧的启悟、言语情趣的涵育、言语人格的牧养等。

在价值取向上，一定要追求致用、致美、致在的统一，使语文学习从占有走向存在，最大限度地激发学生对母语的热爱，语言表现与创造的动力。

在教学方法上，要多运用胡适倡导的"活的教学法"——质疑、辩论、演讲，注意顺势而化，彼此触发，教学相长。

而这些，在虞老师的教学设计中都悄然无声地贯彻着。他聚焦篇性开掘，不厌其烦地和学生思维博弈，布置说或写的作业——（1）讲述曲折情节，并将《促织》这个故事讲给家里人听；（2）参照作品的故事情节，编写一个戏剧小品；（3）就《促织》中的某一点写一篇评论；（4）研读《聊斋志异》中的名篇《席方平》，并作简评，600字左右。这不就是存在式学习理念的彰显、对学生言语生命意识的自觉牧养吗？引导学生关注衬托、讽刺、心理描写上的特色，文本的批判性品格，作者一生辛酸、深广的忧愤，这不就是知情意素养的综合培养、有机培养吗？

柳宗元在《种树郭橐驼传》一文中提及了成功的种树之道——顺木之天，以致其性。文言小说教学，何尝不需要顺文言小说之天、顺作者文本之天、顺学生心灵之天？

第四辑 传记类文本教例研习

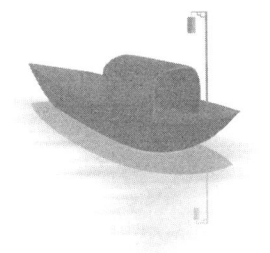

传记教学：篇性揭秘的四个着力点

——肖培东《管仲列传》教学实录研习

教者简介 >>>

肖培东，全国著名特级教师，浙江永嘉教师发展中心副主任，永嘉县上塘中学副校长，全国首届"我即语文"教学奖获得者，全国中语会课堂优化策略研究专家指导委员会委员，全国语文学习科学专业委员会浙江省分会理事，"国培计划"教育讲座专家，浙江省首批"名师名校长"导师资源库入选，《语文学习》杂志"镜头"栏目主持人。著有《我就想浅浅地教语文》《教育的美好姿态》《语文教学艺术镜头》等。

一、字词解疑

师：读读这篇文章，同学们有什么疑问？字词句上有难点的可以提出来。

（师生交流，解决了下述问题。）

1. "颍"字读音——颍（yǐng）上人也。

2. "俗之所欲，因而与之；俗之所否，因而去之"中的"否"，读"pǐ"更为合适——表示不喜欢、批评、反对之义，与《出师表》中"陟罚臧否"的"否"相类。

3. "修召公之政"的意思——修复召公的政事，令燕国修整召公的政事。

4. "仓廪实而知礼节"中的"仓廪"是什么意思？——粮库。吃饱了饭才知道礼节要做得好，老百姓最关心吃的问题，民以食为天。

研习

因被学生提问（"俗之所否"的"否"读"pǐ"，还是"fǒu"）问得猝不及防，教师与学生一起联系上下文思考、讨论，耗时不少。

但是，这一看似寻常的教学环节，依然有两个重要的亮点。

一是基于真实的学情而教——同学们在字词句理解上有什么疑问？这和上来就呈现教师臆测的重难点字词，让学生阅读或解答的外铄型教学迥异。

二是顺应学生的思维之势而化——四个问题中，只有"颖"字读音是教者授知，其他三个问题皆由教者引导学生体知而自主解决，有效实现了授知与体知、启发与自悟的统一。

二、内容感知

师：看来同学们都没有什么问题了，那我们来看这篇课文的题目是《管仲列传》。司马迁给管仲列传到底写了什么？请翻到第63页，我们来齐读"导读"。

（学生齐读"导读"。）

师：好。不仅着力刻画人物做了些什么，是怎样做的，还关注人物在历史中如何生活，探讨了人物的命运究竟被什么力量所决定。也就是说，读列传首先要探讨这个人，然后再探讨这个人背后的人文价值。我们把这篇列传读一遍，读古文一定要读得慢。在读的过程中，我们要注意《管仲列传》写了管仲的哪些事情？

（学生齐读课文。）

师：考虑一下《管仲列传》里面记录了管仲的生平，用文中的原句来说——

生：少时与鲍叔牙游。

师：说管仲的生平，难道只写了"与鲍叔牙游"吗？

生：写了"三仕三见逐于君""三战三走"。

师：好了，大家来看看这个女同学选的句子都在第几段？

生：第二段。

师：司马迁在写人物生平的时候用了什么手法？我们来看看这段话是谁说出来的？

生：管仲。

师：管仲自述的，也就是说，管仲说这几句话是在说自己的坎坷经历。我们一起来读读。

（学生齐读课文第二段。）

师：好，读了这段之后，你了解了管仲哪些生平？用自己的话来说。

生：一开始贫穷，和鲍叔牙做生意，辅佐公子纠打败仗，他被囚困。

师：先是"始困，与鲍叔贾"，然后是"与鲍叔谋事更穷困"，还有"三仕三见逐于君""三战三走"，接着"公子纠败，召忽死之""吾幽囚受辱"。这里面老师有个问题，"三仕三见逐于君"，这个"见"什么意思？

生：被。

师：对，被，这句是被动句。"召忽死之"的"死"是什么意思？

生：为……死。

师：对，很聪明，这是为动用法，为……死。那么文章写这么一段经历，在第一段中有没有？

生：（低声）有。

师：有，而且更详细。我们来把第一段读一遍。

（学生齐读课文第一段。）

师：所以课文的第一、二两段在写管仲的生平，课文接下来写什么？两个字。

生：为政。

师：为政。这样看来这篇文章层次很清楚，一、二两节写管仲生平，三、四两节写管仲为政，最后一段是太史公的评价。这篇文章的结构出来了。文章中哪句话写出了管仲的才华？非常明显。

生：管仲既用，任政于齐，齐桓公以霸，九合诸侯，一匡天下，管仲之谋也。

师："管仲既用"的"既"是什么意思？

生：已经。

师："齐桓公以霸"的"以"是什么意思？

生：以之霸，"以"是因为、凭借。齐桓公因为、凭借霸。

师：以之而霸，这个"霸"是什么意思？

生：称霸。

师：所以这个"以"解释为介词，很好，省略了"以之"的"之"。"九合诸侯"的"合"解释是什么？

生：使……合，纠合，召集，汇集。

师："匡"呢？

生：匡济。

师：对，匡济。所以一句话就能概括管仲的才能了。

研习

本环节教学内容众多，有了解导读内容，关注人物做了什么、怎样做的，人物命运被什么决定；"生平→为政→评价"的文脉梳理；知晓文中写管仲才华的句子。其间穿插的内容有：了解第一、二自然段内容同构的关系；介绍文言文读法——慢读；检测"见、死、既、以、霸、合、匡"的意思。

以文脉梳理为轴心，整体把握文本内容，不仅是为进一步感悟传主的特点蓄势，也是在有意识让学生感受传记文类的特征——聚焦传主的生活经历、精神风貌及其历史背景，感受传记真实性与文学性合一的特性。

不过，教学内容还可再精粹，教学活动还可再紧凑。既然以文脉梳理为轴心，完全可以继续深入追问。

1. 第一、二自然段都是介绍管仲生平的，有何异同？司马迁为何要重复那些相同的事迹？不同部分的介绍，意在凸显什么？

2. 为政也是生平事迹的一部分，司马迁为何要拿出来单独强调？

3. 结尾部分名为评价，司马迁其实未置一评，只不过将臆想中的孔子之评与《孝经》中的君臣相处之道链接到一起而已，但是自己的评价又"深"在其中，你能品味出来吗？这种不评而评的写法有何妙处？你能体味出来吗？

诚如是，学生思辨力是否会得到更好的磨砺？

另，师生的措辞还需进一步规范。对话中，教师将自然段、段、节三个概念的内涵完全等同，显然不妥。学生将"以之霸"翻译为"齐桓公因为、凭借霸"，这是明显的病句。因为省略了"之"的翻译，教者没有趁势指正，丢失了一次语用规范训练的契机。

三、一字读文

师：再考虑一下，这篇文章这么读过去之后，你读出了哪个字？《管仲列传》里哪个字能概括出你对这篇文章的理解？看管仲的生平、管仲的为政，你明白了哪个字？

生：贤。

师：为什么？大声地说。（板书：贤）

生：因为他为政的时候那些谋略都是有利于齐桓公称霸的。

师：哪些句子？找出来。

生：桓公实怒少姬，南袭蔡，管仲因而伐楚，责包茅不入贡于周室。桓公实北征山戎，而管仲因而令燕修召公之政。于柯之会，桓公欲背曹沫之约，管仲因而信之，诸侯由是归齐。

师：从这段可以看出管仲之"贤"，大家看看对不对？那么管仲"贤"在什么地方？你能简单说说吗？

生：注重德行。

师：对，这是自己的话。管仲之"贤"在这段话中可以用一句话概括是什么？非常明显。

生：（其他人补充）善因祸而为福，转败而为功。

师：对，善因祸而为福，转败而为功。这位同学读书还不够细心，不能自己凭空想，一定要利用文本来思考这个问题。好，我们来读读管仲之"贤"。

生：（齐读）善因祸而为福，转败而为功。

师：还有同学来说说看在文章当中读出了哪个字？你来说，读一篇文章总归有自己的想法。

生：在《管仲列传》中我读出了"情"。

师：一个"情"，为什么？（板书：情）

生：管仲和鲍叔牙的友情。不管管仲如何，鲍叔牙始终"善遇之"，鲍叔牙作为他的知己，一直知他心。即使他被囚禁了，还是推荐他为齐国的宰相。

师：最富有情感的一句话是哪句？

生：管仲自述中"生我者父母，知我者鲍子也"。

师：就是这句话，读读看，读读看。

生：（读）生我者父母，知我者鲍子也。

师：管仲说这句话肯定是充满感情的，大家一起来读读看。

生：（齐读）生我者父母，知我者鲍子也。

师：（读）生我者父母，知我者鲍子也。

生：（齐读）生我者父母，知我者鲍子也。

师：（读）生我者父母，知我者鲍子也。这个"也"字是很有感情的，大家一起读。

生：（齐读）生我者父母，知我者鲍子也。

师：还有吗？这位女同学，你肯定是有想法的，读书没想法是不可能的。这本书叫"选读"，主要是让你自己读的。整篇文章读下来，你读懂了哪个词、哪个字？

生：读懂了一个字，是"势"。

师：哪个"势"？

生：可以是"势力"的"势"，也可以是"形势"的"势"。

师：为什么？

生：其实管仲在他的前半生非常贫困，生不逢时。文章中说"少时常与鲍叔牙游""管仲贫困"，管仲"尝为鲍叔谋事而更穷困"。我觉得管仲是非常有才能的，但是在前半生的时候没有把才能发挥出来，是因为他没有接触那些发挥自己才能的平台，没有接受像公子小白那种发挥自己才能的人，这个时候他幸运地碰到了鲍叔牙。因为这个时候鲍叔牙不打压他，而且能够一直接济他，让他发展，上面也说到对他有情，所以前半生是苦的。后半生，鲍叔牙给了他一个机会，在管仲囚困受辱的时候给了他一个改变人生的机会，给了他一个平台让他为贤君做事，让他发挥治国平天下的才能。

师：这篇文章写到了管仲在"恶势"和"顺势"之间的转化，因此她读出了"势"对人的重要性。"贤""势""情",最后一次机会,读出来什么?

生:我读出来的是"贤",可是找出来的地方不一样。

师:那你怎么不说呀?

生:我找到的是第三段。"俗之所欲,因而予之;俗之所否,因而去之。"他懂得顺民心,知道民众想要什么就给他们什么,不想要什么就不给他们什么,所以这也是"贤"的表现。

师:那可以把"贤"换成另外一个词,你刚才说过,懂得,而且是"顺"民心。(板书:顺)

研习

一字概括阅读收获,切中了文本一字立骨的篇性。多字皆可立,更见人物特点的丰富。教者顺势启悟,学生对文本独特而多元的理解终于如花绽放。又因为不满足于一等到结论便罢休,而是追问不止:哪些句子体现"贤"字?何处见出"情"字?为什么用"势"来概括?所以,学生的分析皆能言之有据,言之成理。

不过,学生从"桓公实怒少姬,南袭蔡,管仲因而伐楚,责包茅不入贡于周室……"等句子中见出管仲的"贤",被教者批为"读书还不够细心""凭空想",未能"利用文本来思考这个问题",实在是冤枉了学生。因为学生是从"有才"这个意涵理解"贤"的,且紧贴了文本,是教者认同的"善因祸而为福,转败而为功"的具体展开。阅读细心得很,立论扎实得很。

将"恶势"换成"逆势",与"顺势"对举,庶几更为贴切。

四、"知"读管仲

师:那同学们来看一下,文中哪个字可以把黑板上这四个字("贤""情""势""顺")连起来?读读,想想,文章中有一个字出现频率极高,一个动词,出现频率最高的一个动词,自己去找。读古文要自己想,找到没有?

(有学生小声议论。)

生："知"字！

师：在文章中哪些地方出现了？

生：第一段。

师：我们来看第一段"鲍叔知其贤"，第二段的"知"多不多？

生：多。

师：我们都画起来。还有吗？

生：第三段，"仓廪实而知礼节，衣食足而知荣辱"。还有第四段，"知与之为取，政之宝也"。

师：这真是写"知"的《管仲列传》。考虑一下，文章写到了哪些"知"？

生：首先从管仲和鲍叔牙的交情来说肯定是"知人"。

师：嗯，也就是"知己"。首先是知己之恩、知遇之恩。文章第二段是怎么说到这种知己之恩的？

生：比如天下人都不理解他，唯独鲍叔牙知他。

师：所以第二段里有几个"知"？"五知"管仲，这个"五知"在读的时候肯定是要富有感情的。读出来。

生：尝与鲍叔贾，分财利多自与，鲍叔不以我为贪，知我贫也。

师：没有感情，这是不"知"的。一个人"知"不是这么读的，尤其是最后一句话。大家一起来读读。

生：（齐读）知我贫也。

师：（读）知我贫也。

生：（齐读）知我贫也。

师：就这样，我们把五个"知"读一遍，就读这五个"知"。

师、生：（齐读）知我贫也；知时有利不利也；知我不遭时也；知我有老母也；生我者父母，知我者鲍子也。

师：这段话有一种排比的意味在里面。管仲说这一段话说得很真诚，在感谢鲍子的知己之遇，这就是感情了。所以文章写到了管仲对鲍叔牙的知己之情。还有吗？除了管仲和鲍叔牙之间有"知"之外，还有什么"知"？

生：管仲"知势"。

师：找出相关的句子来读读。

生：就像第四句"善因祸而为福，转败而为功"，他知道怎么依据形势把祸患转变为福，如何把本来失败的转换为成功。

师：这句话写出了管仲"知势"。司马迁在写这段话的时候用了什么手法？读读看。"桓公实……管仲因……。桓公实……管仲因……。桓公欲……管仲因……"。

生：对比。

师：对，对比手法。把它画出来，把"因""欲"画出来。齐桓公做得不对的时候，管仲都"转败而为功"，这是他的"知势"之才。也就是说，管仲本人是有这个"知"的，他"知势"。再考虑一下，管仲除了"知势"，还"知"什么？

生：有知遇之恩。

师：知遇之恩已经讲到了啊。除了"知势"之才，还有什么？

生：还有顺应民心。

师：顺应民心是哪个句子？

生：俗之所欲，因而予之；俗之所否，因而去之。

师：俗之所欲，因而予之；俗之所否，因而去之。这句话中有五个字说到了管仲的才华，你看看哪五个字？

生：（齐声）与俗同好恶。

师：与俗同好恶。所以管仲还能够"知民"。还有吗？"知民""知势"，还能"知"什么？

生：知君！

师：哪里有？

生：管仲每次都能纠正齐桓公的一些错误的决定。

师：很巧妙地纠正了齐桓公错误的决定，所以说他对国君是非常了解的。

生：知礼。

师：哪里有？

生：仓廪实而知礼节，衣食足而知荣辱，上服度则六亲固。四维不张，国乃灭亡。

师：说明什么？

生：他比较注重维护周礼，注重人的德行。

师：其实这些方面说的都是管仲为政的手段，他"知政"。这就是管仲的贤，他是个有贤有知的人。接下来看看文章中还有哪些"知"？这些"知"，我们可以理解为管仲"知政"，管仲有"知己之情"，管仲有"知政之才华"。文章还写到哪个"知"？除了鲍叔牙对管仲有"知"外，还有谁？

生：齐桓公对管仲有知遇之恩。

师：齐桓公用了他就非常相信他。从哪句话可以看出？我们先想答案再想过程，这样上课就累了。找到写齐桓公的句子了吗？怎么看出齐桓公对他有知遇之恩？

生：管仲"以区区之齐在海滨，通货积财，富国强兵，与俗同好恶"。他有富国强兵的策略，然后齐桓公支持他。

师：这些虽然是管仲的才华表现，但实际上有齐桓公的支持。很好，还能找到吗？

生：管仲既用，任政于齐，齐桓公以霸，九合诸侯，一匡天下，管仲之谋也。

师：这个句子读得特别好。怎么说呢？

生：齐桓公在继任王位之前是公子小白，齐桓公上位以后还能重用管仲，而且匡济天下的策略也是"管仲之谋"，齐桓公任人唯贤。

师：这个句子是什么句子？句子都比较短，很简洁，其实也是暗示齐桓公在用他的过程中非常相信他，非常果断。所以，我说她读得好，我们一起来读读看。

生：（齐读）管仲既用，任政于齐，齐桓公以霸，九合诸侯，一匡天下，管仲之谋也。

师：写管仲与鲍叔牙之间的"知己之情"，写管仲与齐桓公之间的"知遇之恩"，更多写到了管仲的"治政之才"。无论是"顺""势"，还是"贤能"，都代表了他"知政"。所以，这篇文章就是在写"知"。我们来读读文章中的相关句子。

生：（齐读）管仲既用，任政于齐，齐桓公以霸，九合诸侯，一匡天下，管仲之谋也。

师：第二段。

生：（齐读）生我者父母，知我者鲍子也。

师：接下来读读管仲之才华。

生：（齐读）管仲既任政相齐，以区区之齐在海滨，通货积财，富国强兵，与俗同好恶。

师：接下来读读管仲的为政之才。

生：（齐读）其为政也，善因祸而为福，转败而为功。贵轻重，慎权衡。

师：最后一段。

生：（齐读）将顺其美，匡救其恶，故上下能相亲也。

师：所以这篇列传中很多地方写到了这个"知"字。一个人想要成功必须有"知己"、推荐的人；一个人想要成功，和领导之间要有"知遇之恩"。当然，这些原因是主观的还是客观的？客观的，一个人要成功需要这些。这个"知"在文言文中还有一种用法，是个通假字，通"智"。一个无知的人再怎么样也无法展现宏图大业，所以一篇《管仲列传》就是学到一个"知"字。你看，司马迁为这么一个相写了一个列传，他是一种什么样的心态呢？你们想想，《管仲列传》里有没有埋藏作者的某种心情？

生：司马迁是想借管仲来说自己渴望得到君主的知遇之恩、知己之情。

师：大家说他说得对不对？管仲有人知，但是司马迁有无人知的落寞与孤独。管仲有才，司马迁同样才华横溢，所以一个是"有知"，一个是"怀才不遇"。因此，从这篇文章中能看出作者的无人赏识、怀才不遇，作者深望明君。这个"知"里面带有司马迁的忧伤和期待。再想想，这篇文章对现在的人才观有什么影响？你来说，当代社会中，我们应该怎么做？

生：要展现自己的才能，不能放弃。

师：自己一定要有才华，所以在抱怨成功之前，想想你为它准备什么了。

生：要善于发现人才。

生：不要只是期待时机。

师：不要只是期待时机，自己要升华，时机到了就好了。

生：要把握时机。

师：我们要懂得知己、知人、知势，这就是我们学习《管仲列传》得出的最好结论。其实学习这篇文章，是要学习"智"。我们一起来读读文章第一段的最后一句话。

生：(齐读)管仲既用，任政于齐，齐桓公以霸，九合诸侯，一匡天下，管仲之谋也。

师：读第四段最后一句话。

生：(齐读)知与之为取，政之宝也。

师：这个"知"是宝也。这个宝你拥有了吗？好好想想。下课！

研习

让学生从文本中找出高频词汇"知"，来统摄"贤""情""势""顺"四字，实在是极具魅力的思维览胜。感悟经由管仲与鲍叔牙之间的"知己之情"，到管仲与齐桓公之间的"知遇之恩"，再到管仲的"治政之才"，司马迁渴望知遇之恩而不得的忧伤，最后上升到"我们"的化"知"成"智"，思维不断反转，时有柳暗花明的审美惊奇。

总评

理想的语文阅读教育，应是教材层面知识、教师层面知识、学生层面知识巧妙而自然地相乘。达到这样的境界，必须以篇性揭秘为轴心，带动体性捍卫、类性辨识，实现言语性的高蹈。其中，在类性辨识基础上开掘篇性，由这一类走向这一篇，显得极为重要。

汪曾祺先生对语言和内容有一段非常形象而深刻的阐释："语言不是外部的东西。它是和内容(思想)同时存在，不可剥离的。语言不能像橘子皮一样，可以剥下来，扔掉。世界上没有没有语言的思想，也没有没有思想的语言……语言的粗糙就是内容的粗糙。"[1] 其实，类性和篇性也是相依相存、你中有我、我中有你的。落实到语文阅读教育，篇性揭秘要基于类性辨识，类性辨识则必须指向篇性的揭秘。所有文类的教学，概莫能外。

如何巧妙地基于类性揭秘篇性，肖培东老师在《管仲列传》一文教学中进行了较为深入的探索，为传记教学提供了切实可行的思维路径。

---

[1] 汪曾祺.中国文学的语言问题[M]//汪曾祺文集·文论卷.南京：江苏文艺出版社，1993：1-2.

一、事件与传主的特色关联

传记是遵循真实性原则，用形象化的方法记述人物生活经历、精神风貌及其历史背景的一种叙事性文体。所以，审视作家选择哪些事件巧妙营构，如何在凸显人物独特精神风貌的过程中，实现真实性与文学性的相乘，如何使事件与传主发生特色的关联，便成了阅读教育的重点。

肖培东老师引导学生从整体上把握文脉（生平→为政→评价），局部上把握具体的事件（始困，与鲍叔贾→与鲍叔谋事更穷困→三仕三见逐于君→三战三走→公子纠败，召忽死之，管仲幽囚受辱），一字感受管仲的"贤""情""势""顺""知"，还有围绕"生我者父母，知我者鲍子也"反复读，读反复，感受管仲对鲍叔牙深眷的感激之情，指出第一、二自然段都是写管仲生平，且第一自然段比第二自然段更详细，无不是在具体感受事件与人物的特色关联。

其具体的思维路径，表现有三。

一是事件层面的审视：写了哪些事情？详略安排怎样？事件之间的逻辑如何？第一问是以文脉梳理的形式进行的，整体感非常强。第二问只触及了第一、二自然段写生平的共性，但并未触及差异性——如第二自然段将第一自然段中的"善遇"具象化，以凸显管仲对鲍叔牙的感激，而第一自然段也并非如肖老师所说的比第二自然段"详细"。

第三问是肖老师重点关注的，不仅仅是引导学生把握时间逻辑中的几件大事，而且深入事件背后的情感逻辑、性格逻辑、命运逻辑——用肖老师欣赏的"导读"中话语来说，就是"探讨人物的命运究竟被什么力量所决定"，于是师生对话中有了诸多个性化的审美发现：事件中呈现的管仲"逆势→顺势"的转化；管仲、鲍叔牙、齐桓公"知"的交互作用呈现的生命奇观；"知"需主客观统一才能臻于理想之境的哲理渗透。

不过，一般传记都写传主体面的事情，司马迁为什么将管仲贪财、怕死等不雅的事情也写进来，这种名抑实扬的篇性也是可以引导学生感受的。

二是人物层面的审视：人物有哪些特点？特点的表现在哪里？特点是如何形成的？如何看待这些特点？肖老师让学生结合文本，一字感受管仲的"贤""情""势""顺""知"，就是在感受人物的特点及其表现。特点如何形成？在"知"的体悟中得到了酣畅落实。如何看待这些特点，集中表现在肖老师的智慧拓展上——"知"通"智"，一个无知的人再怎么样也无法展现宏图大业，所以一篇《管仲列传》就是学到一个"知"字，从而在内因与外因统一的基础上出色地回答了这个问题。

三是事件与人物关系层面的审视。事件是否体现了传主精神特点的发展性、丰富性、超越性？肖老师重点审视的是丰富性和超越性——后者体现在引导学生对知己、知人、知势的生命感悟上。发展性没有突出，文本中也没有体现。但是，这倒体现了传记与小说写作的不同侧重点。传记只要写出人物做了什么、怎么做的、为什么这么做即可，小说则在此基础上通过矛盾冲突的营构、社会环境的作用，将人物性格的演变作为一件重要任务来完成。

可能是出于时间或内容择定的考虑，肖老师并未点明这一点。

二、传主与其他人物的命运链接

在传记类性辨识、篇性揭秘的过程中，还应关注传主与其他人物的命运链接——

有哪些链接？如何链接？结果如何？为什么是这样的结果而非别的结果？作者是怎样表现这些生命链接的？等等。

肖老师重点关注的是三组生命链接。

1. 管仲与鲍叔牙的生命链接——贯穿一生，逆势与顺势时皆有。引导学生有感情地朗读管仲的心声"生我者父母，知我者鲍子也"，也是着眼于此。

2. 管仲与齐桓公的生命链接——顺势时的链接。引导学生感受管仲的知政才华，在朗读"管仲既用，任政于齐，齐桓公以霸，九合诸侯，一匡天下，管仲之谋也"一句时，从简洁、短促的句式中感受齐桓公的信任果断与彻底。

3. 管仲与百姓的生命链接——这在对"与俗同好恶"一句的体悟中，对管仲知礼、知民特点的认知上表现得尤为突出。

不过，生命链接中的关系审视，似乎有些薄弱。肖老师侧重的是相辅相成关系，人物之间是否存在相生相克的关系？齐桓公在任用管仲的过程中，真的是一泻无余的信任和听从吗？如果是这样，他为什么还重用管仲极其厌恶的易牙、开方和竖刁？"与俗同好恶"真的是理想的治理之道吗？这些问题其实是值得辩证分析的，这样更能真切地感受到司马迁传记写作的文学色彩。

传记写人一般有三种方式：烘云托月式，如《荆轲刺秦王》；退为背景式，如《周亚夫军细柳》，主体笔墨写的是汉文帝，周亚夫仿佛成了背景；互为中心式，本文就有这种特色。完全可以引发学生的思维风暴——写管仲，为什么对鲍叔牙也浓墨重彩地描写，从而更能发现文本中的复调笔法。

三、作者与传主的生命融合

优秀的传记，其实深藏着作者的问题意识、对话意识和愿景意识，这些意识不断交织、生化，推动作者与传主走向深度的生命融合。《管仲列传》中便有这种深度的精神对话，自我心像的投射，自我情感的抒发，还有美好人生境界的渴望。

因此，传记教学必须关注到这一层面：仅仅写的传主吗？只是对他"成功学"或特立独行个性的一种形象写照吗？

令人欣喜的是，肖老师非常敏锐地发现了这一点，并有意识地点染，一下子提升了语文阅读教育的境界——

师：你看，司马迁为这么一个相写了一个列传，他是一种什么样的心态呢？你们想想，《管仲列传》里有没有埋藏作者的某种心情？

生：司马迁是想借管仲来说自己渴望得到君主的知遇之恩，知己之情。

师：大家说他说得对不对？管仲有人知，但是司马迁有无人知的落寞与孤独。管仲有才，司马迁同样才华横溢，所以一个是"有知"，一个是"怀才不遇"。因此，从这篇文章中能看出作者的无人赏识，怀才不遇，作者深望明君。这个"知"里面带有司马迁的忧伤和期待。

教诗歌、小说、散文、戏剧，教师一般会注意作者与文本中形象的生命会通，但是对传记、寓言和古代的"说"等文体的教学，则常常忽视。对作家言语人格、创作追求的感悟，更是会不知不觉地忽略。也就是说，关注了这一类、这一篇，却遗忘了这一人。

肖老师的缜密与高明之处，正在于填补了这一空白。不仅如此，他还引导学生聚焦"导读"中的提示——探讨人物的命运究竟被什么力量所决定，这实际上已经触及了司马迁《史记》写作的追求——究天人之际，通古今之变，成一家之言（司马迁《报任安书》）。虽未明说，但已自成高格。

四、传记的时代性与超越性

传记是对特定时代中特定人物真实而艺术地书写。

因为真实，所以具有史料性、时代性；因为艺术，体现作家独特的哲学思考和审美创造，内蕴了哲理品格、美学品格，所以又天然地具有超越性。这在《史记》中表现得极为明显。缘于此，鲁迅在著作《汉文学史纲要》中盛赞其为"史家之绝唱，无韵之离骚"。

落实到《管仲列传》一文，我们不难发现战争、杀戮、算计、自私、功名追逐、王霸之业、信义不立、礼法不张等时代面影，同时也不难发现司马迁在管仲、鲍叔牙、齐桓公三人关系和言行描写中渗透出来的价值观力量——知人善任、知恩图报、知势而为……这种优秀精神血统的基因，何尝不具有哲理的超越性？

上升到言语表现之美的层面，司马迁以"知"统摄事件、人性的叙事精致性，文本中寄寓的达到"知"的境界需内因、外因相统一的哲理性，还有潜藏在文本背后的有"知"与无"知"、向往与失落形成的情感对峙所产生的蕴藉性，还有藏情于事、藏情于论的春秋笔法，何尝不具有审美的超越性？后世韩愈、欧阳修学习《史记》，韩愈"得其雄"（雄浑、雄放），欧阳修"得其情"（情韵，深情），不就是很好的例证吗？

回到肖老师的教学实录：梳理文脉，感受管仲的生平、为政，便是有时代性的感知；在鲍叔牙之知、管仲之知、齐桓公之知、司马迁之知的多维体悟中，还组织学生探讨——这篇文章对现在的人才观有什么影响？当代社会中，我们应该怎么做？这已然深入文本超越性的篇性感知了。

肖老师一直谦逊而执拗地倡导"浅浅地教语文"。其实，浅的仅仅是基于学情，紧贴文本，守住语文体性的简明教学形式、平易的谈话风，实实在在地积淀语文学养、牧养学生的言语生命，而浩瀚的阅读、深入的钻研，以及陶铸百家后的个性化创造，从来不曾有须臾的断绝。这在《管仲列传》一文事件层、人物层、哲理层、文化层、言语表现智慧层的层层篇性揭秘中，已经表现得十分了然了。

他本身何尝不是时代性与超越性统一的生动写照呢？

基于文体的教学,如何生长

——蒋红卫《种树郭橐驼传》教学实录研习

教者简介 >>>

蒋红卫,执教于浙江省安吉县高级中学,以《种树郭橐驼传》一课参加比赛,荣获湖州市第三届高中语文优质课评比一等奖。在《语文学习》《语文教学通讯》《中学语文教学参考》等刊物发表学术文章 20 余篇。

一、导入与检测

师:学习文言文,首先要过好语言关。这篇文章共 490 余字,注解有 60 多处,大家预习时应该能读懂课文。读文言文时要特别注意文中的重点实词、虚词,掌握它们的常用意义。

本文在语言上有一个特点,就是词性活用现象很丰富。下面老师就重点检测一下大家在这方面的掌握情况。

(投影演示检测题,重点检测并落实文中出现较多的"词性活用"现象,如"病""名""实""蕃""筑""子""爪""硕""茂""早""烦"等词,检测学生预习情况并作指导。)

研 习

导语朴实却绝不拖沓,因为学法指导、目标提醒均化入其中。聚焦"词性活用"检测,更是体现了教者精准、简约的教学风格。

美中不足的是，教者本位意识很强劲。教者辛辛苦苦梳理出来的"词性活用"词，并不一定都是学生的学习盲点。如是，排地雷式的检测岂非浪费学生攻坚克难的时间？联系下一环节的提问——询问学生对文章语句、文意等还有什么不理解的地方，此环节检测完全多余。

措辞亦需严谨——检测题如何"演示"？"检测并落实……现象"，词语搭配合理吗？既然前句提到了"检测并落实"，为何后面再来一句"检测学生预习情况并作指导"？

教学需要适当的良性冗余，但那是学生思维、想象、情感等活动卡壳时所展开的感性滋养，断不是随意的重复，乃至用词失误。实录发表在《语文学习》上，出现这些语用瑕疵，令人讶异。

二、引导学生提问

师：在预习中，大家对这篇文章的语句、文意等还有什么不理解的地方？

（学生提出一些字词方面的问题，教师一一帮助解决。其中一学生提了一个很有价值的问题：本文的题目好像有点特殊。）

师："特殊"在什么地方？

生：我们平时读的传记，一般都是"某某人传"，而这篇传在"郭橐驼传"前面还要加上"种树"两个字，是否有什么特殊的用意？

师：这个问题问得好。（转向大家）大家平时读到的传记，通常是给怎样的人作传？

生：（纷纷）给名人、伟人作传。

师：记录他们的什么情况？

生：记录他们的生平，至少记录他们某一段比较有意义的人生经历。

师：那么这篇传的"传主"是怎样一个人？作者记录了他的哪些情况？

生：传主是"郭橐驼"，是一个驼背，没有名字，郭橐驼只是他的外号。

生：作者并没有记录他的生平事迹，只是记录了他"种树"的技艺。

师：传记，通常记录名人的生平事迹。本文是给郭橐驼这个普通人作传，并且只是介绍他的一种技艺。那么，柳宗元为什么要写这样一篇"传"？带着这个问题，我们来研讨这篇《种树郭橐驼传》。

首先，我来指导大家朗读课文。

（教师对重点句、难点句的句中停顿进行朗读指导，以帮助学生理解句意。）

研习

这一环节完全围绕学生的阅读敏感点展开教学，体现了可贵的生本思想。尤其是引导学生比较《种树郭橐驼传》与一般人物传记的区别，触及了"传记体寓言"的文体特色，有力地守住了语文的体性。

不过，师生口径一致地认为文本只是在"介绍郭橐驼种树的技艺"不妥，因为真正介绍的是"种树之道"，用教者的话说是"种树经"。倘若联系全篇看，介绍"种树之道"也不是目的，真正的目的是要传递"养人术"。"术"是文中"问者"的措辞，其本质还是"道"。

教者与学生的讨论，已经极大地激发了学生探求柳宗元写作动机的兴趣。可是，教者突然悬置这一兴趣，横插了一个朗读环节，而且还是"指导"朗读，再次回归先前的理解句意。这种斩断学习兴趣，也使"课气"断裂的举措，不知出于何种考虑。

三、朗读感知课文，抓住关键问题，从最强信息切入对课文的阅读

（一）指导学生解读郭橐驼的"种树经"

师：郭橐驼种树有他的绝技，为什么？因为他有一本"种树经"（板书：种树经）。他是怎样介绍自己的"种树经"的？自由朗读课文，找到相关语段。

（学生自由朗读课文，遇到问题就举手提问；教师巡视，解答学生的提问。学生自读课文毕。）

师：大家找到郭橐驼的"种树经"了吗？

生：（齐声）找到了。

师：请大家齐声读出相关语句。

生：（齐声）能顺木之天以致其性焉尔……非有能早而蕃之也。

师：大家觉得这段话中最关键的语句是什么？

生：能顺木之天以致其性。

师：还有吗？

生：则其天者全而其性得矣。

师：这两句话连起来，正好能组成一句假设复句。大家连起来读一下。

生：（齐声）能顺木之天以致其性，则其天者全而其性得矣。

师：（投影）这句话最关键的词有哪些？

（学生纷纷说出"顺""天""性"等词，教师顺势板书"顺天性"。）

师：什么叫"顺天性"？你能结合郭橐驼的"种树经"说说它的含义吗？

（说明：此环节意在为学生理解文章的寓意做好铺垫。）

生：比如种树的时候，要适应树木的本性和自然生长规律，才能使树木长得茂盛，使它早结果、多结果。"顺天性"就是顺应事物的自然规律，就是我们常说的"顺其自然"。

师：说得很好，那么，我再问一句，"顺其自然"是否就意味着放任自流，撒手不管？

生：（纷纷）不是。

师：何以见得？请大家从课文中找到根据。

（学生再次细读"种树经"。）

生：郭橐驼在种树时能做到顺其自然，但并不是放任自流。他在种的时候是非常小心谨慎的。文中"其莳也若子"说明了这一点；种好之后，他才撒手不管，文中"其置也若弃"说明了这一点。

师：是啊，顺其自然并不表示人们在自然面前无所作为，而是有所为有所不为，该放手时才放手。

那么，"他植者"是怎样种树的呢？请大家将"他植者"的种植方法和郭橐驼的"种树经"对比起来阅读一下。

（学生活动：大部分学生能准确地将相互对比的语句对照起来阅读。）

（二）重点指导学生比较"郭橐驼的种树经"和"他植者的种树法"，领会文章的寓意

［说明：这是引导学生领悟寓意的关键环节。教师要引导学生将课文所

传达的文化信息与学生的生活体验结合起来，对"顺应自然规律"的哲学含义有真切的心理体验，求得一种"心领神会"的体验效果。体验要源于文本，而又高于文本，要由"此"（文本）及"彼"（生活体验），在认识过程上要体现一种感性到理性的升华。]

师：他植者种树与郭橐驼种树的区别是显而易见的，但大家有没有发现两者的共同之处？

生：（纷纷）他们都想把树种好。

师：对。其实他们都有着相同的"情感"和"欲望"。（板书：情感、欲望）但为什么结果却截然相反呢？

生：因为他们的方法不同。

师：那么方法是从哪里来的呢？

师：方法从思想中来。一个人做事所采取的方法，取决于他对这件事的认识和理解，这就是思想。我再问一句：什么叫"思想"？

我查了词典。《现代汉语词典》中对"思想"这个词的解释是：客观存在反映在人的意识中经过思维活动而产生的结果。既然如此，那么必定有些思想是正确的，有些思想是错误的，这决定了人们解决问题的方法是否正确。那么，什么样的思想才是正确的呢？

生：符合事物发展规律的思想才是正确的。

师：说得对。做事情要"理智"地把握事物的"规律"，才能把事情做好。做得最漂亮的事情肯定是"情感、欲望"与"理智、规律"的和谐统一。如果只从自己的"情感"和"欲望"出发做事，有时难免会好心办坏事或欲速则不达，就像"他植者"种树那样。（板书：理智、规律）

那么，在现实生活中，郭橐驼的"种树经"能给我们什么启示？大家是否看到或听到过和"他植者"类似的情形呢？请大家结合社会生活、经济、政治、文化发展、人与自然关系等问题来谈谈，思路越开阔越好，大家可以相互讨论。

（学生互相讨论，气氛热烈，兴致很高。讨论毕，踊跃举手发表看法。）

师：所谓"小寓言大智慧"（板书），寓言是可以常读常新的，不同时代、不同身份、不同处境的人读同一则寓言，往往会有不同的理解。同学们刚才都从"种树经"中获得了独特的理解，很好。

（三）回到课堂开始时的提问，作为小结

师：刚开始上课时我们留下了一个疑问：柳宗元为什么要给郭橐驼这个普通人作传，而且介绍的是他的一种"种树"的技艺，现在大家能告诉我这是为什么吗？

生：我觉得这篇文章在形式上是"传记"，实际上是一篇"寓言"。传主郭橐驼这个人物其实并不是最重要的，甚至可能是作者虚构的，叫"郭橐驼""李橐驼"也无所谓，重要的是他的"种树经"。作者是想借"种树经"来表达"养人术"的政治主张，建议统治者引以为戒，整顿吏治。

（学生再次齐读全文，结束对课文的阅读。）

研习

了解种树经→体悟寓意→明悟写作目的，由表及里，由浅入深，教学理路十分清晰。教学内容的确定不仅聚焦到学生的兴趣中心，而且紧扣寓言文体特征进行体知与建构，整个课脉显得十分紧凑、精致。

引导学生对郭橐驼"种树经"的提炼，以及对其间假设关系的感知，对郭橐驼与"他植者"种树之法、之情、之道异同的比较，还让学生结合社会生活、经济、政治、文化发展、人与自然关系等问题与郭橐驼"种树经"打通，现代性十足，都是基于扎实学养的精彩设计与生成。

至于说"'顺其自然'是否意味放任自流"的激疑，从两种种树法中看出背后思想的不一，得出"做得最漂亮的事情肯定是'情感、欲望'与'理智、规律'的和谐统一"的结论，更是教者文本解读中的个性化建构。

另外，将"一本"种树经的说法，置换成"一套"种树经，是否更为适恰？

四、指导课后"探究性学习"

（课前准备：教师课前指导学生阅读"高考优秀作文·寓言故事类"，包括《最美丽的鸟》《上帝的回答》《"诚信"漂流记》《百元钞票的自述》四篇满分作文。）

师：同学们看过这些优秀作文后，有怎样的评价？

生：这些作文在文体上都用了寓言故事的体裁，比较新颖。

生：故事讲得比较生动，读起来很有趣味。

生：作者所构思的故事都有比较深的寓意，耐人寻味。其实，作者就是把要阐述的道理用一个故事来表现了，感觉比读议论文要生动有趣些。

师：是啊！应该说寓言是一种不错的文体，值得借鉴模仿。现在高考作文要求"文体自选"，大家多练习一种文体，就意味着多一条写作的路子。

那么，写作寓言有哪些最基本的要求呢？

投影展示：

怎样写"寓言"？
1. 编故事：可以是虚拟的动物故事或生活小事，叙事要有"情趣"；
2. 一定要有耐人寻味的"理趣"；
3. "事"与"理"之间一定要有隐喻、象征关系。

师：今天老师布置给大家"研究性学习"的主题是"读寓言，明事理，学创作"，希望大家课后多阅读一些古代经典寓言故事，比如柳宗元的《三戒》，刘基《郁离子》中的一些名篇。同时，领会这些优秀寓言的深刻寓意，揣摩古人创作寓言的取材方式和写作技巧，平时多练习构思和写作，"三年磨一剑"，相信大家一定能写出成功的寓言。

研习

教者没有停留在理解寓意，与现代生活打通的层面，而是继续将语文学习引向言语表现，这便实现了化知成智，从占有式学习向存在式学习的飞跃。

怎样写寓言的指导——有情趣，有理趣，"事"与"理"之间一定要有隐喻、象征关系，切中肯綮。稍感遗憾的是，这种指导不是从《种树郭橐驼传》的学习中生长起来的，而是从外部贴过来的——其实，生长并不难，教者只要在和学生对话过程中稍加点染即可。"情趣"与"理趣"在寓言写作中，何者为重，何者为轻，亦应让学生晓谕。提出三个话题（心存善念、懂得感恩、利己与利人）供学生寓言创作时参考，引而不抑，善莫大焉。

经典阅读与时文阅读同时推进，便于学生在无形中牧养文体史意识以及互文阅读的自觉性。在下发的"探究性学习材料"里①，指点学生阅读柳宗元的寓言《黔之驴》《临江之麋》《永某氏之鼠》《罴说》《蝜蝂传》，刘基的寓言《卖柑者言》《工之侨献琴》，注意从作品记述的故事和描写的形象入手，看看作者肯定了什么，否定了什么，文中点明或包含了什么道理，通过自己的分析、思考来理解寓意，既指示了阅读门径，也强化了本堂课的学法。

"《最美丽的鸟》《上帝的回答》《'诚信'漂流记》《百元钞票的自述》四篇满分作文"，这样的表述依然有语病。

总评

语文教育基于文体（或文类），是对写作教育传统的尊重，更是对阅读教育规律的呼应——基于文体而教，不论是辨体、化体，还是走向言语创造的用体，都是在有力地捍卫语文体性，为篇性揭示、语文素养积淀充分蓄势，使语文教育科学性与审美性、工具性和人文性和谐统一，并最终实现语文学习从占有向存在的飞跃。

遗憾的是，这一常识并不为广大语文教师所熟知。教学中，将各种文体一锅煮的现象还很常见，甚至一些语文名师的公开课、语文名刊上发表出来的经过千锤百炼的教学案例，也不能幸免。

在这样的背景下，蒋红卫老师能敏锐而扎实地辨体以教，努力实现教学巧妙而自然地生长，实属不易。

一、辨体以教的三个向度

基于文体教学，首先得注意辨体——属于什么文体？有什么特征？文体的时代性如何？文体的个人特点如何？等等。

辨体一般从三个向度进行。

1. 是否遵体了——按特定的文体规范写作，如寓言结构上的短小，还有

---

① 限于篇幅，蒋红卫老师的探究性学习材料本书未收录。

故事性、虚拟性、形象性、说理性等，是否被表现出来了？

2. 是否跨体了——优秀的作家多会注意遵体与跨体的统一，比如鲁迅小说中的戏剧性，郁达夫散文中的诗性，叶圣陶说明文中的文学性，这是作者基于文体又超越文体的个性化创造，也是最富教学吸引力的所在。钱钟书先生说过："文学有各种文体。大致有体，死守则自缚。贾谊的论文像赋，辛弃疾的词似论。真正的大家总是在文体形式上有突破创新。"[1]

3. 是否悖体了——指跨体不成功所形成的蛇足之笔，比如杨朔《荔枝蜜》中很矫情的诗体写法。虽然教材选录的文章多为经典篇目，基本上不会存在悖体的现象，但辨体时的批判意识还是要有的。

落实到《种树郭橐驼传》的教学，蒋老师从学生的兴趣中心"题目有点特殊"切入，引导学生比较《种树郭橐驼传》与一般传记的差别——普通人与大人物；种树经与生平事迹；政治主张与丰功伟绩（这一点的比照稍欠火候），并紧扣不同点"种树经"和"寓意"的内在关联展开教学，便是自觉的辨体以教——将文本定位为传记体寓言。传记是形式，本质是寓言。就像韩少功的《马桥词典》，词典是形式，本质是小说。抓住本质确定教学内容，而不被形式迷惑，难能可贵。

值得一提的是，在挖掘寓意的过程中，蒋老师并未定于一尊（种树需要顺其自然，管理百姓亦然），而是做了多向度延展：顺其自然不是放任自流，而是有所为，有所不为；做得最漂亮的事情是情感、欲望与理智、规律的和谐统一；还让学生结合社会生活、经济、政治、文化发展、人与自然的关系进行打通，这其实已经有了不自觉地关注文体时代性的意识——先秦诸子寓言，在寓意上多是单向度的，发展到唐代柳宗元这里，寓意开始有了多向度的展开。

之所以说不自觉，是因为蒋老师在讲课中并未确切指出这一点，更未结合当时柳宗元的政治革新经历谈写作目的来强化文体的时代性。对先秦寓言的漫画化和唐代寓言的写实化（柳宗元特地说郭橐驼是长安西的丰乐乡人，还对其相貌、职业、种树成果做了记述），也未向学生指出。

---

[1] 钱钟书. 钱钟书论学文选（第三卷）[M]. 广州：花城出版社，1991：137.

二、谋求体知与认知统一

蒋老师的教学基本上是沿着学生审美的敏感点、兴趣点或困惑点展开的,所以比较自然地实现了体知与认知的统一。

不妨将蒋老师和学生的对话转换成下述问题:

1.《种树郭橐驼传》的题目怎么有些特殊?

2.与其他人物传记相比,还有哪些不同?(人物不同——一介绍名人,一介绍普通人;内容不同——一介绍生平事迹,一介绍种树经。)

3.郭橐驼的种树经是什么?最关键的语句是什么?(能顺木之天,以致其性焉尔……则其天者全而其性得矣。)最关键的词语是什么?(顺—天—性)

4.顺其自然是放任自流吗?

5.他植者是怎样种树的?

6.郭橐驼与他植者有共同之处吗?不同之处是什么?(方法)

7.方法从哪里来的呢?(思想)

8.郭橐驼的"种树经"(思想)能给我们什么启示?

9.柳宗元为什么给一个普通人作传,而且是介绍他的种树技艺?

虽然除问题1、9来自学生,其他均来自蒋老师,但是因为教者的7个问题都是在学生审美的敏感点上生成的,且紧紧盯住寓言文体开掘,不断追索寓意以及寓意的表现手法——对比、细节描写(其莳也若子,其置也若弃),因此还是发挥了顺势而化的效力。

令人称道的是对寓言"象征性"(主要围绕郭橐驼和他植者形象展开)的感悟,大体遵循了"顺木之天—顺民之天—顺心之天"的思维路径。前两者属于文本的意脉,后面的"顺心之天"则是蒋老师的有意识营构。蒋老师说:"教师要引导学生将课文所传达的文化信息与学生的生活体验结合起来,对'顺应自然规律'的哲学含义有真切的心理体验,求得一种'心领神会'的体验效果。"多么神奇!生长得那样无痕,是否可以说顺教之天,以致其性了?

弥足珍贵的还有对话中感性与理性的相融,熟悉与陌生的相乘——这在体悟顺其自然而非放任自流、比较郭橐驼与他植者种树法的异同,引申出"做得最漂亮的事情肯定是'情感、欲望'与'理智、规律'的和谐统一"

这一哲理时,表现得尤为突出,令人隔着文字都能感受到教学中张弛有致、虎虎有生气的思维气场和思维之美。

略感遗憾的是,蒋老师并未引发学生进一步思考:文中的"问者"对郭橐驼的种树称"道",对为官行政称"理",对自己的感悟又称"术",为何有如许的措辞差别?另,为什么不说"养民术"而说"养人术"?从而错失了真切感悟古代谦冲自牧和为尊者讳的文化面貌。

三、基于文体的篇性开掘

如果说阅读教学中的辨体、化体是偏重对语文共性知识把握的话,与篇性开掘结合起来,则是对作者个性化言语表现智慧的体悟。

大凡经典之作,都有属我的篇性。从苏格拉底要求在细节的描绘中"现出生命""表现出心灵状态"[1],到黑格尔、恩格斯强调典型塑造中的"这一个",再到王国维突出的"大诗人之秘妙"[2],鲁迅关注的文中"极要紧,极精彩处"[3],优秀的作家创作时无不在追求让作品燃烧着自我灵魂的火焰,彻底照亮读者审美的心灵。

故此,篇性开掘必须引起广大语文教师的重视,因为这样更能吸纳作者的创造能量,为自我言语生命的出场蓄势。这一点很多教育家已经认识到,如美国要素主义教育强调的"教学过程必须是一个训练智慧的过程",永恒主义教育强调的"理性和精神力量得到充分的发展""人性的自我实现"。[4]训练智慧,人性的自我实现,尤其是言语生命的自我实现,篇性的审美开掘不失为最佳实施路径。

蒋老师虽然在对比手法、象征性、寓意的多维度开掘方面触及了篇性,但是还不够全面、深入,因为并未与柳宗元寓言文体的个性化开拓紧密结合起来。比如跨体写作——将赋体的对话手法融入,何尝不是一种与"好烦其令"官吏的另类对话(郭橐驼、问者是柳宗元的化身,他植者就是过度作为官吏的影射),说理、批判的背后,是炽热的关心民瘼的情怀。

---

[1] 朱光潜.西方美学史[M].北京:北京大学出版社,2000:37.
[2] 李铎.中国古代文论教程[M].北京:北京大学出版社,2000:359.
[3] 鲁迅.鲁迅全集(第十二卷)[M].北京:人民文学出版社,2005:434.
[4] 吴式颖.外国教育史教程[M].北京:人民教育出版社,1999:692-695.

还有形象的特殊设置——竟然是病偻、隆然伏行的残疾者深谙种树之道、为官之理，这让身体健康的高居庙堂者情何以堪？显性的对比：郭橐驼身体的严重残疾与精神的"其天者全而其性得"的对比，何尝不是想让"顺民之天"的大道直击人的灵魂！隐性的对比：相形之下，他植者、好烦其令的"长人者"身体健康，思想上却是严重的残疾，何尝不是柳宗元尖锐讽刺、批判的凸显！

四、指向言语表现与创造

令人欣喜的是，蒋老师基于文体的教学最终指向了言语表现。

言语表现可以完成人与动物的区分，自我与他人的区分，新我与旧我的区分。辨识文体，开掘篇性，走向言语创造又是语文学科的"独任"。基于此，语文教师必须担负起这一神圣的使命，让教学相长的胜景天天发生、课课发生，不断确证自我的精神生命。可惜的是，很多教师未能认识到这一点，他们总觉得阅读是阅读，写作是写作，口语交际是口语交际。

蒋老师言语表现与创造的引领做得非常扎实。

一是有广泛的积累。让学生课外研读柳宗元的寓言《黔之驴》《临江之麋》《永某氏之鼠》《罴说》《蝜蝂传》，刘基的寓言《卖柑者言》《工之侨献琴》，还有高考满分作文中的寓言《最美丽的鸟》《上帝的回答》《"诚信"漂流记》《百元钞票的自述》，有了一定的感性积淀后，再自己创作寓言。与放羊式的写作相比，这样有备而来的写作，互文意识和对话意识都比较自觉，使占有式学习走向存在式学习有了比较坚实的保障。

二是紧扣所学文体。因为对所学的文本注意辨体、化体，此刻的用体等于是激活所学。加之高考写作的任务驱动，学生的动力应该不在话下。不过，如果在文本解读过程中，注意对柳宗元和其他作者言语人格的适当点染，相信学生产生的言语表现与创造的内驱力会更强劲。

三是所授之法精到。寓言写作的技法或智慧，有些是学生体知的，如课外寓言阅读感受的交流，认识到寓言的故事性、趣味性、新颖性；有些是教者授知的，如有情趣，有理趣，"事"与"理"之间一定要有隐喻、象征关系。

虽然这些"法"不是学习《种树郭橐驼传》时"生长"起来的，但是因为总结颇为精到，应该会对学生起到一定的引领作用。

第五辑 论说类文本教例研习

"说"：依类而教的四个思维向度

——郑朝晖《师说》教学设计研习

教者简介

郑朝晖，上海建平中学副校长，上海市语文特级教师，全国语文优秀教师，上海市优秀园丁，全国中青年课堂教学比赛一等奖获得者。全国语文报刊学会课堂教学研究会常务理事，华东师范大学MOOC中心兼职教授，华东师范大学语文教学研究中心研究员，中国教育服务中心特聘专家。著有《翰墨春秋》，参与上海市语文教材的编写工作，发表论文数十篇。

教学目标

体会《师说》的写作特色。

教学重点

把握作者情绪变化的脉络。

教学难点

厘清文章内容之间的逻辑关联。

研习

聚焦内容之间的"逻辑关联",形意兼顾,既突出了"说"文类的思辨特色,又自觉守住了语文体性,可谓一石双鸟。注重情脉的把握,还有其他写作特色的体会,更见篇性开掘意识的自觉和执着。

如果将怎样的情脉,怎样的写作特色,清晰地写进教学目标,会更显纲举目张,有的放矢。

教学过程

一、导入

1. 明确学习目标:读文章,明其义只是基础,能知道这样的意思、这样的情绪是怎样通过文字传递给我们的,这才算是窥其堂奥。今天学习的《师说》,目的就是真正去体味这位文起八代之衰的大师的语言风范。

2. 学生齐读文章,对文章形成初步感知。

研习

看似明确学习目标,其实也是在明确学习内容,更是在传递一种语文学习的方法——不仅要明晓文章的义和情(内容),更要体味义和情是如何被表现出来的独特智慧(形式表现上的篇性)。

说理文含情,且有一条强劲的情脉存在,这是韩愈说理文的特色所在。开场点明,为后面环节的"得其情"蓄势,固然课气流畅,但也挤走了学生悟知的契机。篇性感悟有点儿像作文题的命制,可以命题、命域,但不能命意。一旦命意,学生自主创造的空间一下子就缩小了。

故不点破说理中含情的特点,让学生自主发现,或许更能增强思考、体验的韵味。

二、析其文

问题一：文章须有写作的由头。由头，既是引发写作的缘由，有时也隐含了写作的目的。就《师说》一文而言，其写作的由头在文中最明显地表现在哪里呢？

【详析】《师说》的结尾部分，既表明了自己写此文的缘由，同时也隐含了作者的写作目的。李蟠是一个笃行古道的好学青年，"不拘于时"，诚恳拜师，而韩愈对此大加赞赏（"余嘉其能行古道"）。这就是写作的缘由。其中作者对"古道"的赞赏，对"时"的贬斥，态度鲜明。

在此环节需要落实的文言词语：（1）不拘于时——表示被动关系；（2）余嘉其能行古道——赞扬。

问题二：根据上一个问题，我们有了进一步的问题：（1）古道是如何的？（2）当时的风尚又是如何的？

【详析】古道，指的是古人所奉行的从师学习的原则。"古之学者必有师"是一种现象，真正的古道，应该体现在第一小节中。当时的风尚，则是"耻学于师"。学生往往容易找到"曰师曰弟子云者，则群聚而笑之"，要注意帮助学生分辨其逻辑层次（下详）。

在此环节需要落实的文言词语：（1）师者，所以传道受业解惑也——用来……的。（2）生乎吾前——在。（3）吾从而师之——追随。（4）夫庸知其年之先后生于吾乎——哪里、怎么，表示反问。（5）而耻学于师——以……为耻；向。

问题三：我们不妨先来讨论一下"古道"，也就是古人的从师学习之道。能不能概括一下韩愈所说的"古道"究竟包含了哪两方面的内容？

【详析】第一小节实际阐述了三个问题：（1）"师"的本质；（2）从师学习的目的（学什么）；（3）择师的标准（向谁学）。第一个问题是后两个问题的基础。所以，古道阐述的就是"学什么"和"向谁学"的问题。

【启发】（1）"是故，无贵无贱，无长无少，道之所存，师之所存也"是对于"古道"的结论，其中包含了哪两层意思？（2）这些意思在上文有与之相照应的内容吗？

问题四：韩愈又是怎样批评当时不良风尚的呢？这一段的内容与"古

道"的关系又如何？圈出文中需要理解的字词，画出简单的结构图。小组讨论：

（1）交流需要理解的字词；

（2）综合各自的结构草图，画出你们小组最简明、清晰的结构图，大组交流。

【详析】第二段是全文的关键。首先，通过"古圣人"与"今之众人"在从师学习方面的对比，来揭示世风流弊。其次，围绕"学什么"和"向谁学"两个方面，对当时的风气予以批判。"童子之师"部分紧扣"学什么"进行阐述，"巫医乐师百工之人"部分紧扣"向谁学"进行阐述，充分体现了韩愈文章章法谨严的风格特点。

建议落实的文言词句：（1）师道之不传也久矣——结构助词，取消句子独立性；（2）则耻师焉——名词作动词用，从师学习；（3）授之书而习其句读者——使动用法，使……熟悉（了解）；（4）句读之不知——宾语前置句；（5）位卑则足羞（补充省略部分）；（6）今其智乃反不能及——竟然。

研习

教者大体是以"不拘于时，能行古道"为课眼，按"古道如何，当时风尚如何→古道的具体内涵是什么→韩愈如何批判当时的不良风尚"为课脉，来设计本环节的教学的。这种回溯式的分析，如庖丁解牛一般，举重若轻地从整体上重构文本内容，还能极其贴合"说"文类的思辨特征，因此显出难得的巧妙和精致。

在局部上，教者也能"批郤导窾"，努力呈现作者思路严密、章法严谨的特点。分析古道的三层内涵，思考批评不良风尚与古道的关系，将"说"文类的味道"煲"得特别浓郁。

不过，仅从第一自然段概括从师学习的古道内涵——"师"的本质、从师学习的目的（学什么）、择师的标准（向谁学），似不够全面。从文章整体上看，作者是在"何谓师→从师何→如何师"的思维架构中完成古道或者"师道"之思考的。仅从"何谓师"的阐述中，固然也能见出师者的本质、从师的目的、从师的对象，但毕竟有局限。

因为这一局限，教者对韩愈批判当时不良风尚的三个层次的分析，也欠深入。

首先，通过"古圣人"与"今之众人"在从师学习方面的对比，来揭示世风流弊。其次，围绕"学什么"和"向谁学"两个方面，对当时的风气予以批判。"童子之师"部分紧扣"学什么"进行阐述，"巫医乐师百工之人"部分紧扣"向谁学"进行阐述。

批判不良风尚固然不假，但绝非为批判而批判，而是与古道的阐述、弘扬紧密结合在一起的。古圣人和今众人的对比，是在强调从师学习的价值——近圣医愚；小学而大遗的对比，是在强调从师学习的主次——突出解惑；巫医乐师百工与士大夫的对比，是在强调从师学习的态度——不耻下问。这样去理解，或许更能揭示韩愈批判的全面性和细腻性，因为对今之众人，他也注意到了从师学习的一面，只是无法分清主次罢了。

从措辞上亦能看出。"是故圣益圣，愚益愚"——"益圣"绝非"揭示世风流弊"；"小学而大遗"——并非在强调"学什么"，而是在突出什么为主，什么为次；"不耻相师"——绝非强调"向谁学"，而是在突出"不耻"的态度或精神。

另外，措辞亦须严谨。文章中一般称"自然段"，"节"是诗歌的意义单元。教者以"节"代替"自然段"，显然不妥。

三、得其情

问题一：韩愈说"气盛则言宜"，特别强调充沛的情感对于表情达意的重要性。从第二小节当中你们能不能发现作者情感是怎样变化的呢？有没有什么标志性的词句呢？

【详析】对"古圣人"与"今众人"的行为进行比较后，作者说"其皆出于此乎"，这里的"其"是语气词，表示推测的语气。而在分析"童子之师"与作者所说的"师"的区别时，用了"吾未见其明也"的陈述语气，情绪在原有的基础上有所加强。而在"巫医乐师百工之人"部分的结束，则用了"其可怪也欤"这样的反问语气，使得情绪更加激烈。在这里可以引导学生关注表达语气的副词以及语气词在表情达意方面的作用，体会作者文势汹涌的风格特点。

此环节需要落实的文言词语：（1）其皆出于此乎——表示推测的语气；（2）其可怪也欤——表示反问的语气。

补充问题：如果用一种自然界的现象来比喻韩愈这样的文风，你们的比喻会是什么？

【详析】"韩如潮，欧如澜，柳如江，苏其如海乎？"（吴伟业《苏长公文集序》）

问题二：为什么要专门提"圣人无常师"呢？谁能说出韩愈心里的小算盘？体会"如是而已"中的情感。

【详析】这里将"圣人无常师"的现象单独提出，有两点考量。一方面，是可以再次强调"道之所存，师之所存"的道理；另一方面，对于韩愈来说，还要解决一个问题，那就是自己做了别人的老师，却又在强调从师学习的意义与价值，难免有"托大"的嫌疑。要消除这样的责难，就必须强调"闻道有先后，术业有专攻"这样一个择师的标准，以"如是而已"强调其寻常性，认为这样的事情是不值得大惊小怪的，这样就照应了最后一段中的"学于余"，不落口实，针脚绵密。

【启发】回顾最后一段，还有哪个内容没有落实呢？

研习

渐趋激烈的情脉特点揭示，具体而微把握了"韩如潮"的文风，实在是精彩；"圣人无常师"论析背后的小算盘——一方面是可以再次强调"道之所存，师之所存"的道理，另一方面避免"托大"嫌疑，照应最后一个自然段中的"学于余"，不落口实，针脚绵密，更是将文本的篇性淋漓尽致地开掘出来了。

不过，通过语气揭示情脉的发展，还可加上"惑矣"这一感叹语气。这样，"其皆出于此乎（推测）→惑矣（感叹）→吾未见其明也（肯定）→其可怪也欤（反问）"的线索就更完整、清晰，显出一浪高过一浪的"韩如潮"特色。

"气盛则言宜"中的"气"指作者仁义道德修养造诣很高而体现出来的一种精神气质，一种人格境界，与孟子的"配义与道"而修养成的"浩然之气"含义相同，将之解释成"充沛的情感"似有不妥。

四、总结

1. 学生活动：说一说《师说》一文，在写作上给你留下最深刻印象的是哪一点？

2. 教师总结：《师说》一文，谨严者得其章法森严，奔放者得其恣肆汹涌，所谓各得其妙而已。陶渊明说："好读书，不求甚解；每有会意，便欣然忘食。"读书的关键，就是有"会意"的快乐，不仅知其义，更能得其气，这样自然就有了读书的快乐。

【课后作业】阅读柳宗元《答韦中立论师道书》（"辱书云……直见爱甚故然耳"），与《师说》作比较，想一想，柳宗元和韩愈在个性上有什么不同？

研习

不论是课堂的言语表达——"说一说《师说》一文，在写作上给你留下最深刻印象的是哪一点"，还是布置的课后作业——比较阅读柳宗元的《答韦中立论师道书》与《师说》，思考柳宗元和韩愈在个性上有什么不同，均有存在式学习的色彩，激活所学，走向言语表现与创造，这是对语文核心素养的创造性落实，对立德树人教育根本任务的有效落实，但又显得一片化机。

总评

依类而教不是仅限于类性辨识，而是要与语文体性坚守、文本篇性开掘、学生言语生命牧养巧妙结合，有机相融。

依类而教亦非按类性机械搜寻，将意蕴丰富的文本切割得鸡零狗碎，浮光掠影地感知一下类性便大功告成，而应在整体把握文本的基础上，结合学生认知的热点、难点或盲点，由某一类性切入，会通奥窔，牵一发而动全身。

虽然阅读教学逃脱不了四大追问：写了什么？怎么写的？写得怎样？为什么写？但因为类性不一，教学的思维向度还是会有所差异。小说主要围绕形象、情节、环境展开，诗歌则围绕意象、韵律、节奏等方面展开。深入某一类性元素的发掘，其思维向度更是各有不同。比如，小说的形象审美，其思维向度主要聚焦人物形象的变化性、立体性、独特性、时代性、超越性、文化性，而诗歌意象的审美，则主要聚焦意象抒情的有机性、感染性、独特性、文化性等方面。

那么，教学古代的文类"说"，思维应该聚焦哪些向度呢？郑朝晖老师的这篇教学设计，恰好对此有应需性的实践回应。

一、为何要写

"为何要写"的思维向度，是郑老师教学设计的起点，也是他依据文本之势找到的一个教学切入点。

沿着韩愈的写作缘由——"李氏子蟠，年十七，好古文，六艺经传皆通习之，不拘于时，学于余。余嘉其能行古道，作《师说》以贻之"，郑老师提炼出"不拘于时""能行古道"两个关键词，并以之作为课眼，顺势开发出一条课脉：古道如何，当时的风尚如何→古道的具体内涵是什么→韩愈如何批判当时的不良风尚。后面通过语气变化线：其皆出于此乎（推测）→吾未见其明也（肯定）→其可怪也欤（反问），摸清情脉，感受文气之盛，也是在上述课脉的大框架下进行的，这便使写作缘由的体知极为立体、酣畅。其间，学生不仅对当时社会语境有所了解，对作者言语人格的体悟以及对"说"文类思辨、说理特性的把握也会水到渠成。

为何要写的思考，教学中的呈现方式通常有三种：一是上课伊始直接亮出，也就是"后红领巾教学模式"中的"作者简介与背景介绍"；二是上课过程中，学生的体悟、认知需要再度翻转、深化时，如感受了死马、饿马、冤马三种千里马形象后，探究"作者仅是在写千里马吗"这一问题时，引入韩愈当时写作的背景资料；三是上课尾声，再掀思维高潮时，如感受了《饮酒（其五）》中的心远、心喜之情后，再引入资料，与文本形成一种互补性的再生资源，感受陶渊明的心坚——对抗时俗、坚守本心的艰难，这是诗歌的内在意蕴，也是诗歌的写作缘由。

郑老师采取的是第一种模式。但是，与例行公事，几乎与文本类性辨识、篇性开掘、言语性渗透不发生任何关联的生硬介绍相比，他的逆势而上，深度探寻"说"文类的特性，作者写作秘妙以及言语人格的追求，境界不知要高多少。

当然，顺着作者自曝的写作缘由，在感受时俗、古道的过程中，对韩愈复兴儒道的言语抱负，整顿浮靡妖艳文风的言语责任，还有绝不"躲进小楼成一统"的言语勇气，完全可以相机点化一下。行古道、鞭现实是写作缘由的一体两面，但前者是手段，后者是目的，这种关系也应让学生辨正清晰为好，这同样是深化"说"类性的体知。

二、写了什么

郑老师依类而教的第二个思维向度是：写了什么？

宏观上看，有两个方面：言语内容——义和情，言语形式——传递义和情的言语表现知识、技巧或智慧。后者为教学的重点和难点。

微观上看，主要有七点：

1.《师说》的写作由头；

2.古道的内容（用"内涵"或许更确切一些）；

3.当时耻学于师的风尚；

4.韩愈是如何批判不良风尚的（第二自然段行文结构）；

5.从批判时风的情脉中能看出韩愈怎样的文风；

6.专门提"圣人无常师"的心理考量是什么；

7."师者""从而师之"等词句，以及宾语前置、使动用法等语法知识。

看似琐屑芜杂，但是因为有双线交织贯穿：一条是"时风"线——什么时风，人有何具体表现，韩愈如何批判，其间有怎样的情脉贯穿；另一条是"古道"线——"师"的本质，从师学习的目的（学什么），择师的标准（向谁学），为何单独提"圣人无常师。所以，语文教学知识的择定与建构均有内在的精致。

不过，这依然有停于行文结构的表面之嫌。如果从思想内质的结构上看，庶几更能体现韩愈之"说"的精髓。何谓师（"传道受业解惑"）→从师何（解悟道之惑为主，解句读之惑次之）→如何师（向所有闻道者、术业有专攻者学习，不论贵贱，不论长少），这是一条主要的意脉，而"为何师"的思考一以贯之——闻道、授业、解惑、近圣、医愚、明心、强智、贤能。

相对于"何谓师""从师何""如何师"凝练而详尽的专题性笔墨,"为何师"的笔墨比较分散、含蓄且简略,但这恰恰成了韩愈论说的灵魂。这从其措辞力道之重、占据位置之显,不难见出——"是故圣益圣,愚益愚""吾未见其明也""今其智乃反不能及,其可怪也欤""是故弟子不必不如师,师不必贤于弟子"……诸如此类的句子,均是结论性的,掷地有声,有四两拨千斤之效,而从内蕴的极其鲜明、强烈的情感上看,作者的强调之意已经力透纸背了。

说到文言词句落实,郑老师走的是随文学习的路子,这的确便于保持课脉的流畅。至于如何随文落实,他语焉不详,这里暂不置评。

三、写得怎样

怎么写,写得怎样,是郑老师"说"文类教学思考的第三个向度。

郑老师设计伊始便明确:"读文章,明其义只是基础,能知道这样的意思、这样的情绪是怎样通过文字传递给我们的,这才算是窥其堂奥。"后面的设计,也的确贯彻了这一理念。对文本意脉、情脉的把握,发现批判时风时语气、情感的逐渐强烈,对"圣人无常师"段落的心理分析,都是奔着作者的个性化来写的。甚至在比较阅读的作业中,也不忘指向言语表现个性的分析,这使得他存在式学习的色彩格外鲜明,显得境界高迥,自成高格。

不过,思维还可继续拓宽、掘进、升华。

除了指向现实的问题意识,韩愈论说中的敌论者意识也是很强的,主要表现在"我"之从师观、圣人从师观、今人从师观(众人、巫医乐师百工和士大夫)和李蟠从师观的博弈,众人和士大夫耻于从师的观念和行为,是被当作靶子抨击的。夏丏尊、叶圣陶在《国文百八课》中说:"议论文的读者和别种文章的读者性质颇有不同,议论文的读者一种是敌论者,一种是审判者。我们写作议论文,情形正和上法庭去诉讼,像对方和法官讲话一样。"[①] 韩愈写作此文,实际上就是将众人、士大夫当作敌论者,将自己、李蟠一样的乐于从师者当作审判者。虽然这篇驳论色彩鲜明的文章也可视为对李蟠的鼓励,对自我坚守师道的喝彩,但对敌论者的批判意识显然

---

① 夏丏尊,叶绍钧.国文百八课[M].北京:生活·读书·新知三联书店,2008:656.

是主流。

在古代,"说"与"论"同属于论说类文体,但也有区别。"论"强调"辨正然否"(从肯定和否定两方面进行分析),"穷于有数"(把握全面资源),"百虑之筌蹄,万事之权衡"(深思熟虑,将所有的可能加以权衡),全面、系统、缜密到"弥缝莫见其隙"(没有任何漏洞),"敌人不知所乘"(让论敌无机可乘)的地步,"说"更强调说理的智慧、机敏,比喻的巧妙,所谓"喻巧而理至""飞文敏以济词"[①]。

相较于《马说》《爱莲说》,《师说》"喻巧"的特点没有彰显,但"理至"的特点已经凸显出来了,"情融"的特点也生长出来了。除了郑老师挖掘的语气线、情感线,还有"情感的直觉造型"也诞生了[②]——士大夫之族,曰师曰弟子云者,则群聚而笑之。问之,则曰:"彼与彼年相若也,道相似也,位卑则足羞,官盛则近谀。"这一篇性也决定《师说》与现代议论文的差异,以及和杂文的相通。

但是如果从"论"文体的视角审视,"百虑之筌蹄,万事之权衡""弥缝莫见其隙""敌人不知所乘"的文体特点,《师说》也有了,这便突出了韩愈跨体创造的自觉和娴熟。倘若学生功底不错,完全可以设置问题,提升一下他们的思维品质。现在各国都很看重阅读教学中高阶思维能力的培养,除了关注"教学目标的达成""学生的表现""教与学活动的课程意义""师生的评价",连"学习材料的挑战性"[③]也被高度重视了。基于认知水平,提出更高难度的问题,正是对高阶思维能力的最佳培养。

说到"百虑之筌蹄,万事之权衡""弥缝莫见其隙""敌人不知所乘"的特点,这在韩愈批判众人耻学于师的愚妄,让孩子求学自己却放逐学习的荒诞,勉强从师学习又主次不分,小学而大遗的可悲可笑,更能看出。但奇怪的是,很多版本竟然齐刷刷地过滤掉"小学而大遗"的现象,一口咬定悉数是鞭挞"耻学于师"现象的,连"众人"也被四舍五入为"士大夫",这实在是对韩愈雄放而细腻文风的极大漠视。

---

① 刘勰.文心雕龙[M].范文澜注.北京:人民文学出版社,1958:328-329.
② 余秋雨.艺术创造论[M].上海:上海教育出版社,2005:136.
③ 李海林.美国中小学课堂观察——一位教育学教授的笔记[M].北京:教育科学出版社,2015:121-127.

郑老师看到《师说》章法森严的特点，但并未触及这一点，有遗珠之憾。"惑矣"一词后的标点，教材中标为句号，钟基、李先银、王身钢译注的《古文观止》中标为感叹号。依据韩愈的语气、情感逐渐加强的文势，感叹号显然是正确之选。可惜，郑老师的设计中直接将"惑矣"表达的感叹语气省略了，不知是否为无心之过。

四、写的影响

"写的影响"是对作者写作目的、写作质量、写作价值的检验和证明。引导学生感知到这一层面，是很能培养学生对言语表现与创造的热爱之情的。

郑老师在教学设计的结尾这样总结："《师说》一文，谨严者得其章法森严，奔放者得其恣肆汹涌，所谓各得其妙而已。"他高度评价了《师说》对后世的多维度影响。

作业设计中，增加了对柳宗元《答韦中立论师道书》的阅读，更是突出了《师说》在当时的影响力。

柳宗元是这样叙述和评价的：

孟子称"人之患在好为人师"。由魏、晋氏以下，人益不事师。今之世，不闻有师，有辄哗笑之，以为狂人。独韩愈奋不顾流俗，犯笑侮，收召后学，作《师说》，因抗颜而为师。世果群怪聚骂，指目牵引，而增与为言辞。愈以是得狂名，居长安，炊不暇熟，又挈挈而东，如是者数矣。

一篇文章，能引得世人"群怪聚骂，指目牵引"，可见触痛了整个社会的神经；因文得祸，被流放多次，却初心不改，可见韩愈"不平则鸣"的言语信念是多么坚定和伟岸，复兴儒道"虽灭死万万无恨"（《与孟尚书书》）的抱负和勇气是多么可歌可泣，感天动地！

郑老师的总结和作业设计，固然侧重于对韩愈《师说》写作之法、之智、之美、之力的感悟，但因为这些内容与韩愈的言语信念、言语抱负、言语勇气是水乳交融的，所以对学生的言语生命，也一定能产生潜移默化的影响。这使得他的总结与教学设计显得高屋建瓴而又余味悠长。

语文教学中思维之势的巧妙营构

——郑桂华《说"木叶"》教学实录研习[①]

▌教者简介 >>>

郑桂华，教育学博士，上海师范大学中文系教授，第二届教育部基础教育课程与教材专家委员，教育部普通高中语文课程标准修订组成员，教育部义务教育语文教科书审查委员，教育部"国培计划"授课教师，上海教育考试院语文学科专家组成员，上海二期课改高中语文教材副主编。主要著作有《语文教学的反思与建构》《语文有效教学：观念·策略·设计》《听郑桂华老师讲课》《初中语文教师专业能力必修》《高中语文教师专业能力必修》等。

一、《说木叶》与《说"木叶"》的区别

师：大家看到你们的文章题目，跟我投影上的文章题目有什么差别啊？
生："木叶"没有引号。
师：那这个"木叶"有没有引号区别是什么呢？
生：应该有。
师：你适合做官方发言人，他用了一个什么词？
生：应该。
师：那能不能说说看这个"应该"的依据？

[①] 限于篇幅，在确保课脉完整的前提下，笔者对原实录有所删减。另，原实录浑然一体，为了便于研习，特循其课脉，划分了教学环节。

生:"应该"起强调作用吧。

师:旁边的这位姑娘,你好像还有不同的看法?

生:我觉得还有引用的作用。

师:把"木叶"这个特定的意象凸显出来。嗯,非常好,很自觉地就把标题修改过来了。大家是什么时候拿到课文的?

生:昨天上午。

师:看过文章的请举手。哦,全部举手了啊,我没有做要求,你们都看了,大家都太自觉了!这篇文章大概讲了点什么,理解了文章内容的同学,请举手。

研习

开门见山,直接聚焦说的对象,延续了教者一贯的简洁磊落之风。善于倾听、追问,辅之以幽默的对话风,令导入充满思辨的味道而又亲切平易。

不过,倾听和思辨并不彻底:教者的结论——把"木叶"这个特定的意象凸显出来,应该承接第一位学生的回答"强调",而非第二位学生所说的"引用"。强调什么、引用来自何方,这些问题还可继续追问下去,以考查学生对文本的整体把握能力。

二、读《说"木叶"》遇到的困难

师:好,一位同学举手,两位同学……举手的人多起来了,有七八位。当然,还有很多同学没有举手。读这篇文章,会遇到比较多的困难,请没有举手的同学说说遇到的困难。我们来开一下"火车",可以吗?从后排开始。

(师生对话,梳理出下述问题。)

1."木叶"到底应该做何种深层次的解释?

2.这篇文章的中心到底讲什么?

此处教者提醒学生:用什么词替换"中心"会更好?为什么?学生认为是"观点"或"建议",因为"中心可能是指一篇文章的主要内容,而观点则指作者表达内心的一些想法或者建议",教者肯定了"建议"一词。

3.文章中有许多诗句,理解整篇文章有难度。

此处教者特地补充:文本引用古诗文共有20处。"袅袅兮秋风,洞庭波兮木叶下"先后出现两次,所以一共是19句古诗文。

4.古代的"木叶"和现在的"木叶"到底有什么不同?为什么古代用"木叶",现在多用"树叶"?

此处,教者趁机提了三个问题。

一是除了"木叶""树叶",这篇文章还提到哪些相近的意象?并讨论板书:木叶—树叶;落叶—落木。

二是"应该把'落叶'写左边还是'落木'写左边?"学生认为是"落叶"在左,理由是"无边落木萧萧下"里面的"落木"是"木叶"的升华,是一种进步。

三是针对这四个概念,调动课前阅读经验,想想林庚先生对"落木""木叶""树叶"和"落叶"的态度有什么不一样?(此处,学生只能勉强回答:借"落木"在秋天的鲜明形象,来表现杜甫当时所处的情景,教者说"没关系",可以"暂且搁置"。)

教者继续追问:还有什么困难?

一学生说想知道"木叶"除了可以表明它的时间是在秋天,给人以那种凋零的感觉以外,还有没有其他的作用?一学生说想了解"树叶"和"木叶"在具体情境中,从根本上有哪些不同?

教者点睛:这些问题与"木叶"的内涵是什么这个问题接近,并提醒学生注意随时记笔记。

5.课文题目是《说"木叶"》,而文中不只有"木叶",还有"树叶""落叶""落木",为什么题目不是《说"树叶"》《说"落木"》或者《说"落叶"》呢?

师:非常好,她是从题目这个角度找这篇文章最关键的点。这四个概念中,林庚先生把"木叶"归为最重要的,放在标题中,其他三个没有放进去,这四个概念之间的轻重分量不一样。还有第六个问题吗?

(学生沉默。)

研习

　　依学情而教，在别人那里多还处于口是心非的阶段——这从煽情而又带有暗示结论的导入、马不停蹄地赶环节、对学生的回答置若罔闻等现象中皆可见出，可是在教者这里，却成了牢不可破的知行合一。从未删减的实录看，让学生提问，至少用时10分钟。如此朴拙的坚守，令人情不自禁地想到《易经》中的"贲饰尚素"思想，还有元好问赞赏的"豪华落尽见真淳"（《论诗三十首·其四》）之美。

　　难能可贵的是，教者不是引导学生为问而问，而是将"献疑"与文本内容理解、文体特点感知、写作特色把握（引用古诗文达19处）、文本意脉演进（"落木"是"木叶"的升华，这是文本意脉的一个点，如果趁机梳理整体意脉会更好）、写作视角择定，自然而巧妙地结合了起来，思维的虎虎生气触之可及。不过，未能对学生问题及时加以评价、辨正，也为后面教学带来了隐患。

三、"读懂"的学生答疑解惑

　　师：没关系，也许我们再读的时候会有新的问题、新的发现。刚刚也有一些同学举手表示自己读懂了。读懂的同学现在有谁可以帮助刚刚提问的同学，你觉得哪个问题你可以帮他解决？请举手，有没有？

　　（学生沉默。）

　　师：一下子有点压力，没关系，我们左右一起来讨论一下，可以选择四个问题中的某一个，也可以是两个、三个，根据你们小组的力量，来看看这些诗句给我们读文章带来很大挑战时要怎么办，这几个概念到底是什么样的关系，林先生为什么认为"木叶"最关键并把它放入标题。解决了这些问题后，"木叶"的古今内涵就清楚了，最终这篇文章作者要提什么看法、什么观点，也清楚了。所以，我建议，富有挑战心的同学们，我们高二（4）班自觉自愿来的40位同学，我们可以先从第三、四个问题中选取一个展开，然后选取第一、二个问题中的某一个解决，好不好？任务清楚了吗？可以四个人一起，也可以两个人一起，自由一点，开始吧！

（学生讨论约 5 分钟。）

师：好像讨论第四个问题的同学最多，那我们先从这儿开始吧。

生：我们讨论了一下，觉得"落叶"和"木叶"有一个包含的关系，就是"木叶"中有"落叶"的意思。像前面说的，"落木"是后来的发展，"落木"比"落叶"少了叶的绵密，"落木"更空阔，至于"树叶"，比较茂密，给人的感觉与"木叶"体现出的秋天的飘零之感是不同的。

师：讲出了很关键的一点，绵密、茂盛。这是第一点发现，很清楚！还有第二点发现吗？哪个小组来贡献一下？

生：我们组讨论了第三个问题，这里出现了很多诗句，我们觉得这些诗句有这些作用：一是做引子，引出要讨论的"木叶"这一话题；二是可以用来例证，例证从古到今很多人在用"木叶"这个词；三是比较富有文化内涵。

师：讲得很清楚吧？你是不是数学、物理学得特别好？逻辑性多强啊，非常棒！但是你不能坐下，对于优秀的人，我们得给他一点难题！

（学生鼓掌。）

师：嗯，知音很多嘛。请问刚刚这位同学提出这一问题时，他觉得阅读中的困难是什么？你的回应能解决他的问题吗？我已经听到你说没有了。来，把话筒继续给你。

生：对于刚才同学提出的问题，可能是因为我们积累得不够，所以对诗意的理解不够透彻。

师：按照你的说法，我们要课后积累，很谦虚，这很重要。但是，课上我就要读这篇文章，我的积累就是不够，这怎么办？

生：我觉得可以去查阅有关资料。

师：现在我也没有条件查阅，手机不让带，教室也没有网，怎么办呢？

生：可以问老师。

师：（笑）哦，好厉害！问老师其实也是查阅，换了一种对象、一种路径而已。好，请坐。大家来看第一段，第一段有几句？

生：四句。

师：熟悉这四句吗？讲了什么？作者的观点是什么？来，这位男孩子，第一段讲了什么？

生：第一段提出了"木叶"这个形象。

师：明确一点，观点是什么？

生："木叶"这个形象影响了历代诗人。

师：你从哪句话看出这个意思来的？

生："自从屈原吟唱出这动人的诗句，它的鲜明的形象，影响了此后历代的诗人们，许多为人传诵的诗篇正是从这里得到了启发。"

师：简练一点说，"木叶"这个形象在屈原后代的诗人中是受到了什么？

生：启发。

师：这个启发还夸大了一点，再明确一点，可以用什么词？没关系，请坐。男孩子你来讲。

生："木叶""突出地成为诗人们笔下钟爱的形象"。

师：哪个词特别能鲜明地表达出来？

生：钟爱。

师：观点很鲜明啊。同学们，这就回应了第四个问题的第一点，本文标题为《说"木叶"》，为什么"木叶"作为一个核心和关键？"木叶"太被诗人们钟爱了！我们读第一段，这里的诗句我们也没有去查阅，但作者要表达的核心观点，我们是不是也清楚了？你看我们用了什么办法啊？

生：这里的诗句我想应该不是很重要，对于后面的内容，它解释了，起了引出的作用。观点后面说了的，不需要去细读。

师：有时候这种例子的句子，我们直接跳过去，把握作者的观点就行了。毕竟我们不是中文系本科生，更不是古典文学研究生，所以我们读《说"木叶"》，对文中有些诗句，我们跳过也未尝不可。如果你对这些诗句很感兴趣，可以课外去查阅、去拓展、去积累，那当然是更棒的。回到我们前面提的问题，我们的女生已经贡献了一点，从绵密到空阔的形态上区分了"木叶""树叶""落叶"。还有第二个角度、第三个角度吗？哪个小组来作贡献？

生：我觉得就如文章所说的，"木叶"给人带来颜色上的枯寂之感，而"树叶"则象征着一种绿色的生机，所以我觉得"木叶"和"树叶"两者间缺少了给人感官上的联想之义。

师：好！哪个词特别好？联想！要记下来。既然你刚刚讲到颜色，讲到它带给我们感官上的联想，抓住了文中的关键，那么除了这一点之外，还有没有第三个角度?

生：我觉得"木叶"能带给人秋天树叶的残破之感，而"树叶"总体来说的话，给人的感觉始终是没有"木叶"般干燥，就不能如"木叶"般引起人内心悲秋的情结。

师：从感官的角度，提取一个观点来。刚刚你已经讲到颜色，是视觉，那么干燥，这是什么角度?

生：触觉。

师：现在所有这些其实都是为了让人产生联想。林庚先生说诗歌的语言带给人什么?下面哪位同学能从这一点去解决第一、第二两个难题，接受挑战吗?试试看吧，来!

生：我回答的是第一个问题，"木叶"的含义在于情感的抒发，因为"一切景语皆情语"，古人之所以写诗是为了抒发自己心中复杂、难以表达的感情。比如"落叶"和"木叶"，"木叶"就说到感情很复杂，而"落叶"蕴含的感情就没有那么深厚。

师：你是从复杂和深厚来讲的，作者是从这几个角度讲它们之间的差异，你刚刚讲得非常好，作者用这些诗句抒发自己的情感，而我们去读这些诗文的时候，从"木叶""落叶"这样一些意象的表达中要读出什么?

生：后文中提到"木"，不但让我们容易想起树干，而且会带来"木"所暗示的颜色，着重说了意象的暗示性，也相当于联想。

研习

借助小组合作形式，让"读懂"的学生答疑解惑，充分发挥他们的学习主体性，教者时而为教学活动的组织者，时而为思维的推进者，时而为高屋建瓴的评价者、引领者，引领学生用"伙伴语言"不断触发，教者智慧幽默的"中介语言"的点染，进而逼近文本的"目标语言"[1]，她成功地做到了。学生对诗句引用作用的认知，还有对古人写诗为什么爱用"木叶""落木"，而非"树叶""落叶"的回答，堪称精彩。

---

[1] 章熊.思索·探索：章熊语文教育论集[M].北京：人民教育出版社，2002：373.

但是，师生对话整体上看还不够精准。

学生提了五个问题，从字面上看，第五问就没有得到回应。其他四问，貌似回答，但并未精准：第三问说的是诗句难以理解，回答的却是诗句引用的作用；第四问说的是古代的"木叶"和现在的"木叶"到底有什么不同？为什么古代用"木叶"，现在多用"树叶"？回答的却是古代诗人为什么在诗歌写作中爱用"木叶"，不爱用"树叶"，且连带第五问——为什么题目不是《说"树叶"》《说"落木"》或者《说"落叶"》呢，也一并回答了。而对第一问"木叶"内涵的回答，基本上也是在回答古代诗人为什么在诗歌写作中爱用"木叶"，不爱用"树叶"。

为什么教师不断点击"第×问"，想使学生扣题而答，他们的思维却像泥鳅一样滑溜，总对不上号呢？原因有二：

一是五个问题本身就有问题。第四问纯属飘离文本之问，因为文本根本没有谈古代"木叶"与现代"木叶"有何区别，也没有古代用"木叶"而现在多用"树叶"之措辞。第一问"木叶"到底该作何种层次的解释，看似探究内涵，其实就是在问古代诗人为什么在诗歌写作中爱用"木叶"，不爱用"树叶"。好在学生歪打正着，紧扣了文本，纠正了提问之偏。

二是教师纠偏不够及时，教学顺序的设计还可调整。如果先问学生读懂了什么，进而从意脉上整体把握全文，从命题上把握作者审美的纤敏，从三大暗示上把握"木叶"意象背后的文化心理，学生原先的词不达意、内涵交错之问恐怕就会消弭。

另，第一自然段不是4句，而是6句，学生答错，教师应当场指出。

四、对林庚先生的说法你打心底里信服吗

师：非常好！我们男孩子是从诗人选择意象抒发情感即写作者的这个角度，我们女孩子又讲到，我们要从语言的暗示性去读诗，读出它的意境，读出它的情感，回答得非常好。

"木叶"其实从屈原开始，到现在，当然他没有提到"今人"的诗，他提到哪个朝代为止啊？嗯，南北朝最多，对不对？好，那"今人"怎么看"木叶"，我们请男孩子回去继续做功课。

可是同学们阅读这篇文章后，你真的相信林庚先生讲"落叶"就没有好

诗,"树叶"就没有好诗,或者几乎没有好诗,你们对林庚先生的说法打心底里信服吗?你们有没有学过一首诗,杜甫的《春望》,"国破山河在,城春草木深",这里有没有"木"呢?"木"就比"树"疏朗、单纯吗?"城春草木深",这个是什么意思啊,小姑娘?

生:应该包含了一种对国家的情感。

师:在"木"的地方是一种什么样的状态?

生:因为前一句诗"国破",后面应该是较为残败的景象。

师:我有点不能接受,大家一起来背诵这首诗!

(学生齐背《春望》。)

师:"城春草木深"是衰败,没有错,那这里的"木"是凋零的意思吗?应该是什么?来,小姑娘说说看。

生:是说那个时候草木非常繁盛,用草木的繁盛来反衬当时人的活动。

师:理解了吗?同学们,这首诗好不好?(PPT展示"落叶满空山,何处寻行迹")

生:(声音微弱)好。

师:好像很违心地说了一下好。那这个呢?"沉舟侧畔千帆过,病树前头万木春。"有"树""落叶"的诗就不好吗?"树"和"木"真的有这么大区别吗?"树"就很绵密,"木"就很空阔吗?(PPT展示"树""木"可以一样的诗句作例子:"树木丛生,百草丰茂";出示"木"也可以很繁茂的诗句。)林庚先生说有"树叶"是不好的诗句,不全是这样吧?在诗句里,"树叶"出现得很少,真的是这样吗?(PPT展示关于这几个概念出现的次数统计)我看同学们的表情很凝重啊,这都是有出处的,不是我造出来的,是人家做的统计。这下怎么办呢?刚刚学了那么多,诗歌的暗示性,"木叶"那么好,有疏朗的气息。林庚先生说错了吗?林庚先生是一个什么样的人?昨天我们预习的时候有没有同学去查一查?原本教材是有注释的,现在大家只有孤零零的两张纸。没关系,我给大家整理了(PPT展示),他是一个什么样的人?

生:诗人,自由体诗人。

师:创作新的格律体诗,作为学者呢?这是别人对他的评论(PPT展示)。现在请同学们思考,林庚先生是真的不知道"木"跟"树"可以一样

第五辑 论说类文本教例研习 © 213

吗？林庚先生是真的不知道"落叶""树叶"是有很多诗的吗？我知道大家很不容易接这个话茬，因为你们很容易知道林庚先生是知道还是不知道，有没有认为他不知道的？

生：他知道。

师：但你们不愿意马上回答我，因为我知道，你们知道你们回答了"知道"之后……（师生笑）现在我们请同学回答的是比较难的问题了。除了我们刚刚的"逻辑王"之外，还有第二位吗？推测一下，按照你的阅读经验、逻辑推理，综合你的所有积累，来想一下，林庚先生为什么要这样说？好，又有一位知音了！

生：他在这篇《说"木叶"》里这样说，是因为他尽力地想证明自己文章的观点，所以他可能会在平时的客观认识中选取一些他认为符合他观点的东西。

师：好，她的逻辑成立吗？是成立的！小姑娘注意了几个关键词，这里的"落叶""木叶"，所有这些观点都是林庚"自己的"，这些是他的理解、他的看法，他特别想传递对"木叶"这一意象的钟爱。我们来分析这个语言的暗示性。在读诗词的时候，我们有一个可以去联想、去发现暗示那样一个秘密的空间，这个恐怕是一个关键。这个发现也许从统计学上来讲，它好像有点问题，是不是？接下来，我想问的是，读了《说"木叶"》，你去看其他的诗会不会也产生一些联想？来小姑娘，你最近读了什么诗？

生：不记得了。

师：不记得，没关系。我们刚刚一起背了《春望》，还记得吗？嗯，你去读这首诗，不是简单地说是衰败，它是一种什么样的背景，一种什么样的情境，是不是更有感觉呢？这个可能对于我们来说有一点点难度，没关系，要体会诗人学者在语言文字上这种高度的敏感，以及如何将这样的敏感分享给我们。最后，还有一个更难的问题，这篇文章选自林庚先生的一本书，叫《唐诗综论》。我从里面截了图，大家看到林庚先生的这篇文章跟我们的文章在排版上一样吗？

生：屏幕上的版本是将每一段引用的诗句独立成行，在我们的文章上没有这样。

师：阅读上有什么差异？

生：这样给人的感觉更清楚一点，更容易读懂。

师：嗯，这是你的感受，还有第二个差异吗？

生：这个上面把所有的引用部分都提了一行，给我们的感觉会更不一样。特别是《九歌》及这句诗，放在了标题的正下方，就相当于副标题。

师：她已经非常敏感地发现，这一句放在了标题下面，略近似于副标题。这句单独呈现，放在这样醒目的位置，作者的目的何在？嗯，不要忘记了，林庚是一位什么样的学者？

生：诗人学者。

师：这些诗句只是我们刚刚讲到的例子吗？可能不是那么简单。所以，今天我们学了这么多，有些问题没有完全清晰地解决。没关系，这篇文章还有很多特别好的东西，值得我们继续学习，还有很多文艺随笔值得我们去借鉴，这些非常有审美趣味的研究者带给我们的启迪是深远的。今天我们暂且把它搁在这儿，供大家去想象，回去也思考一下"木叶"这一经典意象。好，我们回顾一下，这篇文艺随笔，我们从几个问题开始学习，到现在有了哪些思考，诗人学者的文章我们要取它什么精华。回去再想想，好不好？好，下课！同学们再见！

生：老师再见！

研习

此环节的三次思维翻转，翻转得实在漂亮！

1. "木"就比"树"疏朗、单纯吗？有"树""落叶"的诗就不好吗？"树"和"木"真的有这么大区别吗？"树"就很绵密，"木"就很空阔吗？

2. 林庚先生是真的不知道"木"跟"树"可以一样吗？林庚先生是真的不知道"落叶""树叶"是有很多诗的吗？

3. 大家看到林庚先生的这篇文章跟我们的文章在排版上一样吗？

第一、二问其实触及了作者的跨类写法——将诗歌的极化情感带进文化随笔，迥异于驳论色彩比较明显的论文，教者将之定位为"文艺随笔"，说这里的"落叶""木叶"，所有观点都是林庚"自己的"，他特别想传递对"木叶"这一意象的钟爱，显然是关注到了这一篇性。

第三问是从排版形式上感受林庚的极化情感，更强化了学生对"诗化"这一篇性的体知。

总评

精彩的语文课堂，师生的思维之势通常具有三大特点。

一是流畅性。思维层次清晰，灵动流畅，一如行云流水。即或遇到阻碍，出现暂时的宁静或消歇，也是在蓄积更大的势能，终将冲决而出，更欢快地流淌。

二是强旺性。无论是描述、阐析，还是补充，甚或博弈，思维均能纵横捭阖，多方会通，仿佛一个个饱胀的花蕾次第开放。

三是独特性。犹如自带磁场，思维无论流动，还是驻足，均能形成强大的吸引力，又能尽显与众不同的个性风范——很多教师慨叹：名师的课可学，但是难以尽得神韵。个中缘由，思维之势的独特性可悟，却学不来。

古希腊哲学家德谟克利特说："没有一种心灵的火焰，没有一种疯狂式的灵感，就不能成为大诗人。"[1]精彩课堂上的思维之势，何尝不是如此？其间涌动着的主体心灵的火焰、疯狂式的灵感，令思维之势"各以所禀，自为佳好"（王充《论衡·自纪》），散发出迷人的魅力。

郑桂华老师的《说"木叶"》教学实录，其中的思维之势显然具备了上述三大特点。

一、流畅性：思维的纵向推进

糟糕的语文阅读教学，要么没有课脉——看似逐个板块地向前推进，先介绍作者，继而学习生字词，再随便挖掘几个所谓的知识点讲讲，然后巩固练习，最后总结、布置作业，实际上板块与板块之间，板块内部之间，皆无逻辑关联；要么课脉断裂——如绞尽脑汁地激疑导入，成功地将学生引入自己的思维之势，却突然来个字词认读或词意方面的检查。这样的课堂教学，难言思维的流畅性，因而也就无势可言。

---

[1] 朱光潜.西方美学史[M].北京：人民文学出版社，1979：35.

思维流畅，必须基于一定的理路。这种理路或是文本的情脉、意脉，或是对之重构而形成连贯的课脉。

郑老师选择的是后者。从外在形式上看，"木叶上引号有何作用→阅读《说"木叶"》遇到了哪些困难→谁能解决这些困难→对林庚的观点认同吗→学习诗人学者的文章该取什么样的精华"这条课脉完全基于学情，呈现了一条清晰的学习路径，似乎与文本意脉无关。

但是，郑老师引导小组合作学习时特地提醒："根据你们小组的力量，来看看这些诗句给我们读文章带来很大挑战时怎么办，这几个概念到底是什么样的关系，林先生为什么认为'木叶'最关键并把它放入标题。解决了这些问题后，'木叶'的古今内涵就清楚了，最终这篇文章作者要提什么看法、什么观点，也清楚了。"

这其实已经揭示了意脉：木叶、树叶、落木、落叶这四个概念的关系→关系中为什么突出"木叶"→作者所提的观点是什么，体现了她对思维严谨性、流畅性的自觉守护。只不过受制于学生所提的五个并不合文本意脉，且表意重复又欠精准的问题，反而淡化了四个概念关系的追问：（1）"木叶"就是"树叶"的意思，为什么自屈原使用了"木叶"意象后，古代诗歌中很少见到"树叶"？（2）"落木"由"木叶"发展而来，为什么也得到诗人的认可而被使用？（3）为何用木叶、落木，而不用落叶？它们的暗示性有何不同？这三大追问正好也能揭示文脉，也可精准涵盖学生的困惑，一旦被弱化或悬置，便很难将思维的流畅性贯彻到底。

郑老师教学设计中的整体课脉是很流畅的，小组学习前还特地暗示了文本的整体意脉，答疑解惑时更是不断点击学生所提的问题，逐个击破的努力清晰可见。她言谈举止中追求的思维的层次性、严谨性、流畅性，也在不知不觉中濡染着学生。那位被她称为"逻辑王"的学生，对第三问的回答，不就是很好的例证吗？

不过，仔细审视，师生对话的错位感、艰涩感还是客观存在的。根源正在于学生所提的问题表意重复，且欠精准，有的还游离了文本意脉，甚至都偏离了文本内容——第四问最为典型，因为文本根本没有谈古代"木叶"与现代"木叶"有何区别，也没有古代用"木叶"而现在多用"树叶"之措辞。问题一旦毫无价值，讨论再多都是耗费时光。好在师生凭借良好的语感，不知不觉将这一问题正确转换成"为什么古人写诗爱用'木叶''落木'，而非'树叶''落叶'"，一下子切中了文本意脉，和作者的审美认知相融合，课脉再次流畅起来。

二、强旺性：思维的横向拓展

思维之势的强旺性，体现了思维横向跃动、发展，立体、有机建构的魅力。不论形象思维，还是抽象思维，皆是如此。比如骆宾王《帝京篇》中围绕怀才不遇的悲愤而排山倒海般用典形成的吞天沃日的气势，《烛之武退秦师》中烛之武远景分析、历史分析、现实分析的势如破竹、剑剑封喉的力量。

语文教学中思维之势的强旺，更多体现在对某一问题所展开的联想、想象、阐析、推理、辩驳等思维活动所形成的力量上。在本则教例中，思维之势的强旺性主要体现在：

第一，努力围绕课眼"木叶"展开较为紧凑、酣畅的讨论。题目中的"木叶"为什么加上引号？为什么古人写诗爱用"木叶""落木"，而非"树叶""落叶"？四个概念之间是什么关系？为什么用前两个效果好，用后两个就产生不了精彩的诗句？你们是否认同林庚的观点。因为课眼具有强大的统摄力，能使散漫的知识点产生有机的联系，所以尽管学生的提问有交叉重复以及偏离文本之弊，但是并不妨碍整体思维之势的强旺。如果不断点击上述课脉，思维之势一定会更强旺。

第二，能自觉化用"一分为三"的思维智慧。一分为三思维是对二元对立思维的反拨，利于使思维从狭隘、对立、浅薄，走向开放、共生和深刻。学生从三个层面完美阐释诗句引用的作用，郑老师引导学生从形态、色彩、触角感受木叶与树叶不同的暗示功能，还有她本人最终的三连问，直接挑战林庚的观点，为学生掀起了强劲的思维风暴，完美实现了入势、克势和化势的统一，特别震撼人心。

第三，体现在对课脉的点染和相关问题的不断点击上。比如，小组合作学习前对文本内在意脉的点染，答疑解惑时不断提醒"这是对第×个问题的回答"，启发学生思考时不厌其烦地提醒"哪个小组来贡献一下""还有第二个角度、第三个角度吗"……这颇有夏丏尊所说的增强文气的智慧——叠用调子相同的词句，亦颇参着变化。[①]如同音乐的旋律一般，不时叩击心扉，令学生神聚心动，也令教者的思维势能不断蓄积。

有课眼的总体统摄，有一分为三的思维拓展、演进，又有一唱三叹式语言的提醒和引领，思维之势岂能不旺盛？

三、独特性：思维的个性彰显

思维之势的流畅性、强旺性，很容易推动思维之势独特性的形成。

事实上，思维如果没有"独特性"的统摄，流畅性和强旺性的影响力也很有限；反之，缺失流畅性和强旺性的支撑，独特性也很难生长出来。因此，三者之间天然形成了相辅相成、共生共荣的关系。

思维独特性是精神创造的标识，已引起了世界各地有识之士广泛、深切的关注。我国语文核心素养中明确提到了"思维发展与提升"；PISA、PIRLS等国际阅读素养测评项目中触及的是高阶思维的考查；落实到教学评价中，更是高度关注思维的独特性——比如，罗生门教育评价方法很关注"创造性教学活动"（creative teaching-learning activities）的开展[②]，美国好课标准中则明确提到了"学习材料的挑战性"[③]。

郑老师课堂上思维之势的独特性，主要体现在对文本篇性的悉心开掘上。

不仅关注作者聚焦木叶说了什么，而且更关注怎么说、怎么个性化地说——情不自禁地跨类写作，将诗歌的极化情感带进来了。比如称"树叶从来无人过问，至少从来就没有产生过精彩的诗句""'木'意象比'树'意象疏朗、空阔"等，甚至连为何这么说——诗人的身份促使他特别想传递对"木叶"意象的钟爱，也捕捉到了。也就是说，郑老师已经细腻、纤敏地关注到林庚之说和他人之说、文学之说与科学之说的区别了。别人没关注到，她关注到了；别人关注到，一带而过，她却将之当作教学的重点、高潮来经营；别人注意与林庚之说的融合，她还注意与林庚之说的间离。这正是她教学思维的新颖、独到之处。

---

① 夏丏尊，叶圣陶.文章讲话［M］.北京：中华书局，2007：76-77.
② ［日］佐藤学.教育方法学［M］.于莉莉，译.北京：教育科学出版社，2016：66.
③ 李海林.美国中小学课堂观察——一位教育学教授的笔记［M］.北京：教育科学出版社，2015：121-127.

顺着郑老师的思路，我们不妨继续追问：如果题目中的"说"换成"论"，行文会有怎样的差异发生？这样一来，"木叶"出处、影响、暗示的审美功能等相关结论的得出，一定少不了考证、分析；体现情感极化色彩的反问句，武断性措辞，一定也会随之骤减；文化心理分析的成分，恐怕也会随之增加。这样一来，是否更能凸显类性辨识意识？

郑老师课堂上思维之势的独特性，还体现在她对话语言中简约与繁复、真诚与幽默、启悟与激励的多重统一上。无论是对官方发言人式措辞的善意调侃，对相关学生问题内涵重复的纠正，还是对"逻辑王"的赞美，抑或是对学生心理的准确拿捏、微笑点破，无不精练传神，而对学生思维角度、深度、新度的引领又极其耐心。声称"对于优秀的人，我们得给他一点难题"，貌似施压，其实是给予极高的褒扬。即使面对偏颇的回答——如一位学生将"城春草木深"理解为"较为残败的景象"，她也不马上一棍子打死，而只是说"我有点不能接受"，继而仍耐心引领学生朗读、体悟、辨正，可以说将《学记》中的"和易思"思想贯彻得滴水不漏——道而弗牵，强而弗抑，开而弗达。道而弗牵则和，强而弗抑则易，开而弗达则思，和易以思，可谓善喻矣。

其实，课脉设计上也能彰显其思维之势的独特。一切以学生的体验、理解为中心，顺势而化。化，也是以学生为主体，遵循"生疑→解疑→激疑→化疑"的认知路线，看似极其家常，一点儿也不时尚，甚至还有可以再优化的空间——如将上述的设计路线改为"分享→解疑→激疑→化疑"，或许更能节约时间，但是有多少教师敢这样素朴地上课呢？有多少教师敢如此"真刀实枪"地顺着学生的思维之势，建构自己的教学呢？——特别是通过学生"伙伴语言"的互相触发，经由教者"中介语言"的引领，最终习得并创造性化用作者的"目标语言"。

没有，或少之又少，于是捍卫常识也成了一种珍贵的创新，其思维之势也因之打上了鲜明的个性烙印。

第六辑 其他类文本教例研习

思维磨砺：顺势、克势与造势

——夏智《陈情表》教学设计研习

教者简介 >>>

夏智，杭州学军中学紫金港校区语文教研组长，浙江省特级教师，杭州市教师资格认定专家审查委员会成员。公开发表教学论文40余篇，主编、参编图书20余种，主持省级课题两项，获省市等综合荣誉20余项。近几年在全国各地开设公开课或讲座30余场，担任多所学校语文工作室指导教师。追求"有情、有趣、有料"的教育教学特点，期待"真实、清晰、人文"的教学风格，向往一种"有书读有书教"的平静安宁生活。

教学目标

1. 落实文中的重要实词、虚词、句式。
2. 立足文本细读，辅之引介导读，揣摩人物心中之"真情"，培养学生质疑之精神。

重点难点

体悟文字表面"虚情"背后的"实情"。

研习

教学目标中的"人物"指李密和晋武帝,"真情""实情"实质上指两人思想往还、情感交流背后的真实意图——用"真意"庶几更为贴切。这样的目标定位,既聚焦了"表"的文体特征、学生的质疑精神,也必然会关涉到《陈情表》的篇性、李密其人的言语人格、忠孝文化特点的辨正,有利于语文核心素养和学生知情意素养的立体培育、有机培育,有一举多得之妙。

美中不足的是,表述欠清晰、具体——目标1也有此弊,哪些实词、虚词和句式,皆未指明;也欠精练——重难点其实就是目标2,何必换了措辞重新表述一遍呢?

目标中的动作主体是教师,显示了教师本位意识的残余。

教学过程

一、检查预习情况:齐诵、背诵

1. 学生齐读或齐诵。
2. 教师抽查背诵2~3人。

设计意图:

文言文的背诵,教者主张在正式上课前就落实好。"书读百遍,其义自见",背诵是最好的预习,可以为课堂的生成做好准备。

研习

熟练背诵经典作品,应该是积淀语文学养最笨却又最扎实的功夫。这方面,鲁迅能背《纲鉴》,茅盾能背《红楼梦》,巴金能背《古文观止》,已经起到了很好的引领作用。熟背何以有如许魅力?无它,可以更好地生命融合、牧养语感、内化言语表现技能和智慧等,这些都是言语表现与创造的重要前提。教者说"为课堂生成做好准备",正基于此。

熟练背诵之于学生文言文自学，堪称全方位的学习磨炼。因为要达到这一境界，对字词读音、意思，句式特点，行文结构，语法常识等，必会有更深的体味和把握，这是很能磨习惯、磨毅力、磨脑子的。熟练背诵之于教师教学，堪称对催化平庸的教学陈规最勇敢的挑战。因为实现了背诵的目标后，教师必须引领学生向文本的篇性、文化意蕴、作者言语表现情趣、言语人格等更为深邃的层面掘进，使教学相长的愿景不断化为现实，而非让文言文教学永远陷溺于字词读音、意义理解、内容翻译、语法了解等肤浅层面。

从这个角度说，教者不仅捍卫了文言文教学的常识，也彰显了其不趋时俗的教学勇气和智慧。

二、感受李密身世之苦情，体味李密尽孝之必需

1. 课文标题中的"表"是什么？

明确：是一种文体，是臣子写给君主的一种文体（见课文注解1）。

2. 这篇文章中，是谁在陈情？

明确：李密。（板书：李密）

抽查学生背诵第一段。

3. 哪一句话有总起作用？请概括李密有哪些不幸。

明确：总起句——臣以险衅，夙遭闵凶。四大不幸——父丧母嫁，祖母抚养；九岁不行，伶仃孤苦；两代单传，形影相吊；夙婴疾病，常在床褥。（板书：四大不幸）

学习重点文言词语：见背（如"见笑"）；舅夺母志（如"三军可夺帅，匹夫不可夺志"）；成立（成人自立）。

4. 李密的身世可谓"凄凄惨惨戚戚"，祖母刘对李密的抚养可谓"尽心竭力"，李密和祖母刘可谓"相依为命"，此情此景可谓"感人至深"。请问，一位大孝子，面对常在床褥的祖母，应该怎么做？必须怎么做？

明确：应该留在祖母刘的身边，必须好好报答祖母刘的抚养之恩，必须尽孝。

5. 课文第一段中哪一句话对应写了李密尽孝？

明确："臣侍汤药，未曾废离。"可见，李密是一名不折不扣的孝子。（板书：孝顺）

引介：父早亡，母何氏醮。密时年数岁，感恋弥至，烝烝之性，遂以成疾。祖母刘氏，躬自抚养，密奉事以孝谨闻。刘氏有疾，则涕泣侧息，未尝解衣，饮膳汤药必先尝后进。（房玄龄等《晋书·李密传》）

设计意图：

从标题的"表"切入，顺势切入第一段，提炼李密的"四大不幸"，感受李密所陈之"苦情"，体会李密必须尽孝的"苦衷"，概括李密"孝顺"的人物形象特点，为后面忠孝难两全做铺垫。

研习

教者基本上是以"真意"为课眼，以"尽孝之必需→尽忠之必需→忠孝之两难→问题之解决"为课脉来设计教学的。本环节重在引导学生感悟李密身世悲苦的感伤之情，与祖母相依为命的不舍之情。

这样的设计有两大优势。

一是初步感受了文体特征：陈情是表，陈意是里。《文心雕龙·章表》云："章以谢恩，奏以弹劾，表以陈请，议以执异。""请"一作"情"，但主要侧重在请求、请示，以情动人仅是表意的手段。

二是聚焦苦情渲染文字，便于生命融合，深度共情。颇具移情色彩的发问：一位大孝子，面对常在床褥的祖母，应该怎么做？必须怎么做？还有对《晋书》中关于李密之孝文字的感知，代入与拓展相辅相成，较好实现了感性与理性的相乘。

不过，感受苦情的过程中，横插背诵，"见背""成立"等词语的学习，有中断课气之嫌——后面环节中亦有此弊。更何况，第一环节已经有过齐读和抽背。另外，教者判断的重点词语，是基于真实学情的判断吗？是，应该说明。

三、体会"逼迫"之形势，突出"尽忠"之必需

（抽查学生背诵第二段。）

1. 李密在向谁陈情呢？

明确：晋武帝。（板书：晋武帝）

引介：司马炎，晋武帝，晋朝开国皇帝。晋文帝司马昭嫡长子，晋宣帝司马懿之孙。

2. 从哪里看出晋武帝要重用李密？这说明李密是一个怎样的人？

明确：四次征召。"察臣孝廉"，说明李密孝顺；"举臣秀才"，说明李密有才。（板书：四次征召，有才）

3. 此情此景，作为新朝臣子的李密，最需要对晋武帝做点什么？

明确：形势逼迫，必须表忠心，要像诸葛亮一样，鞠躬尽瘁，死而后已。

4. 学习重点文言词语：逮（到，dài）；察（察举）；举（举荐）；拜（授予官职）；除（拜官授职）；洗（xiǎn）马；急于（比）星火；奔驰（指赴京就职，古今异义）；则刘病日（一天比一天）笃；告诉（报告申诉）。

设计意图：

体会"逼迫"之形势，突出"尽忠"之必需，与第一段的分析形成对比。

研习

本环节围绕"窘情"展开——知遇之恩的感激之情，进退狼狈的为难之情。抓住四次征召，体味李密的孝顺、有才、形势的逼迫，还有换位思考的设计——此情此景，作为新朝臣子的李密，最需要对晋武帝做点什么？这也为后面环节感受李密不敢二心的惶恐之情、忠孝难全的痛苦之情埋下了伏笔。

四、体会自古忠孝难两全

1. 自古忠孝难两全，第二段哪两句话说出了这样的尴尬处境？

明确："臣欲奉诏奔驰，则刘病日笃；欲苟顺私情，则告诉不许。臣之进退，实为狼狈。"

引介：

（1）忠君报国千古楷模的唐代书法家颜真卿。颜真卿说："忠孝难并。已为孝子，不得为忠臣；已为忠臣，不得为孝子。"（《驳吏部尚书韦陟谥忠孝议》）在颜真卿看来，忠孝不能两全。颜真卿是这样说的，也是这样做的。他不计个人安危，忠而殉难。

（2）忠孝两难中郁郁而终的东汉赵苞。东汉时，鲜卑族进犯边境，辽西太守赵苞率兵迎敌。不料，他的母亲被对方劫持为人质，并以此逼迫赵苞退兵。在战场上，赵苞强忍悲痛对母亲说："为子无状，欲以微禄奉养朝夕，不图为母作祸。昔为母子，今为王臣，义不得顾私恩，毁忠节，唯当万死，无以塞罪。"一面哭，一面下令进攻。赵苞是把"忠"置于首位，而他的母亲却惨遭杀害。后人把这段故事称作"赵苞弃母"。鲜卑军队被击溃后，赵苞含泪将母亲安葬。他对父老乡亲说："食禄而避难，非忠也；杀母以全义，非孝也。如是，有何面目立于天下！"他郁郁寡欢，最终吐血而死。他是夹在"忠""孝"两难抉择中间的牺牲品。

2. 李密有资格于"忠和孝"中选其一吗？

明确：在那样的时代里，你的生命并不属于自己，你也不能完全属于你的家庭，你不能完全为自己做主，因为还有一个全社会的"家长"要主宰你的命运。率土之滨，莫非王臣，普天之下，都在他的操控之中，阳光雨露都是皇家的恩典，你就在这样恩典的"沐浴"之中。因此，你首先得效忠于朝廷，得做"王臣"，得是一个"奴才"，然后才能做一个孝子，报答祖母的养育之恩。其实，李密只有一个选择：尽忠！

设计意图：

补充资料，体会忠孝两全的难处，为后面巧妙解决问题张本。

研习

看到了李密的"狼狈"或"尴尬"，没有看到其间的痛苦、怖惧之情，对人物复杂内心世界的感悟，还是显得有些单薄。没有聚焦充满对峙、含蓄吞吐的修辞，语文体性的持守略显乏力。

引入颜真卿、赵苞弃孝选忠的案例，倒是能烘托李密的灵魂挣扎，也能折射出忠文化残酷的一面。但是，将所有在忠文化影响下的王臣或士人视为"奴才"，认知则走向了褊狭与极端。

五、解读李密解决矛盾的方法

1. 李密是怎样解决矛盾的呢？课文中哪里体现了？为什么可以这样解决？

明确："臣密今年四十有四，祖母今年九十有六，是臣尽节于陛下之日长，报养刘之日短也。乌鸟私情，愿乞终养！"先尽孝后尽忠，以时间来换取空间，祖母刘96岁，李密44岁，晋武帝31岁。机智巧妙。（板书：先尽孝后尽忠）

2. 引介：蜀平，泰始初，诏征为太子洗马。密以祖母年高，无人奉养，遂不应命。乃上疏《陈情表》。帝览之曰："士之有名，不虚然哉！"乃停召。后刘终，服阕，复以洗马征至洛。（《晋书·李密传》）

3. 学习重点文言词语：有（又）；于（引出对象）。

设计意图：

李密解决问题的方法表面上越巧妙，就越容易遮蔽双方的真实意图。此一节正是为后面参悟李密之真意做最后的铺垫。

研习

"先尽孝后尽忠，以时间来换取空间"，这是李密陈情的真实意图，也是他解决忠孝两难问题的一种策略。不过，这种意图或策略是如何诉诸修辞的，可不是教者认为的卒章显志。要显，和盘托出就可以了，为什么要兜那么大、那么多的圈子呢？

开首是自叙身世的悲苦之情，继而是因奉诏奔驰与服侍祖母发生冲突而引发的窘迫之情，再接着是掩藏在对孝治天下国策的赞美之情、对朝廷宠命优渥的感激之情背后的不想废远的区区"私情"，最后才亮出自己的意来。这颇像钻木取火，渐热→炽热→燃烧，李密所抒之情在与接受主体晋武帝的隔空交流、磨合中，变得越来越融，越来越热，内心深藏的"意"终于被点燃。

这种钻木取火式的表意结构，在文天祥的《过零丁洋》一诗中也有表现。"人生自古谁无死，留取丹心照汗青"的伟岸信念，就是在寥落、自嘲、抱怨、失望、孤独、伤感、惶恐的情感烈焰焚冶中脱颖而出的。但是，二者又有所不同。如果说文天祥的"意"是一片烈焰，那么李密《陈情表》中所表达的"意"充其量只是一点儿小火星罢了。何以如此？因为"愿乞终养"之意是借着乌鸦反哺含蓄地亮出来的，且立刻被辛苦之情、惧怖之情，还有"生当陨首，死当结草"的誓言迅速覆盖。这种表达又颇像一条小鱼，稍稍将嘴伸出水面吐了个泡，马上就又缩回去了。

这种修辞策略最能体现陈情成功的秘妙。可惜的是，教者意识到了修辞策略的巧妙，却并未深入钻探下去。所以，设计的问题契合了"表"的文体特征——"表者，标也，明也，标著事绪使之明白以告乎上也。"（吴讷《文章辨体序说 文体明辨序说》），却未触及文本的篇性。

六、体会晋武帝怀柔之中的深意

1.李密动之以情，晓之以理，诉之以法，问题似乎得到了完美解决。而且，我们可以发现，这篇文章有几句话完全可以删掉。试体会一下删掉后，文章是不是显得更加紧密有致？

PPT 1 显示删除的文字：

且臣少仕伪朝，历职郎署，本图宦达，不矜名节。今臣亡国贱俘，至微至陋，过蒙拔擢，宠命优渥，岂敢盘桓，有所希冀！

PPT 2 提供一组数据：

263 年，蜀国灭亡；265 年，司马炎即位称帝，定国号晋，改元泰始，是为西晋；267 年，李密上《陈情表》；280 年，东吴灭亡，全国统一。

学生讨论；教师稍作小结，暂不评价。

2.当时三国统一了吗？蜀国灭亡了，东吴有没有灭亡？晋武帝登基了几年？

明确：没有，东吴依然据守江东，13 年后才被晋武帝攻下灭亡。当时，晋武帝司马炎建国才两年，新朝不久，东吴未灭，中原还没有大一统。（板书：新朝刚立）

3.这个时候的晋武帝会对有才之人采取什么样的政策？

明确：第一，每一个开国皇帝都会求贤若渴，需要人才。第二，建国初年，东吴尚据江左，为了减少灭吴的阻力，笼络东吴民心，晋武帝对亡国之臣实行怀柔政策，以显示其宽厚之胸怀。

4. 仿照句式填空。用"因为……所以……"的句式来总结晋武帝为什么一定要重用李密。

因为李密有才，所以要重用他；因为李密孝顺，符合国策，所以要重用他；因为李密是亡国贱俘，可以笼络人心，所以要重用他。

明确：因为李密孝顺，符合"孝治天下"国策，所以要重用他；因为李密是亡国贱俘，可以笼络人心，所以要重用他。（板书：孝治天下；亡国贱俘）

5. 可是，李密去了吗？没有，辞不赴命！李密为什么不去？只是因为祖母刘日薄西山吗？如果你是晋武帝，亡国贱俘李密一而再再而三地拒绝做官，你会怎么想？

明确1：可能会认为李密还对故朝有所留恋。

引介1：司空张华问之曰："安乐公何如？"密曰："可次齐桓。"华问其故，对曰："齐桓得管仲而霸，用竖刁而虫沙。安乐公得诸葛亮而抗魏，任黄皓而丧国，是知成败一也。"（《晋书·李密传》）

明确2：也可能会认为李密还有对名节的矜持。

引介2：嵇康打铁；阮籍拒婚。

6. 李密除了要对晋武帝动之以情，晓之以理，诉之以法，更重要的是要告诉晋武帝什么？

明确：要消除晋武帝的疑惑之心、猜疑之心。所以，李密必须向晋武帝表达最彻底的忠心，今天之所以辞不赴命，确实是因为祖母刘年纪大了，并不是留恋故朝，也不是矜持名节。

7. 这段话重不重要？能不能删除？为什么？

明确：重要！不能删除！因为只有这样，才能消除晋武帝心中的顾虑！

8. 李密向晋武帝上陈情表，陈的是什么样的情？

明确：陈的是祖孙亲情、孝情，更是一位匍匐在地、战战兢兢的亡国贱俘对新朝皇帝的臣服之情！（板书：臣服表）

9. 学习重点文言词语：以（用）孝治天下；但以（因为）刘日薄（迫

近）西山；不矜（顾惜）名节；盘桓（徘徊不前的样子，指拖延不就职）；无以（没有……可以用来）。

设计意图：

运用填空法、删除法，进一步领悟"孝"背后惶惶臣服之"忠"情。

研习

凸显李密"不矜名节"，无所"希冀"的告白，无形中还原了李密对前一次《陈情表》失败修辞的反思和规避，以及对晋武帝诏书切峻，指责"逋慢"背后怀疑心理的急切回应，设计得非常漂亮。

提供《陈情表》诞生前后简约的大事年表，以及"因为……所以……"的句式，将晋武帝的真实意图也还原了出来，更是强化了"表"对话以表意的文体特征。挖掘出李密措辞背后战战兢兢的臣服"忠"情，则触及了《陈情表》表意上的篇性。

不过，将"亡国贱俘""笼络人心"和"重用"联系起来，实在不妥。"亡国贱俘"是李密的谦称，一旦将其坐实，是无法建立因果联系的。

七、总结

拨开迷雾，陈情表实乃"臣情表"。一篇文章，共有27个"臣"字，《陈情表》其实要表达的正是对晋武帝最彻底的臣服之心。聪明的李密的这份心思，被包装在亲情之下，被聪明的晋武帝收到了，但是很多人可能被蒙蔽了，以为这是一篇表达浓浓亲情的让人为之感动的文章。于是，有人说"读《陈情表》不哭者不孝"，这真是一个历史误解！

研习

虽未点明"表"陈情、表意的文体特征，但所下的结论——《陈情表》其实要表达的正是对晋武帝最彻底的臣服之心，还是点到了表的文体特征。

但27个"臣"字，是否真的就是表达"最彻底的臣服之心"，观望心态、名节考量是否真的丝毫不存在，值得商榷。

八、作业布置

如果你是李密,在下笔写《陈情表》前,会有怎样的心理活动?请写一段话,150 字左右。

研习

指向言语表现,尝试对人物的心理写真,这对学生移情力和想象力的培养,无疑具有重要的促进作用。但是,题干中并未说明是《前陈情表》,还是《后陈情表》——面对四次征召,李密曾经"具以表闻",那应该是《前陈情表》,无疑会令学生犯难。

如果站在学生立场,且紧扣文本言语倾诉、汇报、沟通的实用功能,设置一个具体的问题情境,让学生尝试与父母或老师书面交流,写一封信,是否更能激活所学,化知成技,化知成智?

总评

思维磨砺,如今已成世界各国各科教育关注的重点,阅读教育尤其重视。

PIRLS 测试理解过程中的收集信息能力、直接推论能力、解释并整合观点和信息能力、评价文本内容和形式能力,无一不涉及思维的磨砺。2018年,PISA 就将阅读素养修正为"为实现个人发展目标,增长知识、发挥潜能并参与社会活动",即理解、运用、评价、反思和参与建构文本的能力。不管哪个环节,思维磨砺都如影随形。我国的语文课程标准则将"思维的发展与提升"明确界定为语文核心素养中的重要内容,要求教师在平时的阅读教学中加以落实。发展与提升,关涉的也是思维磨砺。

如何磨砺?人们极为关注结合具体问题加以深入、周密的阐析、论证或说明,并将博弈意识、会通意识、创新意识融入其中。这些技巧或智慧在夏智老师的教学设计中也蕴含了。其中,顺势、克势、造势的思维智慧,尤其给人以启迪。

一、顺势：顺心之天，多维磨砺

柳宗元《种树郭橐驼传》一文中的郭橐驼，所种之树无不活，"且硕茂，早实以蕃"，他的种树经就是"顺木之天，以致其性"。种树需要顺应树木生长的自然规律，自然之势，语文阅读教学中的思维磨砺何尝不是如此？

夏老师教学设计中的顺势，主要体现在三个方面。

一是顺文本之势。以"真意"为课眼设计教学，本质上是顺文体之势——陈情是表，表意是里；以"尽孝之必需→尽忠之必需→忠孝之两难→问题之解决"为课脉，大体上是顺文脉之势——自叙身世的悲苦之情→奉诏奔驰与服侍祖母发生冲突而引发的窘迫之情→掩藏在对孝治天下国策的赞美之情、对朝廷宠命优渥的感激之情背后的不想废远的区区"私情"→在辛苦之情、报恩之情、怖惧之情的包裹中微微亮出真意。以"四大不幸""四次征召"为教学的拐点，这是顺情感渲染之势。虽然其间时有背诵、字词测查等活动横插进来，导致课气不是特别旺盛、流畅，但是从整体的思维脉络上看，还是比较妥帖自然、一气呵成的。

二是顺学生思维之势。教学中，顺学生思维之势通常表现在：对学情进行诊断性评估，使教学基于其上；对话中，对学生思维的错知处、浅知处、无知处随时加以指正或引导；作业布置，能应学情而设，应兴趣而设，应个性而设。夏老师着眼于学生语文学养的扎实积淀，立下了背诵文言文篇目的高标，一上课就测查；对话中，能不时引导学生换位思考，入情入境——一位大孝子，面对常在床褥的祖母，应该怎么做？必须怎么做？如果你是晋武帝，亡国贱俘李密一而再再而三地拒绝做官，你会怎么想？这是其教学设计生本意识明显，读来倍感亲切、温润的主要原因。

三是顺教学规律之势。语文阅读教学，除了要顺应文本创作的规律、学生认知的规律，还要顺应教学的规律。这在夏老师的教学设计中，处处有体现。有课眼、课脉，这保证了教学的整体性、有机性；眼中有学生，处处给他们体验、亮见的机会，这保证了学生主体性的充分发挥。

注意感性与理性的相乘——尽管读的活动较少，但是其他活动均有理性思考融入其中；熟悉与陌生的相乘——每一处均能基于学生的认知和体验，却又能时时刷新，如对"且臣少仕伪朝，历职郎署……有所希冀"这一处是否可以删去的探讨；共识与独识的相乘——设计中，无论是《晋书》《驳吏部尚书韦陟谥忠孝议》等材料的引入，还是对李密、晋武帝的评价，如对李密言说心理"先尽孝后尽忠，以时间来换取空间"的感知，都是有属我的思考伴随的。

这令教学设计充满了精致的美感，又能处处见出思维的新鲜图景。

二、克势：博弈中实现深度融合

设计中，夏老师注意顺势的同时，也注意了思维的克势。

何谓克势？阿城小说《棋王》中那位神秘的拾垃圾老头儿有着精彩的阐释。他曾这样点化主人公王一生："若对手盛，则以柔化之。可要在化的同时，造成克势。柔不是弱，是容，是收，是含。含而化之，让对手入你的势。这势要你造，需无为而无不为……"这里其实讲了三种思维博弈的智慧：克势、化势和造势。如果说化势追求的是容，是收，是含的话，克势讲求的则是遏制、削减，是含而化之过程中的温柔反击。

落实到语文阅读教学中的思维磨砺，克势当然不是为了纯粹地战胜或消灭对方思维，而是在"交锋"过程中，形成一种思维的互相激荡与触发，进而浴火重生。

思维的克势，在夏老师的教学设计中至少体现有三。

一是对学者的思维构成一种克势。这是从总的设计层面来谈的。夏老师说李密的心思，被包装在亲情之下，被聪明的晋武帝收到了，但是很多人可能被蒙蔽了，以为这是一篇表达浓浓亲情的让人为之感动的文章。于是，有人说"读《陈情表》不哭者不孝"，这真是一个历史误解。他的设计正是由此切入，以解读李密和晋武帝的真意为主攻方向，因此处处充满了思维博弈的张力！

二是对学生的思维构成一种克势。这主要是从局部的设计层面来谈的。虽然设计中看不到显在的师生思维相克，但是从他对古代评论者观点的反驳（其出处是宋人赵与时《宾退录》卷九所引的时人安子顺语："读诸葛孔明《出师表》而不堕泪者，其人必不忠。读李令伯《陈情表》而不堕泪者，其人必不孝。读韩退之《祭十二郎文》而不堕泪者，其人必不友。"——这在很大程度上也会代表学生的观点。）、活动设计，还有连珠炮似的追问中，都能感受到思维克势的存在。比如下述追问："李密去了吗？没有，辞不赴命！李密为什么不去？只是因为祖母刘日薄西山吗？如果你是晋武帝，亡国贱俘李密一而再再而三地拒绝做官，你会怎么想？"思维的在场感、博弈感呼之欲出。有这样的思维克势在，还用得着担心学生走神吗？精彩的语文阅读教学，必须有智慧而充满挑战性的问题，对学生的思维构成克势，让他们产生思维的阵痛、惊奇、冷凝和再燃烧。唯其如此，思维的磨砺，才会真正发生。

三是对作者的前思维构成一种克势。这是从夏老师设计的无意识层面谈的。聚焦李密"不矜名节"的告白，"亡国贱俘"的自贬，"岂敢盘桓"的倾诉，实际上在无形中已经形成对李密写《前陈情表》失败修辞的克势，因为这些内容正是李密对晋武帝诏书切峻、指责"逋慢"背后怀疑心理的紧急修辞调整和急切回应，二者是叠合的。不过，夏老师并未意识到这一点。没意识到，却凭着纤敏的语感触及，由不得人不拍手称奇。

三、造势：指向言语生命的牧养

顺势而教的过程中，能注意在与不同主体对话中形成思维的克势，且积极努力向言语生命牧养的方向造势，这是夏老师最可贵、最可爱、最智慧处。

牧养言语生命，最易见出的是夏老师作业设计中的言语表现指向——揣摩李密写《陈情表》前的心理活动，写一段话，150字左右。走向说或写，肯定是激活所学，确证自我精神生命最理想的方式。从这个角度说，说写高于听读，解读就是解写，并念兹在兹、积极主动地走向个性化的说和写，是语文学习的至高境界。让说写得到巩固、激活阅读成果，形成作者与自我相乘、内化与创造统一的效果，多么迷人！以此观照夏老师的作业设计，尚未臻此境。具体原因已在研习部分阐析，此不赘述。

需要指出的是，夏老师为牧养学生言语生命所造的势，更多地体现在篇性揭秘上。如对渲染手法的感悟——主要聚焦的是四大不幸、四次征召，对自贬细节的关注，对情意交融、情表意里修辞智慧的揭秘，对27个"臣"字的心理分析……虽然对文本独特的钻木取火式表意结构分析阙如，但篇性揭秘过程中体现的审美细腻、纤敏、独特，已触之可及，这本身就是语文核心素养魅力的鲜活示范。

为牧养学生言语生命所造的势，还体现在夏老师对文言文经典背诵的倚重上，对相关研究资料丰富而自然的引进上，立足文本对忠孝文化的开掘与点染上，对人物性格、心理的新鲜分析上。看似杂花生树，但因为有言语生命牧养自觉贯穿和不倦造势，其实有着内在的精致和独特的绚烂。

群文阅读：从占有、会通走向存在

——景慧颖《伶官传序》教学实录研习

▎教者简介 >>>

景慧颖，执教于辽宁省盘锦市辽河油田第一高级中学，担任"清北班"班主任，学校办公室主任。先后荣膺"盘锦市优秀教师""盘锦市师德标兵""盘锦市创业好青年"等荣誉称号。曾主编三本教辅书，为《原创考卷》编委，在《语文学习》《语文建设》《语文月刊》《中学语文》《中学语文教学参考》《语文教学通讯》等刊物发表学术文章40余篇，指导学生发表作品100余篇。

一、得失之间：告诫沉溺的恶果

师：一篇文言文的学习应该着眼于文言、文章、文学、文化四个层面。上节课我们已经扫清了《伶官传序》字词、语法上的障碍，完成了"文言"层面的学习。这节课我们将进入其他三个层面的研读。从文章体裁角度来考虑，它是什么体裁呢？

生：议论文。

师：对，议论文。但是更准确地说，《伶官传序》应被称为"史论"，即对历史现象、历史事件、历史人物的评价。

生：既然是议论文，就一定要讲它的论证方法，对吧，老师？

师：你说得对，那么大家思考一下本文运用了哪些论证方法？

生：举例论证、道理论证以及对比论证。

师：那么，文本使用的最为突出的论证方式是什么呢？

生：对比论证吧。

师：是的。请同学们具体说说，文本哪些地方使用了对比论证？

生：第一段"得天下"与"失天下"，不就是一组对比吗？

师：请你从原文中筛选出两个关键词，分别说明其"得天下""失天下"的原因。

生："忧劳"为"得天下"之因，"逸豫"为"失天下"之因。

师："忧劳"在原文中是如何呈现的？

生：来自父亲临终的嘱托、要求。"与尔三矢，尔其勿忘乃父之志。"翻译为"给你三支箭，你一定不要忘记你父亲的三桩志愿。"一个"其"字，表示祈使语气、命令语气，一定会给唐庄宗造成压力的。

师：有压力就有动力！孟子言，一系列的挫折，能够使一个主体"动心忍性，曾益其所不能"。在巨大的压力之下，唐庄宗一定会励精图治、发奋图强的。你能从文本中读出来唐庄宗励精图治、发奋图强的信息吗？

生：能够读出。例如"告庙"，祭告祖庙，积极备战，以求保祐打胜仗。

生：第二段有几个连用的动词，即"请""盛""负""前驱""凯旋""纳"等可以窥见唐庄宗骁勇善战的形象。

师：《新五代史·庄宗下》就说唐庄宗："善骑射，胆勇过人。"那么，"骁勇善战"能与"励精图治，发奋图强""忧劳"关联起来吗？

生：可以，在忧患意识下，唐庄宗一定会从炼就自身强大本领开始。所以告庙、骁勇善战都是忧患意识下的产物。也可以说是父亲的"遗恨"造就了唐庄宗的"忧劳"品格。

师：那么，"逸豫"该如何理解？

生：安乐。"豫"在字典上的解释也是"安乐"的意思。

师：文中还有一句话"智勇困于所溺"，"智勇"显然指的是"唐庄宗"，"溺"为所溺爱的事物，那么唐庄宗到底溺爱什么？溺爱到什么程度了呢？

生：溺爱"伶人"啊，"伶人"就是演戏的人。溺爱到无以复加的地步了。

师：怎么理解"无以复加"？

生：教材的"相关链接"都说给这些伶人封以高官，即"以俊为景州刺史,德源为宪州刺史"。一个唱歌的,能当上省长、部长级官员,难道不是唐庄宗对他们青睐有加吗?

生:我再来说,就是这段链接,唐庄宗真的是发自内心地喜欢听戏,"既好俳优,又知音,能度曲",而且"别为优名以自目,曰李天下"。

师:透过"得天下"与"失天下"的对比,旨在告诫什么?

生:旨在告诫沉溺玩乐的恶果。

研习

在学生阅读体验和思考的基础上生成"对比"这一课眼,并按"得失对比→壮衰对比→难易对比→知古鉴今"的课脉,引导学生体味欧阳修对比论证的目的、言语表现匠心、言语人格以及"史论"的文体特征,将"开口小,挖掘深"的教学艺术表现得淋漓尽致。整节课精致而饱满,灵动而深刻。抓住"忧劳""逸豫"两个关键词,上下勾连,内外会通,不仅让学生理顺了文本内部的思想联系,而且对欧阳修"祸患常积于忽微,而智勇多困于所溺"的观点,有了更深切的理解。

不过,欧阳修对唐庄宗成败之迹——得难失易的考察,一口气得出了三个结论:(1)满招损,谦受益;(2)忧劳可以兴国,逸豫可以亡身;(3)祸患常积于忽微,而智勇多困于所溺。教者只引导学生关注结论三,有挂一漏万之嫌。不关注三个结论之间的逻辑关联,更是错失了开掘文本篇性的契机。

关注文言文学习的四面,即文言、文章、文学、文化,忽略四面的"一体"性亦不妥。如实用与艺术的功能是如何和谐而统一地发挥的,文化又是如何渗透出来的,这些问题必须在教学中统筹考虑。教者将文章、文学、文化的学习作为本节课的主要内容,显然是受王荣生、童志斌"学习文言文,最终的落点是文化的传承与反思"[1]一说的影响。但这样一来,和文化课、国学课教学的本质区别又在哪里?

学生从"遗恨""告庙""骁勇善战"三个方面读出了庄宗"忧劳"的品

---

[1] 王荣生.文言文教学教什么[M].上海:华东师范大学出版社,2014:6.

格，完全跳脱了论证思维的模式，分析思维的质量相当高，教师完全可以盛情赞誉，以激发学生全面、深入思考的兴趣与动力。

二、壮（盛）衰之间：警示亡国的落魄

师：同学们说得都很好，接下来我们继续找对比的句组吧。

生：第三自然段"可谓壮哉"与"何其衰也"，一"壮"一"衰"构成对比。

师：那么作品是如何刻画"可谓壮哉"与"何其衰也"的呢？

生："可谓壮哉"，我觉得指的是，当他用绳子捆绑燕王父子，用盒子装梁国君臣的头，进入太庙，把箭还给先王，把成功告诉先王。

生："何其衰也"，对应的是"一夫夜呼，乱者四应，仓皇东出，未及见贼而士卒离散，君臣相顾，不知所归，誓天断发，泣下沾襟"。

师：从朗读的角度来看，这一段应该怎么读？

生：快节奏地读，要把大欢喜与大悲凉读出来。

师：是的，因为这里运用了对比的论证手法，直接造成文势上的抑扬、起落，应该以紧张的方式来读。请同学来试一试。（学生尝试朗读）

师：你的朗读符合大喜大悲的紧张节奏安排，很不错。我们接着来品一下细节，为什么要"断发"呢？

生：应该是誓死保护皇帝，彰显臣子的忠心。

师：老师赞同你的看法，在《三国演义》第九十六回"孔明挥泪斩马谡，周鲂断发赚曹休"中，周鲂"用剑割发掷于地"的行动，"吾以忠心待公，公以吾为戏，吾割父母所遗之发，以表真诚也"的话语来表露自己的忠心。壮衰之间，令人为之唏嘘。

生：唐庄宗当年何等威风、意气风发，现在只能依靠臣子"勤王"来活命，可悲啊！

师：文本中还有一组对比，与一"壮"一"衰"相似，请找出来。

生：应该是文本的最后一个自然段，"方其盛也"与"及其衰也"。

师：请结合句子展开说明。

生：当其强盛之时，天下所有的豪杰都不能与之对抗；当其衰落之时，十几个伶人就能困住他。这真的是英雄末路的悲哀啊。

师：文本中说唐庄宗的结局是什么样的？

生："身死国灭，为天下笑。"

生：唐庄宗宠幸伶人，最终反而被伶人搅得国破人亡，岂不痛哉！

生：壮（盛）衰之间，向当下君主警示了亡国的落魄。

研习

从整体的"壮""衰"对比，到具象、细节的"壮""衰"对比，再回归整体的"壮""衰"对比，感受作者的言说意旨，教学设计一波三折而又环环相扣。如果不是对文本的脉络如庖丁解牛般熟稔，绝不会有如此自然而精妙的手笔。引导学生读出情感上的大欢喜与大悲凉，文势上的抑扬、起落，更是教学上的灵性之笔，纤细的微雕艺术，令人喜不自禁。

如果对话中趁势点睛：此自然段一律"快节奏地朗读"吗？学生或可明白：总体上"叙"缓"议"急，"长"（句）缓"短"（句）急，这样是否更能感受文势上的抑扬、起落？"壮""衰"对比被两次点击，如果问问学生，可否删除最后一段关于盛衰的论述？学生是否更能体悟作者论说上的回环往复之美，情理交融的气势之美？

三、难易之间：呈现创业的艰辛

师：我们继续再找对比。

生："岂得之难而失之易欤？"这里将"得之难"与"失之易"形成鲜明对比。

师：结合《新五代史》，我整理了以下表格。

年 代	年 龄	主要事迹
908 年	23 岁	受三矢而藏之于庙
913 年	28 岁	系燕父子以组
923 年	38 岁	函梁君臣之首，建立后唐，是为唐庄宗
926 年	41 岁	身死国灭，为天下笑

由此可见，李存勖宵衣旰食、励精图治，用了15年的时间实现了父亲的遗愿，可谓"得之难"，而仅仅3年的歌舞升平、逸豫享乐就导致了"身死国灭"。"3"与"15"的对比，触目惊心、发人深省。

生：紧接着"忧劳可以兴国，逸豫可以亡身"又是一组对比。前者对应"15年"的奋斗，后者对应"3年"的纵乐。

生：正可谓是"满招损，谦得益"。这组对比运用十三经之一《尚书》中的名言作为论据，增强了说理的力度。

师：真可谓创业难、守成亦难啊。

PPT展示：

司马光《资治通鉴·唐纪》记载："上问侍臣：'帝王创业与守成孰难？'房玄龄曰：'草昧之初，与群雄并起角力而后臣之，创业难矣！'魏征曰：'自古帝王，莫不得之于艰难，失之于安逸，守成难矣。'上曰：'玄龄与吾共取天下，出百死，得一生，故知创业之难，征与吾共安天下，常恐骄奢生于富贵，祸乱生于所忽，故知守成之难。然创业之难，既已往矣；守成之难，方当与诸公慎之。'"

师：找同学读一遍，并翻译。（学生读，并翻译。）很好，其中"草昧"译为"创业之始"。通过这组对比，作者要呈现什么样的道理呢？

生：勿忘初心！不要忘本！否则辛辛苦苦、惨淡经营的基业也会被颠覆。

师：回答得很好！

研习

用年谱的形式展现庄宗"得"难"失"易，一下子将欧阳修的隐没文字悉数还原出来，触目惊心。学生发现后面总结文字中的"忧劳"对应15年的奋斗，"逸豫"对应3年的纵乐，更是扎扎实实体验到了欧阳修说理的严密。

但未联系"谦""满"来谈，有遗珠之憾。

四、史论的药用价值：知古鉴今

师：在得失、壮衰、难易的对比中，作品的主题呈现更为深刻、有针对性。这篇文章写作针对谁？

生：北宋王朝。

师：为什么针对它？它出现了什么问题，让作者忧虑不安？

生：（对内）讽刺、警告北宋统治者不要再沉溺安乐生活之中，应该振作觉醒了，否则就会断送自己的江山。

生：（对外）北宋年年向北方少数民族纳币输绢，以求"一夕安寝"。最终换来的是北方少数民族日益嚣张的气焰。

师：用唐庄宗的经历影射北宋王朝统治现状，这种艺术手法叫作什么？

生：借古论今、借古讽今。

师：我们在苏洵的《六国论》中就接触过此种手法。古，就是旧事、古事，以之来影射现实，起到唤醒、警醒的目的。这就像《后汉书》说："明镜所以照形，古事所以知今。"即知古鉴今。

师：请大家用文本中的词语来说明：直接造成唐庄宗灭亡的原因是什么？

生：人事的逸豫。

师：是的。"人事的逸豫"导致了唐庄宗辛辛苦苦打造的基业倾覆、坍塌。从这个意义上讲，《伶官传序》就是一剂良药，疗救已经病入腠理、肌肤、肠胃，但未病入骨髓的北宋王朝。冯骥才《一百个人的十年》说："历史永远是活着的。有些历史顽疾只有不断吃药才不会发作！""药"有助于抵抗遗忘，不断刺激。在我们学过的文本中，有很多文本具有"药"用价值，大家能举出例子吗？

生：杜牧《阿房宫赋》："后人哀之而不鉴之，亦使后人而复哀后人也。"

生：《诗经·大雅·荡》："殷鉴不远，在夏后之世。"

生：贾谊《过秦论》："仁义不施而攻守之势异也。"

生：苏洵《六国论》："苟以天下之大，下而从六国破亡之故事，是又在六国下矣。"

师：以上所论都是在提醒后世统治者不要重蹈覆辙。同样的，欧阳修的

《伶官传序》通过一"得"一"失"、一"壮"一"衰"、一"难"一"易"的对比，形象直观地在告诫统治者，要以史为鉴，知古鉴今，勿因人事的逸豫而落得个"身死国灭"的下场。

同时，通过《伶官传序》的学习，我们能够感受到、体认到欧阳修的知识分子的良知、家国情怀、民族责任感、民族立场，始终关怀民族的命运前途。此种境界你我都需具备，大家共勉！

研习

卒教显志与卒章显志完全契合，既顺应了文脉，又激活了史料，磨砺了史实，循此还感悟了欧阳修的言语智慧——借古论今、借古讽今，言语人格——有知识分子的良知、家国情怀、民族责任感、民族立场，始终关怀民族的命运前途。课上得很饱满，很通透，也很大气。

整体来看，以"怎么写"贯穿，带动"写什么""为何写"的感悟，生成与预设水乳交融，体现出非常难得的精致之美。

值得商榷的是：直接造成唐庄宗灭亡的原因真的只是"人事的逸豫"吗？欧阳修具体提及的还有"满招损""积于忽微""困于所溺"，为什么这些就不是？如果将这些原因定位为"间接原因"，理据何在？

总评

在我所评的语文名师教例中，景慧颖老师是群文阅读意识最为自觉的一位，做得也颇自然、厚实、灵动。显然，他备课是下了很大功夫的。缘于此，师生博洽多闻、深度对话、活学活用的色彩特别鲜明。

一、着力：体性、类性、篇性

通观实录，景老师群文阅读涉及的显在文本至少有11篇/部：《孟子·告子下》《新五代史·庄宗下》《三国演义》第九十六回"孔明挥泪斩马谡，周鲂断发赚曹休"、《尚书》《资治通鉴·唐纪》、苏洵《六国论》《后汉书》、冯骥才《一百个人的十年》、杜牧《阿房宫赋》《诗经·大雅·荡》、贾谊《过秦论》。如果加上隐在的文本——如评价《伶官传序》是一剂良药，"疗救已经病入腠理、肌肤、肠胃，但未病入骨髓的北宋王朝"，便是化用了《扁鹊见蔡桓公》中的句子，群文阅读的篇目、角度、方法更是丰富。

丰富而不龃龉，只因景老师将力量用在了刀刃上——主要是围绕体性、类性、篇性展开。

《伶官传序》旨在知古鉴今，告诫沉溺的恶果，警示亡国的落魄，呈现创业的艰辛，这是学生应该了解的内容。虽然景老师将之作为课脉贯穿全课，但他并未在此基础上大肆拓展，与学生共商治理之策或治国之道，而是不断引领学生感知：这些"道"或"理"是怎么被欧阳修表现出来的？于是，"对比论证"成了他上课的大纛，结构上呼应，内容上衔接，文势上抑扬的探讨、体悟，悉数集结于此，很得力地规避了将语文课上成思政课的风险，此之谓捍卫了语文的体性。

有学生说《伶官传序》是议论文，景老师没有趁势指出：议论文是教学文体，并非真文体，但是他对"史论"的文体定位是准确的。教学中，他剖析史论的内涵——对历史现象、历史事件、历史人物的评价，引领学生感悟史论的作用——借古论今，借古讽今，并对古与今在哪些方面可以相互烛照也予以关注，这便辨识了文本的类性，避免了将各种文类或文体"一锅煮"的同质化教学弊病。

难能可贵的是，景老师的群文阅读还聚焦了文本的篇性——"请""盛""负""前驱""凯旋""纳"等词中显示的唐庄宗骁勇善战的形象，以及骁勇善战与"忧劳"的精神联系；壮衰对比描写中显示的"文势上的抑扬、起落"。诸如此类，都是照亮整个课堂的精彩解读。

尽管对篇性开掘还不是很自如——欧阳修的史论与他人的史论比，有何独特之处？清人李刚己评《伶官传序》时便发现了这一特点："横空而来，如风水相搏，洪涛巨浪忽起忽落，极天下之壮观，而声情之沉郁，气势之淋漓，与史公亦极为相近也。"（《古文辞约编》）完全可以引导学生体悟。欧阳修认为盛衰之理关乎人事，得出"满招损"和"积于忽微"两个结论后，为什么再用盛衰对比，抛出一个"困于所溺"的结论？也是可以让学生好好探究，以体悟作者激情说理风格。

有的地方审美判断还失之偏颇——触及思想的直觉造型"断发"时,景老师认为是臣子勤王时所为,并与《三国演义》中周鲂"用剑割发掷于地"会通,便与文本内在逻辑不符。因为这样定位,只能凸显臣子的忠勇和庄宗内心的温暖,而无法表现其衰势。从这个角度说,学者钟基、李先银、王身钢译注的《古文观止》将之翻译成庄宗"割断自己的头发,嚎啕大哭",更能契合文脉。

不过,景老师的篇性开掘毕竟有了良好的开端,且颇具深度,假以时日和不懈努力,相信一定会做得越来越风生水起。

二、方法:聚焦篇性,顺"心"之天

将群文阅读着力点放在体性、类性、篇性上,无疑更能习得语文知识,磨砺语文能力,积淀语文学养。问题是:如何注意三者的和谐统一?

景老师的做法是:

一是在课眼、课脉的统摄下多元会通。有课眼的统摄,群文阅读便会形散神聚;有课脉的贯穿,群文阅读更易实现知识的结构化。更何况,课眼、课脉的生成紧扣了体性、类性和篇性。这方面,景老师做得非常精致。他是以"对比"为课眼,以"得失对比→壮衰对比→难易对比→知古鉴今"为课脉经纬教学的。因此,无论是感受庄宗的形象、作者借古讽今的写法,还是感悟文本之理、文本的"药用价值",群文阅读都能做得开放自如,各美其美。又因为景老师和学生的对话基本做到了古今会通——如将《伶官传序》与冯骥才《一百个人的十年》在"药用功能"上会通,内外会通——将史论《伶官传序》与小说《三国演义》在细节描写上会通,所以群文阅读多处都能吸引读者的目光。美中不足的是,景老师的中西会通——与西方作家的言语智慧、言语人格等方面展开比较,我他会通——欧阳修是对统治者发出忠告的,对我们普通人是否也有警示意义,做得并不是很自觉。

二是会通,努力聚焦文本的篇性开掘。也就是说,力图通过群文阅读,揭示欧阳修说理的个性化魅力——以三重对比论证经纬教学,感悟文势上的抑扬、起落,乃至语气词("其")、动词("请""盛""负"等)描写中体现的人物形象,均体现了这种努力。虽然庄宗与自我的对比,庄宗与伶人的对比阙如，未能与郁达夫《江南的冬景》、胡适《我的母亲》等文本辐射式的对比（衬托）结构会通；同是学《史记》，韩愈得其雄，欧阳修得其情（刘熙载《艺概》），教者未结合文本，加以点睛；对欧阳修"理"的三维度展开，盛衰的两次复沓式描写，还有感叹句、反诘句、对偶句交错使用，整齐中见出变化，平易中有顿挫的"低昂反复，感慨淋漓"的音节之美和"一唱三叹"的情味秘妙，缺少深度关注，但是整体上的深度、新度、高度还是出来了。

三是注意应势而化，顺"心"之天。不是为群文而群文，而是在开掘单篇文本的基础上，做到自然的深化与延展。如启发学生列举具有"药用价值"的文本，还有感受"满招损，谦受益"之理时，适时引入司马光《资治通鉴·唐纪》中唐太宗关于创业难、守成也难的那段论述，都是顺教学之势、顺学生心灵之"天"的智慧之举，一下子盘活了各自的积淀，将群文阅读教学上出了新境界。

值得一提的是，无论教师，还是学生，发言时都会交代出处，更是体现了严谨的态度、扎实的学养。无怪乎师生对话，彻底杜绝了思想跑野马的现象，甚至连润滑教学的良性冗余也没有，有的只是思维的不断推进与交相辉映。

三、指向：言语表现与存在

那么，景老师的群文阅读指向何方呢？

从其对欧阳修对比论证艺术的倚重，对史论文体的关注，以及对所言之理与写作目的体悟看，似乎指向了占有。积淀的学养未能走向读以致用、读以致美、读以致在的境界，仍属于"占有式阅读"的范畴，会通充其量只是为更好地占有罢了。

但是，我们不难发现，与功利的应试主义者不同的是：景老师在关注学生辨析、推理、联想诸能力培养的同时，更关注精神的会通，且努力让学生去说——实现不同文本的会通，不同生命的会通，去读——读出大欢喜、大悲凉之情，读出文势上的抑扬、起落，甚至点到了作者的言语人格——有知识分子的良知、家国情怀、民族责任感、民族立场，始终关怀民族的命运前途（欧阳修是否属于真正意义上的现代知识分子，如以色列学者康菲诺所总结的知识分子的五大特征①，是否具有家国情怀，可以暂且存而不论），这便有了存在式阅读的倾向。

存在式阅读是以言语表现（主要表现为说和写）为统摄的，不仅关注言语表现知识的习得，言语表现智慧的体悟，而且关注言语人格的牧养，言语信念、言语操守的秉持，言语想象的开拓等。一言以蔽之，存在式阅读是为以个性化言语生命的绽放蓄势的。

有老师在教学中这样设计：

写作要求一：得天下与失天下的例子很多，你还可以举几个？请根据下列句式简要描述，至少写出两句，形成排比。

开元君王唐玄宗，开创盛世，却因专宠贵妃，导致盛唐衰落；……却因……导致……；……却因……导致……

（教师示例：得失天下的君王有齐桓公、夫差、勾践、李煜、宋徽宗等。春秋霸主齐桓公，称霸诸侯，却因亲近小人，导致祸起萧墙；吴国国君夫差，雄霸南方，却因贪恋美色，导致国破家亡。）

写作要求二：根据你在"写作一"中的观点及采用的事例，改写中间两个论证段及结尾。可用文言，可用现代汉语，也可文白相间。②

这属于显性的言语表现与存在指向。景老师关注体性坚守，类性辨识，篇性开掘，自觉践行"解读就是解写"的理念，为言语生命的确证不断蓄势，属于隐性的言语表现与存在指向，同样值得提倡和肯定。

---

① 知识分子的五大特征：①对于公共利益的一切问题，包括社会、经济、文化、政治各方面的问题，都抱有深切的关怀；②这个阶层常自觉有一种罪恶感，因此认为国家之事以及上述各种问题的解决，都是他们的个人责任；③倾向于把一切政治、社会问题看作道德问题；④无论在思想上或生活上，这个阶层的人都觉得他们有义务对一切问题找出最后的逻辑的解答；⑤他们深信社会现状不合理，应当加以改变。

② 陈冬梅．我这样确定《伶官传序》的教学点［J］．语文建设，2014（8）：29.

第七辑 写作教例研习

因势赋能，牧养言语生命

——周子房《慢镜头写长作文》教学实录研习

教者简介 >>>

周子房，江西德兴人，华东师范大学教育学博士，主要研究领域为中小学写作教育。上海知明教育有限公司教学总教习，华东师范大学、上海师范大学等院校中小学语文"国培计划"项目培训专家，"功能写作"倡导者。主编《这样作文》(初中版、高中版)，参编《初中语文学科知识与教学能力》《高中语文学科知识与教学能力》《古诗百首赏析》等著作，在《中学语文教学》《语文教学通讯》等刊物发表学术论文多篇。

一、热身

师：现在我给每位同学发一张纸，等会儿要求大家5分钟内在这张纸上写篇100字左右的作文。

生：不行，不会……

师：其实这并不难。大家只要在这堂课上积极参与，就一定能够做到这点，可能还不止100字呢！假如说我们今天的活动结束时你还写不出来，那就是老师的问题，是老师没有教好，不是大家的问题！那么同学们该怎么做呢？很简单，大家只需要注意观察，然后放开去写就好了。

注意了，我马上做一个动作，这个动作7~8秒完成，请大家把它写下来。明白我的意思吧？再重复一遍：等一下我做一个动作，动作做完以后大家要把我做的这个动作写下来。眼睛好好盯着啊，准备好了啊，从我一进教室就开始算啊，现在我还没出去，不算。（教师走出教室，然后大步走进教室，走上讲台，一拍桌子，大声说："看后面！"）请大家马上写，时间为5分钟，标题自己定。

（学生写作。）

师：同学们，就写到这里吧！哪位同学想读读自己刚才的即兴之作？如果不行我就点名，最好是自己表现一下。啊？再给2分钟啊？好吧，再给1分钟，就1分钟……好的，有的同学已经站起来了。好，你把自己写的读一读，大家先听一听。

生：今天星期三，尽管雨过天晴，但天空依旧很暗。又到了下午第一节课，周老师还是戴着那副熟悉的大眼镜，穿着黑大衣威严地走进了教室。不知什么原因，他一进教室，关上门，手往桌上一拍，让我们往后看，我们都惊呆了。

师：大概多少个字？数一下，今天我们写作，字数是一个很重要的指标，还有哪位同学要谈谈自己的作品？可以只说思路，没写完的可以说思路啊。

生：我写得比较简短。（读）教室的门被打开了，周老师走进了教室。只见他随手关了教室门，然后面向全班同学，伸出右手"啪"的一声在桌子上拍了一下，说："看后面！"

师：好的，谢谢。

生：我的题目是《子房发怒了》。（读）一张憋得通红的脸，子房老师从教室外踏进来，牙关咬紧，不大的眼睛在亮晶晶的镜片后面闪着寒光，加上竖眉就更加怪异了。不知什么原因让这位老大胸闷气喘了。黑衣夹裹着风，怒目圆睁，两步跨上了讲台，大手一挥，手往后面一指，看后面！！！三个感叹号就从嘴边蹦了出来。

师：我们给他一点掌声好吗，写得真不错。时间关系，没有让大家尽兴，这个环节我们就先到这里。现在呢，我要提高一点要求了。就这么几秒钟的事情，如果要大家写成1000字的文章，大家觉得有困难吗？

生：（大叫）好难啊，肯定不可能！

研习

　　看上去似乎是一个很随意，又略带抽象派色彩的情境设计，却很好地解决了许多问题：内容提供——写老师表演的动作；任务驱动——围绕老师的动作写100字；信心培育——活动结束时写不出来，是老师没有教好，不是大家的问题；兴趣激发——动作的夸张自带情趣和幽默感。联系后面的教学，整体上有游戏通关的感觉，大巧若拙，新意别具。

　　如果剥离这种缓冲、激趣、蓄势的过程，直接"剧透"："同学们，今天我们学习如何利用慢镜头来写出1000字的作文，先请大家看两个影视片段……"再精彩的设计，恐都难以实施。学生畏难、抵触的情绪一旦产生，教学的事倍功半，甚至无效、反效的结果产生，是可以想见的。

　　为了达到激趣、壮胆的目的，或许还有节约时间的考量，教者对三位学生现场作文中的优劣，几乎不置一评。即使夸了第三位同学"写得真不错"，也是高度概括。描写之丰满，叙事之连贯，动词使用之形象、细腻，还有结句之怪异——三个感叹号就从嘴边蹦了出来，统统没有给予适当评价。

　　评价没有及时跟进，学生对描写、叙事、措辞的质量无法形成清晰的判断，很容易形成思维的低层次徘徊，这是被桑代克"选择性反应律"、巴甫洛夫"习得律"所验证的，也是被前两位学生几乎同质化的描写所验证了的。如果对学生写作的优点予以简约赞赏，对其不足能幽默地点睛一下，学生在本环节的思维水平应该会有一个质的跃升，而下一环节的指点也应该会相对轻松。

二、看录像，学写作

　　师：那我今天要做的就是想办法把这种不可能变成可能。现在老师要教大家一个诀窍，请大家看两个影视片段，大家要带着问题看！看什么呢？看姚明打篮球。（播放姚明灌篮录像）喜欢篮球的同学肯定知道，持球进攻的时间应该是多少？24秒对吧，如果24秒之后，姚明还不投篮，他的球权应该给谁？给对方，对吧？这是真实篮球比赛中的一个规则。

　　下面我们一起来看一段动画片。（播放《灌篮高手》）请看流川枫进攻花了多长时间,请大家一定注意,等一下我要提问的。这里有计时器,请这位同学来计时。

视频解说:

流川枫进攻了!接到同伴的传球,他以迅雷不及掩耳之势,朝对方的球区跑去。(1秒、2秒、3秒……)流川枫跑着、跑着……(21秒、22秒、23秒)流川枫还在跑着、跑着……(28秒、29秒、30秒!)

终于,流川枫进攻了!他没有把球传给任何人,而是晃了一晃,做个假动作,一步、两步、三步,好一个漂亮的三步上篮……

就在这一刻,1秒、2秒、3秒,流川枫在往空中飞升……4秒、5秒、6秒,他仍然在往空中飞升……就在7秒时,他突然停住了,右手高高地举起,五指紧紧抓住圆圆的篮球,8秒、9秒、10秒……

这时,全场轰动,有人露出了惊恐的神色;有人表现出欣慰的惊喜;有个对方的高个子队员张大了嘴巴,恨恨地骂道:"可恶!"还有个姑娘把嘴张得大大的,眼睛里含着眼泪,高声喊道:"太棒了,太棒了!"

"哐"的一声,流川枫终于把手中的篮球扣了下去,而这时篮球在他的手中已经足足有3分钟之久!

(看完录像后,教师问"流川枫投篮用了多长时间",学生答189秒。于是大家一起计算并思考:姚明灌篮24秒,流川枫灌篮189秒,这之间165秒的差距是从哪里来的?为什么《灌篮高手》中的投篮过程会多出这么多的时间?)

生:因为动画片里增加了有关场外教练和观众的内容。

师:哦,有场外的观众,有教练,还有呢?球员的想法!如果说用我们大家很熟悉的术语来讲,这些内容应该叫什么呢?描写,对吧?我请一位同学上来写一下,行吗?大家说说看它有哪几种描写?

(学生七嘴八舌:心理描写、语言描写、动作描写、神态描写……学生记录在黑板上。)

师:还有吗?

生:场面描写。

师:好啊,大家看看,心理、语言、动作、神态、场面,这么多的描写大家都知道啊！可是，为什么我在大家的作文中几乎看不到这些呢？这些知识老师平时跟我们的同学讲不讲啊？为什么没有用啊？

生：没有看过这个片子。（众生笑）

师：那么现在我们明白了一个问题——很多知识大家都有，但是不知道运用，是吧？现在我们来讨论流川枫这段录像，它和姚明投篮的录像相比，最大的区别就是把时间拉长了。大家看，教练在表达自己想法的时候要不要时间？

生：要的。

师：然后写外面观众的反应，要不要时间？

生：要的。

师：一个个观众写过来，要不要时间？

生：要的！

师：很好！那么，刚才同学们写我刚刚做的那个动作，为什么都只写我，不去写当时的环境啊？有没有同学写当时你的左邻右座是什么样子啊？都没有写哦！大家想想，如果把这个加进去会多出多少篇幅？当时你自己心里不是有很多的想法吗？为什么不去写呢？刚刚有位同学也写到一点，他在推测我干嘛这么生气，这就开始有点感觉了，对不对？你想这些内容要写进文章该有多少呢？

下面，我们再来看一个动画，大家注意哦，这里面还有点新东西。

（教师播放动画"小姐下绣楼，下了两个星期"。）

旁白：有一种曲艺叫作"评话"，说"评话"的艺人也就是说书先生。说书先生就很有一套把时间拉长的本领。

比如，今天他说到古代有一位闺房小姐，看到窗外的大好春光，突然想下绣楼，到院子里去感受春天的气息。说书先生首先说说这位小姐的相貌举止、兴趣爱好，再来介绍她的心理状况，还要描写她的丫头、佣人，如此这般，一讲就讲了两个半钟头。这时，醒木一拍："诸位，若知小姐究竟如何下这绣楼，且听下回分解。"

第二天，小姐准备下绣楼了。但是，总得打扮打扮啊。于是如何涂脂、怎样抹粉、如何戴耳环、怎样挽发髻、发髻起先怎样挽得不好看，小姐不太

第七辑 写作教例研习 ◎ 257

满意，拆了重来，等等。如此这般，一讲又讲了两个半钟头。这时，照例醒木一拍："诸位，若知小姐究竟如何下这绣楼，且听下回分解。"

第三天还有第三天的事情。譬如，小姐刚走到楼梯口，突然想到应该拿一把扇子，又回头去拿扇子。总得描述描述那把扇子的来历吧，因为这把扇子是她父亲的朋友送的，而父亲的这位朋友又是一位英雄人物啊。于是，又一次"且听下回分解"。

这样，小姐是不是走两个星期还下不来绣楼呢？

师：好，请大家注意思考一个问题，刚刚这个小姐下绣楼，跟前面的流川枫灌篮有相似的地方，也有不同的地方，大家有没有发现？它还用了什么？悬念。还用了什么？穿插故事、插叙，对吧？插叙一般都要靠什么？展开联想、想象。比如说，我刚刚做的这7秒钟的动作，你有没有联想到你以前的老师生气是什么样子呀？

生：没有。

师：应该想啊，有很多似曾相识的事情或者人物嘛。你看到周老师今天很生气，你可以联想起自己小学、中学的某一个老师也曾经如此，可以吗？这样一来，你说这故事写得完吗？讲得完吗？大家有没有明白一个道理啊？这个动画片是用了一个什么手法？联想。正是这个联想，把很多的插叙插进文章中。于是，你的故事可以没完没了地讲下去，对不对？

大家看看，假如还写刚才我那7秒钟的活动，单单就拉长文章而言，是不是可以无限写下去？现在，如果我们暂时不管主题如何，事实上我们是可以把这个故事无限延长地写下去的。所以，假如重新把刚才的文章再写一次，大家还会觉得写1000字很难吗？

生：不难！

研习

用流川枫灌篮和古代小姐下绣楼的视频激趣、启思，其实是为了让学生更好地反观自我叙事、描述的缺陷，强化对心理描写、语言描写、动作描写、神态描写、悬念设置、联想与想象艺术魅力的体知，进而掌握将文章

"拉长"的秘籍。

拉长，当然不应成为衡量文章质量的一条标准。但是，如果在故事时间与叙述时间的错位与变形中，将拉长上升到与细节描写、性格刻画、环境描写、主题表现等表现艺术相联系的高度，这种拉长就是难得的写作智慧。教者引导学生体知、发现流失的写作技巧或智慧，并鼓励他们大胆运用，显然有上述的考量。

不过，谈流川枫灌篮视频中心理描写、语言描写、动作描写、神态描写等手法时，没有点到"侧面描写"这一更为关键的写作技巧，致使学生思维在同一层面打转，有些遗憾。从课脉、课气视角审视，如果在上一环节适当点染学生动作描写的连贯、传神，还有服饰描写、神态描写、言语描写的插入，本环节再问学生：与播音员的解说、说书艺人的叙述相比，我们的描述还缺失什么？如此一来，教学的针对性、流畅性、内生性是否会更强一些？

三、用知识，练写作

师：当然，也可以不写那个主题，有想写点别的同学吗？写什么？就写一写打喷嚏如何？如果愿意的话，不妨也用刚才这套办法试一试，写你在别人面前打喷嚏的糗事。我相信这回大家的感觉一定不一样了。

（学生很投入地埋头写作10分钟左右。）

师：哪位同学写好了，读一读，和大家交流交流？

生：我写的是周老师——

哟，今晚景色不错，但还是要看老师的脸色，全班同学坐在椅子上等待老师的出现。不一会儿，老师来了，如同抽风似的，脚踩在地上，咚咚直响。霎时，同学们像炸开了锅似的，议论纷纷。有的说今天老师心情不好，小心小心；有的却不以为然，没事没事。

只见老师走到讲台前，右脚一蹬，这下同学们的脸全都晴转阴了，心里想：一定是考试考得不好。仔细一看，老师脸上红得不能再红了。虽然看不见，但也知道老师的牙齿，一定是齐刷刷地咬在一起。只见老师伸开手掌，用老师级排山倒海的力度拍在了讲台上。乖乖，这一拍不要紧，山崩地裂，宛如地震般恐怖，可能老虎见了都害怕。我们立刻像蜗牛般缩起来，这回心里不是怕，而是超怕、超超怕！没有心思再去想与课堂无关的事。

只见老师提起这手——等一等，这手可能练过老师级弹指神功，我还是捂着脸早做防备的好。一定有同学要遭扁了，有的同学还幸灾乐祸地笑着说，哈哈，我没事就行了。不过令人浑身发抖的事情发生了，老师的手倒是没干什么，而是用起七级虎啸狮吼功了，就在0.01秒的时间内，我们齐刷刷地捂住了耳朵，脸也不管了。更令大家意想不到的是，老师居然没有讲某某某考了多少分，某某某不及格，而是响亮地叫了一声："看后面！"

我们就像全部被施了法术一般，脖子全都往后扭。哎，没什么呀！

唉，几秒钟的时间，老师没发什么火，我们竟然草木皆兵。

虚惊一场！

师：好，写得真好啊。谢谢你。对照刚才所讲的几点，大家看他多写了哪些东西。有写打喷嚏的作文吗？

生：我来！

我的鼻子突然感到很痒很痒，痒得钻心。

我像猴儿那样耸了耸鼻子，用拇指和食指捏着鼻尖揉了揉，想制止喷嚏的出现，因为现在绝不是该打喷嚏的时候。要知道，我犯错误了，语文老师正把我叫到办公室，对我进行思想教育呢。如果我这时打起喷嚏来，老师岂不是以为我在捣蛋？想到这里，我咬了咬嘴唇，这时语文老师那圆鼓鼓的眼睛正瞪着我，确切地说是瞪着我的鼻子。顺着她的视线，我看到了我的鼻尖，它在我的眼前像一座小山丘，小山丘仿佛要出现地颤，因为我分明看出山上已经冒出细细的岩浆。鼻子又痒了起来，不知道是被老师看痒的，还是有一只小虫在鼻子里作祟。我有些忍不住了，全身抖了一下，像是要把鼻子里的小虫驱逐掉，摇摇晃晃的。

"干嘛？站好，看着我！"语文老师说。我站得笔直，但是鼻子已经完全不听使唤，那感觉又来了，我连忙伸出双手来，掩住鼻子。我想我的鼻子和语文老师离得这么近，如果这个时候爆发，一定是直冲着语文老师的脸去的，那就更不得了。此时鼻子又不痒了，我理所当然地把双手放下。

然而，恰恰就在这放下手的瞬间，鼻子又奇痒无比。说时迟，那时快，我再也克制不住，张大嘴巴，闭上眼睛，不由自主地猛吸了一口气。迷糊间看见老师一双惊讶的眼睛和像避开炸弹似的做的调头的动作，我已经没有对老师的表情做出反应的时间和能力，再也忍不住了，"阿嚏"一声，狠狠地将头往前一冲，腰一弯，双手一拍大腿，终于完成了这个可怕的喷嚏！

师：好，谢谢。你课后要把这篇文章打出来给大家欣赏啊。

研习

这一环节是对体知到的写作知识、体悟到的写作技巧或智慧的化用。命题的灵活性和生活气，无疑再次助推了学生的言语表现兴趣。

或许是担心拖堂，教者对两位学生现场作文发生的质变——侧面描写的细腻性，悬念设置的自然性，心理描写的层次性、个性化等，依然未置一评，有鲁迅先生在《做古文与做好人的秘诀》一文里批判过的"暗胡同教学"色彩——从前教我们作文的先生，并不传授什么《马氏文通》《文章作法》之流，一天到晚，只是读、做、读、做；做得不好，又读、又做。他却绝不说坏处在那里，作文要怎样。一条暗胡同，一任你自己去摸索，走得通与否，大家听天由命。

但是因为上一环节有过点睛，此刻的无为而治客观上令学生平添了更多言语表现的热情、勇气和灵性，便于学生集中领略两篇例文活泼的生气与个性，也是事实。

四、放飞描写

师：下面我想做个游戏。请大家回到童年，咱们来玩纸飞机好不好？大家判断一下，飞机在你手上，然后让它从飞出去一直到落地，估计有多长时间？

生：三四秒吧！

师：好，就算3秒吧。我要求我们六年级的同学至少写出400字，想不想来试试啊？好，大家拿到老师发下来的彩纸后，请认真折一架纸飞机，其实折飞机本身就可以写作文啊！然后呢，再给你的飞机取一个名字，这个名字要有创意啊。大家会折飞机吗？不会，不会就将就着折吧，你喜欢折成什么样子就折成什么样子。

（学生饶有兴趣地折起了纸飞机。）

师：都折好了，那听我指挥！好，全体起立！把飞机举起来，自己感受一下。现在大家心里都有想法吧？采访一下，你有什么想法？

生：我的想法就是我的飞机要飞得更远、更高。

师：希望自己的飞机飞得更远、更高，好想法哦。你呢？

生：我在想我折的这个飞机能飞起来吗，我担心它飞不动。

师：好，有想法就行，你的想法一定要记住。大家也都要记住啊！好，做好准备，全部举起来！预备——等一下，等一下，我发现有个同学动作很特别。就是你（指一位同学），你来还原还原，刚才是怎么做的？（该学生做出刚才的动作。）这个很重要，大家注意看一下他的动作，身体往后仰，脚跨出弯弓。你说说看，你为什么要做这个动作？

生：我想让它有一个冲力，这样容易往前冲，可以飞得远点。

师：想法很好！好，准备——

生：起飞！

师：哎，不要不要，听我指挥啊！千万要听指挥，否则重来啊。别急着起飞！请大家再注意一下，看一看你左边是谁，右边是谁，他是什么表情，你估计你的飞机飞得比他的远还是近。再想一想你的飞机飞出去以后是一个什么样的弧线，空中会出现什么样的场面，你一定要先想好，飞机飞之前你就必须把这个猜测写进文章中去的！你可以猜测，对不对？好，现在大家开始放飞吧！无论往后、往前、向上飞都可以！

生：向上飞不了吧？

师：飞不了啊，那你爱怎么飞就怎么飞吧！一、二、三，放飞！注意观察飞机的飞翔路线，看看飞机如何落地，再看看同学们的表情。

（学生开心地放飞纸飞机，注意观察飞机的姿态和同学的表情。）

师：好，好，坐下来，坐下来。同学们，我们难得回到童年啊！接下来，如果要把这个过程写下来，你看你能写多少字啊！你们预计下。

生：（七嘴八舌）1000字！1500字！

师：嚄！能够写千把字了啊！看来现在用1000字的篇幅写几秒钟的事

情已经没困难了，是吗？你们觉得有困难吗？

生：没有困难。

师：是不是真的清楚怎么写了？

生：清楚了。

师：由于时间关系，我们没法在课堂上写1000字的作文，那课后大家把刚才的事情写出来吧！行吗？

生：行！

（课后，周老师专门分析了学生完成作文的状况，发现这些初一年级的学生在经过教师指导后多数已经掌握了"拉长时间"的手法。在写"飞纸飞机"这一事件时，学生对于只在2秒钟内就完成的事情洋洋洒洒地写了许多有趣的内容，作文平均字数达到523个，写得最长的同学竟然写了1037字。全班30位同学，有25位能具体、多方位地将"飞纸飞机"的过程展开来写。）

研习

真实情境作文，再次完成了写作技巧的强化。变式成功，极大地调动了学生的写作兴趣。

看似拉拉杂杂又很搞笑的交流，其实悄无声息地将"叙述模型"根植到学生的心灵之中——飞前为自己的纸飞机命名，有何想法，注意观察某生掷飞机前身体后仰、脚跨出弯弓的姿势，看一看左右是谁，什么表情，估计自己的飞机飞得比他的远还是近；再想一想飞机飞出后是一个什么样的弧线，空中会出现什么样的场面……为了使这种"叙述模型"更形象、鲜活，教师还采访了一些学生彼时的想法，让某生还原掷飞机的准备动作，并且故意多次"干扰"学生一飞冲天的渴望，其实是为了更好地纤敏感官。这些教学微技能都是润心无声的。

总评

从畏惧一百字作文，到现场生动写出五六百字作文，再到自信预估能写出千字长文，最后也确有写出的，83%左右的学生能具体、多方位地将"飞纸飞机"的过程展开来写。周子房老师的《慢镜头写长作文》教学实录，让我们见证了学生言语表现的奇迹。

揆乎其理，自有诸多发人深省之处。

一、启之以智：矩与巧的统一

作文教学中，很多教师乐于传授或建构一些具体的写作学知识。道行深的，在此基础上甚至会建构一些写作模型，让学生举一反三，推而广之。

周老师的作文教学也不例外。

围绕慢镜头写作，他引导学生比较自我写作与播音员关于流川枫灌篮的介绍，还有说书艺人的叙述有何差别，其实就是让学生体知叙事过程中，要学会动作描写杂以语言描写、外貌描写、神态描写、场面描写，并注意悬念设置，通过联想与想象的外插内推，让文章变得丰满的技巧。放飞纸飞机的写作指导中，还暗含了叙事时间设置（飞前、飞时、着地）、正侧面描写结合（正面：对自我的描写；侧面，对其他同学的描写）写作模型的输入。只不过，周老师并未用专业化的词语，而是像邻家大哥一样，很口语化地或简约肯定一下，或苦口婆心地不停提醒。写作的知识多是渗透性的，写作的技巧多是让学生自己内化、发现，并通过变式训练，不断加以巩固的。

这便带来了他与其他授之以法教师的不同——后者偏重授知，前者更注意授知与体知的统一；后者看重纯技法的机械训练，前者更看重融入兴趣的自觉表现；后者瞩目"技法"的体系、明晰、正确，前者更看重"学生"欠缺什么样的技法，如何帮助其顺势建构、习得、化用。

事实上，还有更为隐性的不同，那就是：一般教师只注意授之以法，基本上是围绕梁启超所说的"规矩之文"兜圈儿，周老师则非常可贵地关注到了"巧之文"写作的引领。虽然周老师称"字数是一个很重要的指标"，但是依然要求学生思考：小姐下绣楼的描述中增添了哪些"新东西"？给飞机起名，一定要有创意；放飞纸飞机，一定要有"自己的"想法。这便带来了写作教学中矩与巧的统一。

一种根深蒂固的写作教育观认为：大匠能与人规矩，不能使人巧。写作天才是自己悟出来的，不是教师教出来的。写作知识可教，写作智慧是不可以教的。这导致很多语文教师将"规矩之文"的写作当作唯一目标,完全放弃了"巧之文"的写作追求。殊不知,写作智慧不可传授,但是可以启悟,就像用火点燃火种一样。写作天才的悟,即使没有来自某位现实教师的启发,也一定是受到某篇文章、某本书或世间万象的启发,凭空自创绝无可能。周老师尽管特别看重学习目标的"明确且适合学生",但并不堵死,而是留了一个口儿,因此让学生看到了更高的天空,更多的光明,这是非常有远见的。

当然,限于学情,周老师慢镜头写作教学的精力主要放在字数的提升、兴趣的激发、技巧的内化与外显上,言语表现个性和智慧的牧养用力不多也是事实。这直接导致学生作文中的创新之处——如情感直觉造型的童趣化、悬念设置中的夸饰性反差等,没有得到及时、明确的肯定,和学过的经典作品在"篇性"上会通,也不知不觉付之阙如了。

二、激之以趣:内与外的融合

读周老师的这篇实录,相信很多人会有身临其境的感觉,并且在不知不觉中被他的思维气场,还有学生不断高涨的兴趣和自信心所感染。这种恍然不觉时间流逝的吸引力,与周老师激之以趣的教学努力是分不开的。

激趣,首先表现在情境设置上。周老师认为作文教学的核心问题有三,分别是写作情境的缺失、学习目标的失当和过程指导的缺位。尽管有学者诟病过情境设置,认为靠此激发兴趣,治标不治本。遗落对文本的沉浸分析,只会让学生思维走向肤浅。但是,不可否认的是,兴趣虚位,再深入的分析都是徒劳的。综观周老师的实录,他的即兴表演拍桌子,还有后来的两个视频欣赏以及放飞纸飞机的表演,悉数是以兴趣一线贯穿的。

但与纯粹的兴趣激发、只图课堂气氛热闹不同的是:周老师的兴趣激发完全是基于学生畏惧5分钟内写百字作文的学情,且将写作知识的渗透与建构、写作智慧的启悟一以贯之,并注意与现实生活,甚至古代生活(小姐下绣楼)的会通,这何尝不是深度对话,有效的思维训练?

其次,激趣表现在内容的选择上。四大情境的设置中,拍桌子、灌篮、下楼、放飞纸飞机,哪一样不是学生熟悉的生活?连"命域"作文——写自己的打喷嚏经历,也是。熟悉的生活,容易调动学生的感知、联想、想象和回忆，写出充满生活质感的文章，也容易写出个性和新意。这对当下中小学生审美感官普遍麻木、瘫痪的现实——文章中已看不到花的颜色，听不到鸟的叫声，更别说细腻的触觉和心觉了——何尝不是一种有力的救赎？

但是，周老师并非一味在熟悉中滑行。在熟悉的内容中，他会不断加入陌生的元素——拍桌子不是训斥学生考得差，竟然是让学生向后看；观看流川枫灌篮和古代小姐下绣楼的描述视频，原来是要掌握动作描写、语言描写、场面描写、悬念设置等内容；放飞纸飞机的活动描写中，还暗含了叙事时间设置，正侧面描写结合的写作模型建构。这样一来，深入浅出的教学魅力就产生了，熟悉与陌生相乘的美感也生长起来了。

除此之外，变式手法的运用——不是创造一个情境，开展一个活动，而是一个系列，且不断将思维引向深入和丰富；信息技术的引进——兴趣激发在前，理性思考在后，自然完成了信息技术与语文课程整合，将"视通万里，思接千载"的愿景化为现实；还有容易被人忽略的责任承担——"假如说我们今天的活动结束时你还写不出来，那就是老师的问题，是老师没有教好，不是大家的问题"无不是在多维度地激发学生的兴趣，培育学生的信心和勇气。

从这个角度说，周老师在谈笑之间已经将立德树人的教育根本任务很好地落实了。

三、赋之以能：我与他的相乘

优秀的作文一定是我与他的相乘——表面上是写"我"的生活，但是也能融入别人生活的面影，在自然中实现共感与独感的相乘、共识与独识的相乘。

如何做到这一点呢？

周老师的做法是：

一是写大家熟悉的生活。即使是讲古代小姐下绣楼的视频，撇开时间的距离，风习的不同，对下楼、化妆，谁不熟悉呢？有些教师布置作文让学生无法动笔，噤若寒蝉，实在是不解个中秘密，就像夏丏尊当年批判的，出《岳飞论》《秦始皇论》的题目，学少林、天台派的拳棒，使学生变成半三不四的人物，学了几年，一切现在的制度、生活上应有的常识，仍是茫然。①

二是突出"属我"的体验、联想、想象和思考。放飞纸飞机时,周老师一个劲地强调要有自己的想法,还特地驻足了一会儿,采访学生的想法。虽然学生临时回答非常粗糙,非常实际,但是这种强调是非常必要的。一旦有"属我"的写作追求,笔下的素材自然会显示出个性化的生命气息,形成"素材即我,我即素材"的美好境界,使真实的自我、相对完整的自我、丰满而独特的自我燃烧着心灵的火焰,呼之欲出。这一要求看似简单,实践起来其实非常不易。个中原因很多,但是注意贴近生活,却忘记贴近自我,应该是一个很主要的原因。对此,孙绍振先生有过尖锐的批判,觉得这种褊狭的理解是被现成套话"包裹住"的结果,唯有"善于调动自己内心深处的储存,能超越感觉的近处,从感觉的远处找到自己的话语"②。

如何找到自己的话语呢?

杜甫提倡"别裁伪体亲风雅,转益多师是汝师"(《戏为六绝句》),宋代谢枋得提倡先写"放胆文",再写"小心文"(《文章轨范》),冯友兰先生提倡先"照着说"再"接着说"(《新理学》)。这些精神营养,周老师均有吸纳并有所化用,向两个视频中多角度借鉴慢镜头写法,不就是转益多师,不就是在"照着说"中尝试"接着说"吗?不断激趣,与学生打成一片,以致学生拿他开涮——"如同抽风似的,脚踩在地上,咚咚直响",他还一个劲地夸学生"写得真好",不正是放胆文写作教育最鲜活的例证吗?

当然,理想的教学状态是掘金一般对待学生"属我"的话语,雕琢璞玉一般提升学生的思考,这样才会更好地赋能,实现自我与他人的相乘,牧养学生的言语生命。

这方面,我们期待周老师有更多的探索结晶问世。

---

① 夏丏尊. 夏丏尊教育名篇 [M]. 北京:教育科学出版社,2007:75.
② 孙绍振. 月迷津渡——古典诗词个案微观分析 [M]. 上海:上海教育出版社,2012:227.

评价：在知情意统一中突出创新

——袁爱国《我的2018年度汉字》记叙文作文教学实录研习

教者简介 >>>

袁爱国，江苏省中学语文特级教师，江苏第二师范学院教授，江苏师范大学、南京信息工程大学兼职硕士生导师。曾参与2017年版统编初中语文教材审阅、试教以及教师教学用书编写，主持省级课题"创意写作"及"境界语文"研究，获江苏省优秀教学成果一等奖。近年来发表论文200多篇，其中20余篇被人大报刊复印资料全文转载。著有《语文：在思与诗之间》《相遇境界语文课》《袁爱国的创意作文课》《诗书画里品语文》等。

一、盘点"我的年度汉字"

师：今天我们来上一节写作课，写作的题目是什么呢？一起来读一下。

生：我的2018年度汉字。

师：读完这个题目，你在心中默默地想一想，要写好这篇作文，我们要注意些什么呢？

[师生交流，明确三点：（1）强调写的是"我"的生活，"我"的故事；（2）这一故事发生在2018年；（3）围绕年度汉字写。这一部分耗时较多。]

师：如果你回忆自己2018年的生活，用一个年度汉字来概括的话，你想用哪一个汉字？

生：静。

师：好，请你把"静"字写在最左边。你叫什么名字？

生：我叫张靖宇。

师：张靖宇同学用一个"静"字概括2018年。过去的2017年，我们国内用了一个年度汉字叫"享"，国际上用了一个年度汉字叫"智"。为什么国内和国际分别用"享"和"智"作为我们2017年的年度汉字呢？能不能结合你的理解来说说看？

PPT 呈现：

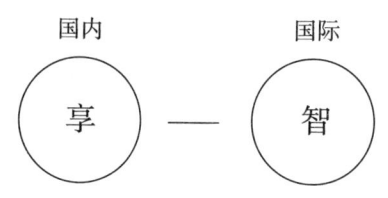

国内　　　　　国际

享　—　智

汉语盘点：2017年度汉字

（师生交流，明确："享"突出了国内正在推进共享时代发展的特点。共享单车，甚至共享汽车的出现，促进了各种信息的发展。中国高铁、移动支付等都展示了中国强大的国情。"智"强调的是全球在人工智能方面取得了日新月异的成绩，如计算机在大数据平台上的广泛运用。这一部分也花费了一些时间。）

师：我们国内出现了许许多多的共享新事物，既说明了中国在进步，也给人类带来了很多益处，所以我们用了一个字叫"享"。孩子们，国内用了一个"享"，国际用了一个"智"作为我们的年度汉字，那么在2018年你想用哪一个字作为自己的年度汉字？

生：我觉得是进步的"进"，因为2018年刚进入高中，所以就想进步。

师：你想一天一天变得更加美好，所以你想用前进的"进"、进步的"进"，作为你的2018年度汉字。好，你板书一下，帮她把这个字写在黑板上。

（第一排边上一男生上台板书。）

生："越"，飞越的"越"，因为刚从初中"越"到高中。

师：你是一个很有上进心的孩子！

生：我的年度汉字会用一个"享"字，享受的"享"字。从初中到高中是一件很开心的事情，现在社会治安方面也很好，所以我很享受现在的生活。

师：用了一个"享"字，你很会享受啊。

生：拼搏的"搏"吧，上了高中以后要经历以前没有经历过的事情。

师：所以要拼搏，是吧？（学生点头）

生：我觉得是全部的"全"，"全"代表着全方位，全方位发展。

师：我发现你的胸怀很宽广，要做一个全面发展的好学生！

生：我的2018年度汉字是清楚的"清"，我想自己的生活变得清清楚楚，学习方面，自己掌握的知识更清楚一点。

师：清清楚楚的"清"，看来你以前是糊里糊涂啊。（学生笑）

生：我的2018年度汉字是高矮的"高"，高低的"高"。

师：你觉得黑板上板书的几个字，哪几个字和你的差不多？

生：飞越的"越"。

师：还有？

生：拼搏的"搏"。

师：还有一个字？

生：进步的"进"。

师：进、越、博、高，这四个字是一类的。七个字中有四个是一类的，这说明我们班的同学——

生：有积极向上的乐观精神。

师：都是好孩子！但是从写作的角度来看，我觉得其实它并不好，为什么？

生：所有的主题都一样，没有新意。

师：你觉得上面哪一个字写得最好？

生：静。

师：我在这个"静"字旁边打个五角星，希望同学们能够想得不一样，想出一些与众不同的字来，有内涵的，有意蕴的，有个性的字。而且这个字好玩，有意思。

生：我的2018年度汉字是"繁"，繁多的"繁"。就是2018年做了很多事情，也收获了很多的，比如说经验，还有经历。还有希望自己多多体验，各种各样的事都要经历。

师：刚才有个同学说"全"，"繁"字旁边写一个"全"。（示意学生板书）

你说是"繁",从字面上来看,"繁"比"全"更有意蕴;从本质来看,"繁"要全面发展,繁花似锦。还有更好的字吗?

生:我的2018年度汉字就是"独",这个"独",不是孤独的"独",而是独立的"独",就是一个人能独立地面对社会,很多事情都要自己去承担,自己去扛。所以,我的2018年度汉字是"独"。

师:你说的"独",不是孤独的"独",而是独立的"独",独立、自立。(采访板书的男生)小伙子,我还没有采访你,你心中是哪一个字啊?

生:我心中是"守"字,守护的"守"。不管是守护自己的内心,还是守护自己想要的东西,都需要一个"守"字。这个"守"字代表了我们从刚开始就有的那种应该说是"愿望",因为咱们自从步入生活以来,不管是家人,还是我们自己想要去得到的东西,都要有一个"守"字。这意味着我们的坚持,也意味着我们的将来。如果没有"守"字,我们或许就不是自己,也就失去了自己。

师:你把这个"守"字写下来。你来评价一下这位同学的"守"字。

(指名台下同学评价。)

生:他这个想法特别好,一个字体现了内心强烈的保护欲望。但是有时候你会发现有些东西会失去,是保护不了的,所以就很痛苦。我的年度汉字是"享",享受自己应该拥有的,享受自己能拥有的一切,而不是指望有可能永远得不到的东西。

师:你们两人的个性稍微有一些差异,你用的是"享",人生不能光享受。目前来看,黑板上要打五角星的除了这个"静"字,我要给"守"字打个五角星。这个字很有意思,不一般。

研 习

好的作文命题,一如夏丏尊所言:"写作是一种郁积的发泄,犹之爆竹的遇火爆发。教师所命的题目,只是一条药线。"[1]这种命题药线不仅可以引爆学生的积累,而且可以引爆他们的思维和写作兴趣。命题与命域和谐统

---

[1] 夏丏尊.夏丏尊教育名篇[M].北京:教育科学出版社,2007:112.

一,却绝不命意——意留给学生自由建构,并与更广阔的社会万象相融。这方面,教者完美做到了。

难能可贵的是,教者格外看重学生自我的省思与体知。不论是引导学生从"我""2018""年度汉字"三个方面审题,还是引导他们说出各自的年度汉字"进、越、搏、高、静、繁、独、守、享",抑或辨正这些汉字的新意,都会给足时间,努力让学生在思辨、对话、反省中自主形成结论。

不过,这一环节还可以再精练。教者的目的是引出学生各自的年度汉字,完全可以由2017年国内、国际的年度汉字直接切入,加以引导。如是,拖堂的现象庶几能彻底根除。

二、头脑风暴:指导"我的年度汉字"选材

师:我们班同学真会想,还敢说。"静""进""越""搏""享",乃至"独""守"等,每一个汉字的背后,我们都能想起那么几个人。在过往的2018年,这些人在我们的成长历程中留下了难以磨灭的印象。这一个汉字,跟随我们走过2018年的春夏秋冬。这个汉字也许和某一个场景、某一处的景物相关,这一件物品伴随我们走过2018年,所以我们讲年度汉字,就是讲过去2018年的春夏秋冬,365天。有一些人,有一些事,有一些景物,或许是一件物品,成为我们成长路途中宝贵的精神财富。所以接下来,我就请同学们想一想,我所选的这个字,让我想到哪些人、事,或者情,或者物。这样,带笔记本的就在你的本子上写一写、画一画。

PPT呈现:

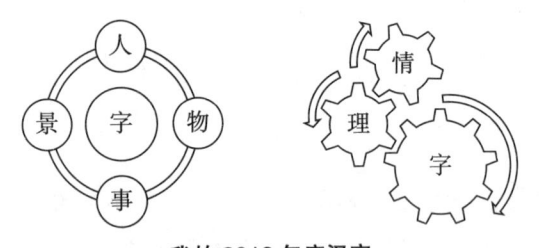

我的 2018 年度汉字

(学生动笔。)

师:这样,我先请写得比较快的同学说一说。

生：我觉得我的年度汉字应该是"见"，看见的"见"。升入高中，我们会"见"到很多东西，很多人、事，也有很多……

师：你能不能说得再具体一点，哪一件事物，哪一样东西，或者哪一个人？

生：就相当于刚开学你就可以见到新的老师，见到新的同学，见到新的校园。

师：新同学、新老师、新校园，"三新"。在新的校园里，你印象最深的是哪一个人？（学生沉默）

我希望你再好好想一想，好吧？（学生点头）你初步的轮廓已经有了，但是还没有把它想好。

生：我的年度汉字是"念"，因为我觉得2018年从初中步入高中，我最怀念初三的时候，怀念一起拼搏过的同学们、所有的至亲好友和可亲可爱的老师们。我觉得初三那段拼搏的时光，让我懂得了奋斗的意义，也让我更加明白高中应该怎样去努力。

师：去年你从初三进入了高一，这是青春的一个过渡阶段，你怀念过去，也对未来充满了美好的憧憬。

生：我的年度汉字是"高"。上了高中，进入一个新的环境，特别想要自己比初中更上一层楼。

师：这是你内心的想法，我希望你透过这些想法的背后，有没有想到一些具体的场景或者一些事情？

生：觉得自己初三时没有太努力，上了高中以后希望自己能够更上一层楼。

生：我的年度汉字是"进"，就是在"进"中求进步，在"进"中求专心，在"进"中求静心。

师：我发现了，围绕这一个"进"，你讲了对"进"的理解，能不能把它再梳理一下，让我们听得更加清晰一点？

生：首先，是"进"中的进步；其次，进步时要做到专心，因为进步是自个儿的努力；最后，走更多的路，但也要静心，不忘初心，一心向前。

师：如果在"进"后面，你想用一两个词语概括一下，你准备写哪几个词或短语？

生：进步、专心、静心。

师：好，你先把这几个词写在黑板上。

师：请你把这个"守"字再解释一下，准备写哪些事情？或者借这个"守"字，要告诉我们哪些思想？

生：我的"守"是坚持与守护，坚持就是我们字面上能够理解的坚持，因为在这个物欲横流的社会，虽然物质丰裕的感觉是那么美好，但确实有人会沉陷下去。不管人们在生活中会经历多少磨难，不管在奋斗中会怎样努力，他一定会舍弃一些东西。我想说的就是，一定要坚持下去，不要放弃，一旦放弃就是丧失了自己的勇气。另一个是守护，不管是离开父母，还是未来离开自己身边的人，我们在有限的时间里面能做的只有陪着他们，无论是多么少的时间，能做到一点儿就是一点儿，代表着我们心中的一种守望。

师：你想得蛮深刻的。你用两三个短语写在"守"字的旁边。孩子们，我们就用一个字聊了你在2018年的一些人和事，以及你感悟到的一些情感或者思想。接下来，我们要把这篇文章写好的话，在选材的时候应该注意哪些呢？

生：如果选择写记叙文的话，在选材的过程中就会用到一些自己的事例或者一些别人的故事，但是一定是要与自己写的文章的主题相吻合，并且对你的文章起到很好的辅助作用。

师：你能不能用一句话总结一下，记叙文选材最强调的是什么呢？

生：与自己的主题相吻合！

师：对，围绕你的主题来选材，比如你想写一个"实"，围绕"实"字选择有针对性的材料，很好！你来说说看，除了围绕主题，还需要注意什么？

生：我觉得应该在写作过程中提供一些事例使自己的文章更加充实。

师：我不大赞同你的观点，因为这是记叙文，不是议论文，我不希望你过多引用，你要引用也可以，但要记住，记叙文以写人、写事，或者写景为主。

生：记叙文写作还要注意表达自己的真实情感，把自己的真切感受写出来。

师：你讲到了最重要的一点，强调的是真情实感，要围绕自己的主题来写，要表达自己的真情实感，还有什么？

生：材料应该是使读者感觉印象深刻、很新颖的东西，而不是那种陈年烂芝麻，抓住最感动、最触动人心的角度来选材，然后进行描述。

师：其实你刚才讲了两个很重要的字——

生：新、深。

师：不仅很新，而且很深。

生：选择自己能写出来的，写自己的真实感受。就是自己当时是什么感受，回想起画面，再把它真实地表达在文字里面。

师：刚才我们做了一个交流，我把选材的要求呈现出来，看看加了哪一个呢？

PPT 呈现：

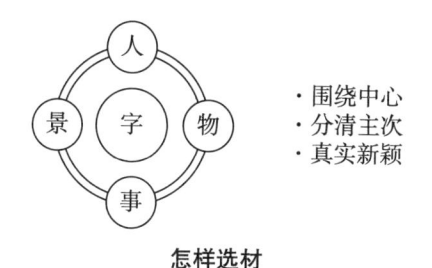

人 物 事 景 字

· 围绕中心
· 分清主次
· 真实新颖

怎样选材

生：分清主次。

师：你知道为什么要分清主次吗？

生：因为写的话多了以后，就不知道哪个是重点。要针对重点去看见作者在描写当中表达的意思。

师：因为我们分清了主次，才能突出表达的中心。我想写一个"守"，我想写一个"独"，我想写一个"高"，但在过去这一年，我有五件事情或者八件事情跟这相关，那么这几件事情，究竟哪件是最重要的，分清主次，然后去写作，你不能把一年 365 天中所有的事情都写下来。

第七辑 写作教例研习 ◎ 275

研习

本环节，教师是想引导学生紧扣年度汉字，回想相关的人、事、景、物，让年度汉字有感性的肉身。但是，学生基本上是围绕年度汉字，驰骋自己的哲思了。

见：新同学—新老师—新校园；

念：初三的同学—至亲好友—可亲可爱的老师们；

高：初三没努力—高中渴望努力，更上一层楼；

进：进步—专心—静心；

守：坚持—守护。

尽管教师不断提醒学生"能不能说得再具体一些，哪一件事物，哪一样东西，或者哪一个人""有没有想到一些具体的场景或者一些事情"，但是学生对理性思考似乎更为迷恋和执着，导致具体的人、事、物或细节的分享基本落了空。谈年度汉字"守"的同学，倒是有了一些具象色彩，可惜教师未能趁机引导拓展，反而肯定了其思考的深刻。

事实上，完全可借内涵阐析为契机，将下一环节的列提纲提上来做，顺势完成理性骨架的搭建，再紧紧围绕提纲分享具体的事例，探讨选材的原则。如此一来，上述提纲中"一分为三"的亮点，便会得到及时肯定，而内涵叠合（专心与静心）、缺少哲思渗透（"见""念""高"三字内涵的解释）等弊病，也会得到及时纠正。

师生关于选材原则的交流——围绕中心、分清主次、真实新颖，简明扼要，切中肯綮，特别豁人耳目。

学生说围绕主题，还应"提供一些事例使自己的文章更加充实"，显然是指用具体事例凸显年度汉字蕴含的主题。教师视之为"引用"而加以否定，失去了一次挖掘具体事例的契机。

三、列提纲：精心选择材料并组织材料

师：接下来我们把这个文章细化一下，列一个提纲。列提纲我们可以有两种形式，第一个用我们所熟悉的，分段落呈现；第二个用图表的形式来呈

现，比如说围绕这个字所画的图，你用一个大括号或者其他的形式来表现。等一会儿，我请同学发言展示，思考5分钟。

（学生列提纲，教师巡视，寻找典型案例展示，然后安排两个学生板书写作提纲。）

师：我请两位同学上台展示自己的提纲。如果说有不足的地方，你帮他想一想如何进一步完善。这两个同学选了两个字，一个就是"独"；左边这位女生写的这个字，我觉得目前是我们全体中最亮的一个，叫"不"。我们静下心来听听大家好的想法、好的建议。你上来1分钟就搞定了，把你写作的思路向同学们和老师讲一下。

（板书提纲的第一位学生结合板书讲解写作思路。）

展示板书的提纲：

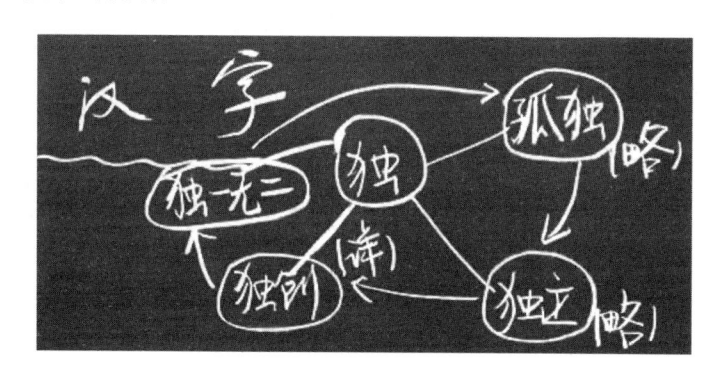

生：刚开始看到这个字的时候就想到了这四个词。第一个"孤独"，就是我想到了2018年，就在前半年，我初三的时候，我就是在一个孤独的状态。可能那个时候心里头有一些问题吧，有些压抑，有些压力，就是有一种孤独的感觉，平常心里头很压抑，周围朋友只有亲人没有同学，也没办法跟别人诉说自己的苦恼，所以就是一种孤独的状态。另一个"独立"，上了高中以后，想让自己变得更加独立，自己的事情自己解决，不要老找别人。然后再下一个就是"独创"，具有创造性，就是想做一些新奇的东西、新颖的东西，具有自己的想法。最后一个是想要成为一个"独一无二"的自己，不想成为像芸芸众生一样的普通人，想要独树一帜。

师：你太厉害了。好，这位同学是——

生：这位同学是我同桌。

师：她叫什么名字？

生：张欣悦。

师：好，张欣悦同学，你来评价一下。

生：从作文中可以感觉到她是一个她想成为的人。

师：你从她选材的角度来讲一讲，她有哪些优点？有不足的地方也可以提些建议。

生：选材思考的方面比较现实，表现了她的成长历程，还有她的生命感悟。

师：选材三点要求，她做到了哪些？

生：真实新颖、围绕中心，分清主次没说。

师：我现场采访一下。你围绕"独"，走向孤独，走向独立，走向独创，走向独一无二的自我，那么你想想为什么这样写？

生：我想要写独创。

师：为什么？

生：因为我觉得"独创"了以后才能"独一无二"，前面的话主要就是写自己的经历，围绕"独创"的主题。

师：请你用粉笔在上面标一下，"孤独""独立"是做一个铺垫，"独创"为"独一无二"埋下了伏笔，把详略标一下。我采访一下这位同学，你叫——

生：尹佳慧。

师：好，尹佳慧，你解读一下这个"不"字。你在我们同学中独树一帜，所以我选择了你。

展示板书的提纲：

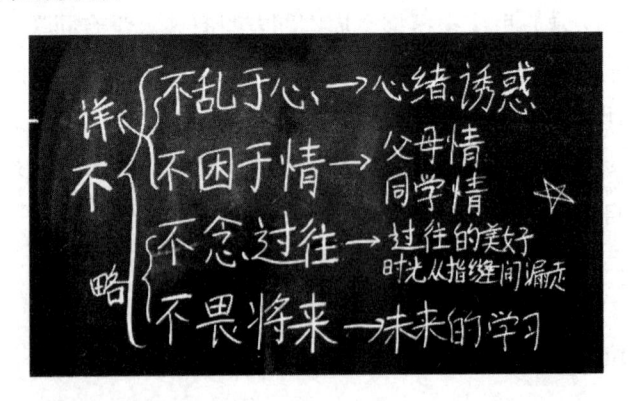

生：我选这个"不"，首先是分割开来的，四个短句是丰子恺《不宠不惊过一生》上面的一句话。我觉得，"不乱于心，不困于情，不念过往，不畏将来"可以概括我2018年的整个生活，比较全面。

师：你把要选择的事例再简单地概括一下。

生："不乱于心"，我想到2018年中考来到时，因为生活中有一些诱惑，中考之前心绪有一点乱，可能会影响我的考试成绩。然后"不困于情"，是因为从初三到高一，对于我来说，我第一次住校，可能会比较想家。然后，这学期有些情感没有控制好，影响了我学习的专注力。这是"不乱于心，不困于情"。"不念过往"，是2018年经历了一些悲欢离合，就想缘分太浅，时间太短，有很多美好的时光都过去了，只要把这份美好留在心里，以后想到就行。接下来就是"不畏将来"，要不畏惧未来的学习、未来的生活，不管怎样就是要没有后顾之忧往前冲。所以不乱于心，不困于情，不念过往，不畏将来。

师：重点是写——

生：我应该会写"不困于情"，因为"不困于情"，我觉得这可以概括"不乱于心"，就算不念过往、不畏将来，如果还是被前面的那些影响的话，可能也不会成功。前面应该是要详写，写文章的话前面是总写。

师：好，我听懂了。有没有同学来点评一下。

生：我觉得这个观点真的挺好的，她在说的时候，我也感同身受。

师：你觉得从选材的角度来看，她的主要优点是什么呢？

生：新颖。

师：其实，我觉得她这篇文章不单单是新颖，我这里提出来的围绕中心、分清主次、真实新颖，还有创造的成分。

研习

聚焦年度汉字"独"和"不"，让学生分享思路，颇有眼光。让学生对标围绕中心、分清主次、真实新颖，评价选材和运思的优劣，是对上一环节内容的呼应和强化，更是指向言语表现与创造的高位引领。

其间，教者的倾听意识、博弈意识和创新意识相辅相成，令精准对话、深度对话成为本环节最动人的思想风景。

四、探究"我的年度汉字"意蕴：材料的挖掘与主题的提炼

师：我们先请同学们看一个五年级的小朋友写的文章，这位女生，你来读一下。

（学生读，展示文章。）

1. 每天按30个"笨"计算，2017年我至少被妈妈说了一万个"笨"。
2. 进入五年级下学期，妈妈带我报名、抢班，上社会上的各种辅导班。
3. 妈妈和我一起进辅导班教室，放学路上妈妈常常说我"笨"。
4. 回到家，妈妈和我一起做作业，当我不会做时，妈妈又说我"笨"。

师：你小时候有没有这样的经历？

生：没有。

师：你评价一下这个小朋友的文章。

生：我在想他妈妈一直在说他"笨"，是不是在激励他？

生：这个提纲乍一看还挺好玩的，挺吸引人的，其实能更深刻地反映一种社会现象。

师：你讲了两点。第一，她讲得很吸引人；第二，反映的是一种社会现象，所以很有意思。2017年《扬子晚报》搞了一次全国作文大赛，大赛的题目叫《年度汉字》。这个小朋友写了500多字，后来获奖了。他表达了内心感受，也反映了当前的社会现象。其实这篇文章更好玩的在后面，我们一起来看看。

（教师展示文章结尾部分。）

最后一题结束，我睡觉，妈妈收拾书桌、书包，然后拿出书稿编辑——妈妈在出版社工作。有一次，我早晨一睁眼，看到椅背上一排头发，恐怖片一样，吓得大叫起来。妈妈抬起头，把头发拢到脑后："笨！妈妈睡着了！"

写这篇作文，我对妈妈说，我把2018年度汉字定为"笨"。妈妈一愣，然后笑着说，妈妈也是研究生毕业，整天跟你混，算不算"笨"？

师：你觉得这个小孩的结尾写得怎么样？

生：前面妈妈说了他笨，说了一万多个，我觉得这篇文章好像抱怨妈妈不满一样，而到了后面再说一个"我"睡觉了，妈妈还在校对文稿，他起来后发现椅背上妈妈的头发，吓了一大跳，妈妈说他笨，这个笨和孩子之前讲述的感情是不一样的，流露出一种很亲切的感觉。

生：妈妈说他笨，并不是说他智商有问题，他不好之类的，而是在责备中充满了温情的爱，希望他做好一些事情，做对自己有益的事情。妈妈说他笨，并不是说她有多讨厌他，也不是说他有多不好，而是她非常照顾他，是爱他的。

师：其实就是一个字——

生：爱。

师：爱。前面我们以为小作者是在怪妈妈、抱怨妈妈，其实这个"笨"字充满了温情，充满了爱。所以，我们选材要严，开掘、挖掘要深。刚才这两位展示的同学，我还没让她们走，为什么呢？因为她们这两个提纲，不仅体现了一个"新"字，更体现了一个字，就是哪一个字？

生：深。

师：深，深刻的"深"。我们写文章写得"新"不难，选材要挖掘得"深"，这是最难的。所以我们要点评一下，她这个"独"，"深"在哪里，我们请作者来解释一下。你自己来说一说。

（请写"独"字的学生讲解。）

生：其实，我也不知道到底"深"在哪里？

师：你也不知道，那就让其他同学来讲讲。

生：深，第一个是孤独感情，后来是一种行为，再后来也是一种行为，最后发扬为一种性格，也可以说是她表现出来的一种态度。从自己的感情慢慢地进化到自己的行为、生活中，最后再表现出来，这应该是一种"深"。

师：从行为到内心，这是一种"深"；从独立到独创，也可以理解成一种"深"。第二位同学，她讲的是一个"不"，这一个"不"也很"深"，"深"在哪里呢？

生：我觉得，首先人们知道"不"是拒绝的意思，就是内心要摒弃外界的干扰，有一种唯心主义的思考，所以说我觉得她放眼未来，思考过往，从昨天、今天、明天这三个角度去思考，很难得。

师：从时空的角度，昨天、今天和未来，她对"不""我"做了一个解释。孩子们，我们这节课接近尾声了，可还是要进一步地交流。我们互相认识大概50分钟的时间，你觉得我在过去的2018年，能不能用一个汉字来概括？回想一下，我会用哪一个汉字呢？

生：我觉得应该是"笑"。

师：为什么？

生：我觉得您特别幽默，课堂上让我们笑声不断。

生：我用一个字"深"。我感觉你课讲得特别深刻，特别到位。通过你的讲解，我知道要写一件物、一个景、一个理这三样东西。

生：我觉得是"稳"，就是稳重的"稳"，你讲课层层递进，稳中求深。

师：稳中求深。谢谢你！

生："强"，强大的"强"，因为老师讲的这个标题是以前没有见过的，特别新颖，然后很有吸引力，让我能够听下去。

师：孩子们，我用的一个年度汉字是什么？"写"。我为什么用这样一个字呢？因为我写了一本书，在山西教育出版社出版，我对山西很亲切。我到上海找出版社，到南京找出版社，他们都不愿意给我出这本书，不是这本书写得不好，而是因为这本书是一本学术书籍，没有多大市场。但是山西教育出版社有一双慧眼，用公益的情怀，帮我出版了这本书，所以我到这里上课是很开心的。这一年我还发表了17篇文章，参与编写了教学参考用书，所以这一年我想用一个字"写"来概括。

2018年，"写"字伴我同行，在写作中探索语文的奥秘，共享教育的幸福。

下面我也想请几位同学，请你把写的这个字的内涵和老师们、同学们分享一下。这样，我们就请10位同学来说说你们的想法。目前黑板上保留着你的年度汉字的同学，请站起来。按照"2018年，'＿＿＿＿'字伴我同行，＿＿＿＿＿＿"这个句式来表述。

生：2018年，"独"字伴我同行，在孤独中走向独立，在独创中成为独一无二的我。

生：2018年，"静"字伴我同行，静中思考求进步，静心学习，只求卓越。在未来静心，只等成功。

生：2018年，"进"字伴我同行，在进步中收获成功的果实，在进步中求专心，体会每一次的滋味。

生：2018年，"越"字伴我同行，越过一道道坎坷，在飞越中享受成功的欢乐。

生：2018年，"享"字伴我同行，在享受中慢听内心，在分享中积累自己的德行。

生：2018年，"见"字伴我同行，在遇见中看到更多的新事物，更多的坚持。

生：2018年，"念"字伴我同行，在思念中汲取更多的力量，在想念中展望未来。

生：2018年，"盈"字伴我同行，在生活中汲取人生的养料，体味成长的百般滋味。

生：2018年，"不"字伴我同行，不哭不闹，不宠不惊，不离不弃。

师：小伙子，又是你，你坚守到最后！

生：老师，你不是说这个"守"字也是挺好的，对你深有感触，我想让你把它补全。

（听课教师鼓掌，期待教师回答。）

师：2018年，"守"字伴我同行，我在孤灯下写作，与文字共享芬芳，在沉思冥想中，我走向了孤独。这孤独不是一个人独自行走，而是用心与更多的友人，共享精神的盛宴。

（听课教师以及学生鼓掌。）

师：谢谢大家！

生：老师也说出了我的心声。自我感觉，我肯定说得没有您说得那么完善，也超不出您的范围，但是我还是希望表达一下自己的想法。

2018年，"守"字伴我同行，哪怕最后我依然会失败，仍然一往无前。

（师生再次鼓掌。）

师：孩子们，刚才这位同学给我出了一个难题，也是一个最好的题目。写，是表象，守，是本质。无问西东，只问我的内心。让我们一起用这段话作为这节课的结束语。

PPT 呈现：

一个汉字，一段往事，一份情愫，一点思想；生活因汉字留住美好，生命因写作走向永恒！

（学生齐读。）

研习

由年度汉字"笨"，引出选材要严、挖掘要深的要求，并且围绕两位同学关于年度汉字"独"和"不"的思路陈述，品析"深"在何处，令所有学生经历了一次感性与理性相乘的精神涅槃，这已然不是纯粹写作知识的建构，分明带有言语表现智慧的启悟，自成高格。

通过提供的模板"2018年，'＿＿＿＿'字伴我同行，＿＿＿＿＿"，学生尽性抒情写意。因为有前期情思交流的蓄势，此刻学生的表达各美其美，其体验之独到，思考之深刻，令人叹为观止。而学生将教者的军——你不是说这个"守"字也是挺好的，对你深有感触，我想让你把它补全——令教者顿悟原先"写"字的浅表，迅速调换"守"为自己的年度汉字，更是将情感的交流、思想的对话推向巅峰，自有一种荡气回肠之感，教育的高度、新度、厚度和温度，全出来了。

总评

评价之于教育的意义，已愈来愈引起学术界的重视。"学习性评价""评价即学习"等命题的提出，足以说明这一点。

李海林认为："通过评价，我们不仅能对学习的结果做出分析和判断，而且能决定下一环节的学习内容和学习方式。换句话说，评价应嵌入学习链中，是一个完整的学习链不可缺少的部分。"[①]

事实上，好的教育评价不仅限于知素养的培育层面——推进认知、启悟

[①] 李海林.美国中小学课堂观察——一位教育学教授的笔记[M].北京：教育科学出版社，2015：126.

智慧、诊断学情、优化教学，还会有机统一情意素养的培育——激发学习兴趣，润泽美好情操，牧养高尚品格等，并基于其上蓄积师生的创新能量，不断走向精神生命的表现与创造。

这方面，袁爱国老师在其《我的2018年度汉字》作文教学实录中表现得尤为充分。

一、写作教学中评价的不同类型

毋庸置疑，因为迷恋授受范式，热衷于写作套路的介绍和训练，对话范式虚位，一线语文教师还未引起对写作评价的自觉关注。即使有，也多停留在"是不是""对不对"之类的简单判断上。至于教研员和高校学者的评课，对授课教师写作教学中的评价关注得也不是很多。在知网的篇名中打出"语文写作教学评价"字样，搜索出来的文献仅有10篇。

在这种荒寒的语境中，袁老师写作教学中的评价呈现出异彩纷呈的景象，令人钦敬。

从评价主体上看，有教师，也有学生。如学生用"笑""深""稳""强"评价袁老师的写作教学课堂，互相触发，交相辉映，掀起了一个不小的教学高潮。师评生易，生评师难，但是要想发挥学生的主体地位，也为了师者更好地"增润教学"，必须给学生留足评价的时间。这样，"可见的学习"才会发生——使学生的学对教师可见，确保教师能够明确辨析出对学生学习产生显著作用的因素；使教学对学生可见，从而使学生学会成为自己的教师——这是终身学习或自我调节的核心属性，也是热爱学习的核心属性。[1]

从评价内容上看，有关于思维正误、层次、质量的评价，也有关于精神、胸怀、性格等方面的评价——如教师评学生"胸怀很广"，学生评同学"有积极向上的乐观精神"，学生评教师"特别幽默"，很好地注意了知情意的统一。不过，评价中对文化的理解与传承，似乎做得还不够自觉。学生讲"静"的时候，完全可以与"静以修身""致虚极，守静笃"的文化传统接续；讲"守"的时候，完全可以与道家的"抱朴守真"、陶渊明的"守拙"精神

---

[1] ［新西兰］约翰·哈蒂.可见的学习：最大程度地促进学习（教师版）[M].金莺莲，洪超，斐新宇，译.北京：教育科学出版社，2015：1.

会通；讲"繁"的时候，还可与中国的"博约"文化、西方的简约主义思想相联系，从而更大程度上激活学生的思维，使对话不断走向深美闳约之境。

从评价标准上看，有局部的三层次评价标准——选材是否围绕中心、分清主次、真实新颖，也有整体上的言语质量评价三标准：具体、新颖和深刻。从评价方式上看，更显丰富：有单维评价——针对某一方面的评价，如评价年度汉字"守"的同学"想得蛮深刻"，就是只着眼于思维质量，也有多维评价——如针对"进、越、博、高"四个年度汉字，学生从精神角度评价是"积极向上"，教者从写作角度评价则是"没有新意"；有显性评价——直接肯定或否定，也有隐性评价——只提供相关材料，而评价已深寓其中，如展现写年度汉字"笨"的同学的写作提纲和结尾，实际上就是肯定其新颖、深刻的特点；有顺势评价——肯定优点，也有逆势评价——提出否定性意见，如评价年度汉字"享"的同学，"人生不能光享受"，评价自己原先的年度汉字"写"只是"表象"，"守"才是本质。

因为袁老师密切关注学生的思想生态，"耳朵在侦察""眼睛在谛听"，辅之以变化万千而又切中肯綮的评价，所以使整个课堂教学像一个巨大的磁场，牢牢地吸住了学生的注意力，浑然不觉时间之流逝。

二、必须注意知情意素养的有机培育

虽然评价类型千变万化，但注意知情意素养的有机培育，则是一以贯之的。

表面上看，袁老师的评价极其关注知素养的培育。无论是整个教学流程的设计，还是具体话题的展开，基本上都是围绕写作知识的建构展开的——视角的择定、人事物景的选材、提纲的生成、主题的提炼，努力让学生有法可循。如选材要围绕中心，分清主次，真实新颖，主题提炼基本上围绕具体、新颖、深刻展开。虽然列提纲时并未提出文眼（年度汉字）对文脉的统摄，文脉应彰显一分为三的思维智慧，文眼的统摄与文脉的贯穿要紧密结合具体的场景、人物、事例或物体，但是这些思想在师生对话中已经或多或少、或明或隐地触及了。

与套路癖式的应试主义者迥然不同的是：袁老师的写作知识建构完美实现了外铄与内生、认知与体知、感性与理性的统一，且多以学生体知、发现、表现为主,将胡适"活的教授法"[(1)以作文、演说为要;(2)用"看书"代替"讲读",无逐篇逐句讲解的必要,只有质疑问难,大家讨论两件事可做;(3)所读的要有趣味;(4)用活的语言作活的教授法——用演说、辩论,作国语的实用教授法]发挥得淋漓尽致,而又润心无声。

如果说知素养的培育是课堂教学之经的话,情意素养的点染则是教学之纬,这从师生的评价中不难一窥消息。"胸怀很广""有积极向上的乐观精神""你说的'独'不是孤独的'独',而是独立的'独',独立、自立"……这便使写作教学评价形成一种虚实相生、共生共荣之势。

即使谈具体、新颖、深刻这些思维品质,其实也是与热爱生活、探求真理等品格紧紧相连的。夏丏尊、叶圣陶在《文心》中说:"把心的作用分成知、情、意三个方面,原是为说明上的便利,实际上这知、情、意三者都互相关联,并无一定的界限可分。我们对于事物要主张某种判断,是意。但主张不应该盲目武断,必得从道理上立脚,有正确的理由,这是知。还有,要主张一件事情,先必须有主张的兴趣和动机,或是为了爱护真理,或是为了对于世间的某种现状有所不满,这是情。"袁老师对学生思维同质化的及时提醒,对选材"分清主次"的补充,说年度汉字"不"是最亮的一个字,说难度汉字"笨"的结尾很"好玩",不都注意知、情、意的和谐统一吗?从这个角度说,袁老师的课堂评价是以虚统实,也不为过。他让学生在教学尾声时齐读的一句总结性话语(一个汉字,一段往事,一份情愫,一点思想;生活因汉字留住美好,生命因写作走向永恒),不就很能体现这种思想吗?

当然,如果对学生情意素养的评价再稍稍突出一下,则更会锦上添花。如对学生"孤独→独立→独创→独一无二"的提纲,可以肯定其对我国古代一分为三思维智慧的吸纳;对学生"进、越、搏、高"年度汉字的评价,可以赞其天然继承了古人"天行健,君子以自强不息"的精神传统;对批判物欲横流的社会乱象的学生,则可赞美其理性的批判精神和具有一定的社会责任担当;对年度汉字"不"交代出处的学生,则不仅要夸其阅读视野开阔,更要夸其尊重他人思想成果的坦诚言语人格。

三、在知情意素养的培育中突出创新

如果说知情意素养的培育是袁老师评价的土壤,那么创新便是他评价所

要尽情绽放的鲜花。

这是符合世界课程与教学改革发展方向的。

国外的母语教育大致经历了"知识本位→生活本位→国家本位→存在本位"这样一个发展历程。知识本位时代,重文学熏陶、道德教育和文学史知识的系统讲解。生活本位时代,更看重"应世"功能,教材选文注重时文、思维训练,言语表达皆与生活需求相连。存在本位时代,更看重个体的创造性:PISA阅读素养测评项目中对高阶思维的倚重,弗洛姆存在式学习范式的问世,罗生门教育评价方法中对"创造性教学活动"的青睐[①],无不是在预示存在本位时代的来临。

中国语文教育经由知识本位时代、能力本位时代,目前已步入素养本位时代。从课标中提到的创新精神与实践能力的培养,还有核心素养中强调的"审美的鉴赏与创造",以及有关学者提倡的"从阅读本位向表现本位转型"[②],"追求致用、致美、致在的统一"[③],不难推测:不远的将来,中国语文教育一定会步入存在本位时代。

袁老师显然敏锐地感受到了这一趋势,并积极付诸实践。在他的这节写作教学课上,所有的教学努力都是指向个性化的言语表现与创造的。具体、新颖、深刻的评价标准,都是内蕴了创新精神的。本来,新颖和深刻堪称创新的一体两面,本质上是相通的。但是,袁老师还是有所区别,并分而列之。从他的措辞中不难发现,新颖重在指视角的创新,深刻则指向了选材、结构、立意上的创新。因为创新成了教学的灵魂,所以他的写作教学在不知不觉中化知成智。这可以说是对传统写作教育观"大匠能诲人以规矩,不能使人巧"的一次大胆突破。规矩可以教诲、建构,巧也可以悟得和化用。

为了达致这一境界,袁老师不仅确立新颖、深刻的高标,而且还拿出年度汉字"笨"的样品作文,在提纲和立意上引导学生细心体悟。为了彻底点染每一位学生的创新思维,他干脆就地取材,引导学生一起思考、探讨两位同学年度汉字"独"和"不"在立意上到底"深"在何处?尽管他并未评价

---

① [日]佐藤学.教育方法学[M].于莉莉,译.北京:教育科学出版社,2016:66.
② 潘新和."表现—存在论"语文学视界[M].北京:人民出版社,2015:279.
③ 汲安庆.教育:致用、致美与致在的统一[J].福建教育,2020(17):1.

二者原创程度的高下和创新的不同表现——两相比较，前者更具原创性，后者更侧重于材料的新、体验的新，但是创新之光已然照亮了每一位同学的心灵。

说到创新，很多人觉得这是可望而不可即的。尽管课标提倡，学者呼吁，但是很多一线语文教师内心深处还是极为排斥的。这从大量的语文公开课，还有获得大奖的展示课中不难发现——教学手法是新了不少，但是文本解读实在是乏"新"可陈。研读不少重点中学的语文好课评价标准，竟无一条提及文本解读、教学设计或教学理念的创新。

袁老师不信这个邪，旗帜鲜明地引导学生创新。紧贴学生的感性积淀和认知水平，鼓励他们从真实、新颖、深刻等方面去努力追求，终于使创新性思考与表达遍地开花，这样做实在是功德无量。当下西方学者的评价研究重点在关注"思想生成的丰富度"，将之作为衡量作文质量的一个重要指标。以之来衡量袁老师的这堂课，思想的生成何其丰富！不仅年度汉字各个不同，内涵阐释也是曲尽其妙，至于说创新性表达，更是令人惊艳——年度汉字"独"和"不"的展示就不用说了，单是按模板"2018年，'＿＿＿＿'字伴我同行，＿＿＿＿＿＿"总结自我感受，就何其精彩！尤其是故意将袁老师军，带来袁老师思考深化，也使自己的表达闪亮登场的那位学生发言——2018年，"守"字伴我同行，哪怕最后我依然会失败，仍然一往无前，多么令人心醉！

创新在他们这里，已然不纯是写作知识的建构与生成，而且还与言语情感的陶冶、言语人格的牧养、精神生命的确证、卓越心像的建构水乳交融了。别人看来遥不可及的创新，在他们这里竟是那么自然，甚至"如万斛泉源，不择地而出"(苏轼《文说》)，这难道不是写作教育神奇、语文教育之幸吗？

后记

　　拙著《中学语文名师教例评析》问世后，本欲投入《语文解读与教学转化》《语文课程与教学新论》《中外教育名著选读》《教师语言文字表达与应用》等书稿的整理与写作之中，但不时有读者朋友提议："可否再出分学段评析的著作？这样既有针对性，便于深耕，又方便有志者进行中小学语文教学的整体打通。"

　　这让我不免有些犹豫。上述书稿，"料"早已备好，只待"烹制"，且都是我很乐意写作的。出版社的编辑朋友对这几个选题亦兴趣盎然，已督促了好几次。但经不住朋友们一而再、再而三地"点染"，我终是悬置了原先的写作计划，重启了语文名师教例研习之旅——他们的建议委实打动了我，更何况，还是多年来一直细读、深读我文字的朋友！

　　但因为对文字有着比较严重的洁癖，极不愿意重复旧我——那简直是赤裸裸宣告自我的低能和精神生命的衰亡，又该如何突破呢？

　　首先想到的是放低自己。以虚室生白的心态，彻底沉浸、融合、吸纳，全方位地体悟语文名师的教学匠心和观念创新，让自我的精神生命不断拔节。这是我一改"评析"之名，代之以"研习"的主要原因。在我看来，"评析"还是略带了居高临下的味道，缺少深度的代入感、自我审视与批判的自觉，不能尽表我心。"研习"则不然，以"习"打底，以"研"引领，感官彻底开放，迎接思维、情感、意志、想象的八面来风。这样，和每一篇教例对话，都会化为一场艰辛而幸福的思想之旅。

其次，在保持原有理论思考向度不变的前提下，设法使内涵有所丰富，品质有所优化，境界有所提升。这方面，我吸纳导师潘新和先生的"言语生命动力学"表现存在论、美国教育家弗洛姆存在式学习思想所写就的《教育：致用、致美、致在的统一》《语文阅读教育的四重境界》等文章庶几可为代表。研习语文名师教例，大体以之为道，一以贯之。

宏观上，高度关注致用、致美、致在相统一的价值取向，突出"言语性"的统摄。能否让学生积淀的语文素养得以激活和外化，积极走向"言语表现与创造"，实现语文学习从"占有"到"存在"的飞跃，不断丰盈并确证自我的精神生命，是我考察教例的一个重要向度。因为这是语文性的最高呈现、语文教育的至高境界，也是对学生言语生命切实而长远的关怀。

萨特说："人，不外是由自己造成的东西，这就是存在主义的第一原理。"如何"造成"？不就是积淀、生成、表现自我吗？且表现的是独特的自我。明乎此，语文教育才能真正实现致用、致美与致在的相乘。遗憾的是，这一常识尚未引起广大语文教师足够的重视。

中观上，我很注意体性、类性、篇性的考察。是否守住了语文体性，不致将语文课上成思政课、文化课、历史课、自然课或其他？是否辨识了文类（或文体）的特性，而不是将各种文类"一锅煮"？对作家天才的破类写作是否敏感？对学养不够造成的悖类写作是否引起警觉？对文类的时代性、跨域性能否进行更细致入微的区分？尤其是对彰显作家独特言语个性和智慧的篇性，是否将之作为教学重点来攻坚，以牵一发而动全身？语文解读成果的教学转化是否灵妙多姿，也展现了"属我"的特色？

缘于此，我对五重视野融合的审视，也极为自觉。

一是历史视野，主要指基于语文教育史的言说。即使研习中没有明显结合相关史料，也会让语文教育史化为一种背景性的存在，绝不做斩断语文教育史血脉、凭所谓才气进行无根的研习。当然，解读作品时也会融入文学史视野以及创作史视野，力争更清晰凸显作品的独特地位和价值，此之谓纵向的会通。

二是国际视野，主要指研习中探讨的论题、现象、规律或做法，尽可能地关联到国外母语教育思想，形成一种可以彼此烛照、对话、确证的辽阔思维空间，而非闭目塞听、孤芳自赏的浅研、狭研、乱研，此之谓横向的会通。

三是现实视野，主要指既立足于语文名师教例的个体剖析，又能上升到当下语文教育现象类的观照，教育之道、之理、之法的总结，此之谓个与类的会通。

四是课程视野，主要指语文课程思想指导下的研习，即让语文课程理念融化在每一堂课的教学之中，此之谓道与体的会通。比如，创新精神和探究能力如何体现？有没有被某名师持之以恒地贯彻？其他名师是否也贯彻了这一理念，从而努力使语文课程的"在地化"落到实处？

五是美学视野，指的是对化知成智、积淀语文学养、走向言语表现与创造过程的美学观照。一堂课，不仅要实现知识的结构化、动态化，还要实现教学的审美化，让师生共同感到学习之旅不仅充满了理趣、情趣，也充满了美趣，还能感受到自我言语生命不断拔节的天籁，此之谓我与他，真、善、美之间的会通。

微观上，我很注意课眼、课脉、课体、课气的统一，通过感受师生对话中思维的点、线、体，营构艺术及思维的气势，进而把握言说的质量。这一点，已在代序中较为系统地阐析过，此不赘述。

当然，好课的魅力是言说不尽的。

比如，精彩的细节——燃烧着主体心灵的创造火焰，可以彼此点燃，彼此温暖，彼此照亮。细节当然不是谢灵运山水诗般的有好句无好章，而是苏州园林般的处处皆图画。广袤的空间——教学中生成的辽阔的思维空间、想象空间或审美空间等。还有跨越时空的多重主体的深度心灵对话，更广泛、深入地进行生命融合与自我建构，而非拘于一文、一人（作者）、一己（教者）的逼仄空间中的单调对话、浅层对话。再如留白艺术，主指教者能克制自我的表现欲，精致、准确、艺术地点染、总结、引领，多俯就学生的能力，给他们以更多的言语表现契机和舞台，从而形成一种导授相谐、虚实相生的教学美境。

研习固然不能面面俱到，但整体的观照一定要有。落实到具体的个案研究，不管怎样进行具体而微、视角各异的学理阐发，上述的理念必须与之水乳交融。或像空气，让每一个语词都呼吸到；或像阳光，让每一个语词都能沐浴到。

　　最后，必须重新择定教例篇目并触及新的领域，如群文阅读、整本书阅读、写作教育等，努力从不同的视角进行教例的深度研习和语文教学理论的全新建构，形成与《中学语文名师教例评析》《好课之道——初中语文名师教例研习》相互辉映、彼此触发的态势。

　　这是我的理想追求，虽不能至，心向往之，勉力求之。质量如何，留待诸君评量和指正吧！

致谢

　　《中学语文名师教例评析》和《好课之道——初中语文名师教例研习》两书问世后，所受到的宠爱，颇像儿时老家水井旁那丛生命力旺盛的栀子花，次第绽放，活泼泼、亮晶晶的，令每一个看似琐屑、暗淡的日子一下子变得饱满、明媚、清芬起来。

　　前者，每年一印；后者，甫一问世，便被新疆师大、宝鸡文理学院、上饶师院、三明学院等高校作为语文教育硕士或汉语言文学专业本科生的教材，被肖培东、丁卫军、刘恩樵、李智明等名师工作室作为必读书目，深圳宝安区语文教研员倪岗、淮安市淮阴区语文教研员唐伟，还特地向所在区的语文教师倾情推介。

　　四川师范大学刘川江博士："您的书，我已作为课程的主要参考书。"

　　新疆师大赵新华兄："您的大作，尤其是案例研讨非常用心，不是为了出版而出版，是研究生和一线语文教师的学习范例。"

　　成都语文名师王贞鹏："汲安庆教授有深耕课堂的教学实践，又有大学学院派理论的前沿引领。故此，他的教例评析既有形而下的'接地气'，又有形而上的'接天气'。"

　　内蒙古民族大学更是直接将《中学语文名师教例评析》列为学科教学（语文）专业硕士研究生复试的参考书目。

　　太原师范学院学科教学（语文）专业研究生王晓芳在其导师郭磊老师的

建议下，则以《初中语文教材叙事类文本解读与教学的个案研究——以汲安庆老师为例》作为学位论文选题，对我的文本解读和阅读教学理念进行了系统、深入的研究。

……

作为高校的一名草根教师，孤陋如我，真的不知还有怎样的信赖和赞誉有甚于此。尽管我从来都是将自我认同放在第一位，弟子认同、亲朋认同、同事认同、社会认同放在后面，但邂逅如此赤诚的青睐，还是不由得深陷沉醉。又何况，因为怀有借教例研习，重构语文课程与教学理论、激活语文学科史精神传统、会通中西母语教育经验、解决现实语文教育问题的努力，专题性研课有一定的理论深度，读来定然花费不少心力。更何况，自己不是省部级课题评委，也从未兼过核心期刊编辑或编委，更非戴了许多顶"帽子"的荣耀学者，在此情形之下，竟能受到如此广泛的关注，享受如此缤纷的赞誉，夫复何求？

由衷地感谢朋友们的铁血鼓励与支持！是你们，让我更坚定了昔日的信念：追求极致之美，让每一个字都对得起读者！也很感谢你们的执着凝望与对话，让我时有一种清新如昨的穿越感，仿佛置身20世纪诗意而纯情的八九十年代，在极其琐屑而繁重的生活中依然能昂藏前行，生气郁勃。

偶得闲暇，也会去京东、当当、知网、新浪博客、微信公众号等处，谛听我教例研习文字的心灵回声。每去一次，总能如深山探宝，满载而归——

网友菩提因果："很实用的一本书。参加省技能大赛，以这本为主搭主线。"

海门市开发区中学钱春华："我要感谢《中学语文名师教例评析》，它指导了我的语文课堂教学，变革了我的教育观念，提升了我的语文教学水平，为我的课堂教学指明了方向，是一把打开优质课堂教学之门的金钥匙。在语文教学的道路上，我有自身的不足，也不是优秀，但我一直在学习，一直在坚持，不是所有的坚持都有结果，但是总有一些坚持，能从一寸冰封的土地里，培育出怒放的花朵。"

一位匿名网友在当当洋洋洒洒地留言："21篇经典教例评析，看似庞杂的系统，却能够始终聚焦于一个核心问题——语文教学内容的恰当选择与定位，即对'语文应该教什么'这一问题的思考与探究。而这，正是汲安庆老师深厚的学术素养之体现，与平常所见的那些随意性的课例点评是不一样的。语文的教学内容应该如何选择与定位呢？在汲安庆老师看来，应该是要偏重于文本的形式秘妙处，这与王荣生教授所倡导的'文本体式决定教学终点'有异曲同工之妙。从这个起点出发，汲老师又建构出了三大范式：（1）立足体性，即在形意兼顾中突出'形'——言语形式；（2）紧贴类性，即注意把握文本的类性特征，不要将各种文类的教学混淆；（3）开掘篇性，即在立足意脉的前提下，引导学生在文本独特的形式表现智慧上多用力。从文本的形式秘妙处出发，挖掘文本的意蕴，再回到'这一篇'的独特言语形式上来，这样的教学脉络，也许可以有效避免泛语文、伪语文化，避免将语文课上成政治课、音乐课……"

至于知网每年70余篇硕博论文的引用率，云南师范大学谭晓云君、福建惠安高级中学张家鸿君等老师的书评，还有天津师范大学楚爱华、宝鸡文理学院高杰杰、厦门湖里教师进修学校陈冬梅等老师对我"三致观"（追求致用、致美、致在统一的价值取向论）、"四性观"（聚焦体性、类性、篇性、言语性四大范畴所形成的语文阅读教育境界观），还有"课眼、课脉、课体、课气的和谐统一"说的阐析与实践的认同，更是令我切实感受到了同声相应的温暖与力量。喧哗与躁动的年代，有那么多的人能静下心来阅读你的文字，心甘情愿为你消耗数日、数月，乃至整年整年的时光，是何其珍贵的礼遇！与你的精神生命对话、融合，且满蕴自信地形诸文字，走向更高境界的思想创造，是何其美妙的触发与生长！这种相遇、相知的精神之旅，像极了恋爱，非常成功而自然地助推我时有生活在别处的轻盈与曼妙，让我对压力重重的工作，单调、苦累的生活，逐渐有了一种赓续不绝的穿透力和升华力。

令人幸福的还有每届弟子，结缘我教例研习文字朋友的反馈——化用我的理论，不论是比赛、应聘，还是投稿、上公开课，总能脱颖而出，显示出无与伦比的优势。这对曾经出现的"过于理想化"的质疑，真的是很有力的回答。事实上，这种幸福在我外出上课时，也得到了醇永的延伸——孩子们清澈的目光，新奇而沉醉的神情，毫不吝啬的赞美，已从另一个角度证明了我教例研习走对了路——注意理论与实践的相乘，熟悉与陌生的相乘，自我与他人的相乘，课堂教学岂能不化为师生灵魂的节日呢？

得以成书，非常感谢聂进兄无底洞般的包容。六年多的专栏写作，七十余篇评析文字，几乎不更一字。除一次弱弱地问我："九千字左右的文稿，读者读起来是否会有些吃力？"被我不知天高地厚地作答："不接近这个量，有些理论问题恐很难说清楚。"便再也不提任何要求。因为每天疲于奔命，有几次忘了及时交稿，他则会蓦地发来一个可爱的"戳戳"，提醒我"该交稿了"。这让我感动而又不安，愈发精心对待每一个文字。

还有朱永通兄一如既往的青睐。这是一位现代版的狷介之士，也是一位心细如发的诗意暖男。与他交往，时有思想触发的欣悦，更多的是不懈进取的紧迫——生怕一不留神荒废自己，失却与他思想相和的资格。唯其如此，格外珍惜他的每一次肯定。

书稿出来后，我的研究生弟子林欣、张哲、谢琳琳、秦岭梅溪、李思缘、胡云、苏庆硕、纪思佳、薛天琪各领一部分文字，展开了字斟句酌的校对，让我有了分身的神奇。那种心有灵犀的发现和补充，令我欣喜而踏实。

因为如许的殷殷助力、依依嘉勉，语文名师教例研习之路上，我能自觉摒弃外在的浮华，向着理想的致用、致美、致在之境不断前进，还有什么事情比这更幸福呢？

汲安庆

2022 年 2 月 19 日写于南京